KB095929

일본기담

日本奇談

도와주신 분_ 이유진 1978년에 태어났다. 가천 길 전문대학 응급구조학과를 졸업하고 연세대학교 재활학교 행정실에서 근무했다. 평소 일본 문화와 역사에 많은 관심을 갖고 사이버 한국외국어 대학교에서 일본어학을 전공했다.

일본기담

박지선 · 이노우에 히로미 엮음

초판 1쇄 발행 · 2013. 8. 14.
초판 2쇄 발행 · 2013. 10. 10.

발행인 · 이상용 이성훈
발행처 · 청아출판사
출판등록 · 1979. 11. 13. 제9-84호
주소 · 경기도 파주시 문발동 출판문화정보산업단지 507-7
대표전화 · 031-955-6031
팩시밀리 · 031-955-6036
E-mail · chungabook@naver.com

ISBN 978-89-368-1048-1   03910

* 값은 뒤표지에 있습니다.
* 잘못된 책은 구입한 서점에서 바꾸어 드립니다.
* 본 도서에 대한 문의사항은 홈페이지나 이메일을 통해 주십시오.

일본 기담

잔혹하고 슬픈
일본의
기묘한 이야기들

박지선
이노우에 히로미 엮음

청아출판사

촛불을 켜면서

　일본은 기이한 이야기가 생활에 깊숙이 자리 잡고 있는 나라입니다. 오랜 내전으로 죽음과 친근해진 탓일 수도 있고, 죽은 영혼들은 모두 신이 된다는 독특한 종교관 때문일 수도 있습니다. 전쟁, 지진 등 불시에 찾아와서 삶을 앗아 가는 것들과의 오랜 동거는 일본만의, 일본을 위한 이야기들을 탄생시켰습니다. 와세다 대학교 다카하시 도시오 교수의 강연을 정리한 《호러 국가 일본》을 보면 그런 유구한 전통이 현대까지 고스란히 이어지고 있음을 알 수 있습니다.

　모은 자료를 읽으면서 일본에 대해 너무나 모른다는 사실을 깨달았습니다. 이미 알고 있는 것과 비슷한 이야기도 있고, 전혀 다른 이야기도 많았습니다. 일본은 가까운 이웃이지만 바다라는 경계 때문에 우리나라와 작지 않은 차이를 가지고 있고, 기담에서도 마찬가지입니다.

　한국 기담은 혼령들이 억울함을 호소하면서 사건이 시작되고 해결되는 인과응보의 형식을 주로 띠고 있습니다. 이에 비해 일본 기담은 억울하게 죽은 영혼들이 악령으로 환생해서 직접 복수합니다. 또한 착한 사람이 꼭 행복해지는 것도 아닙니다. 한국 기담보다 좀 더 잔혹하면서도 슬픈 느낌입니다.

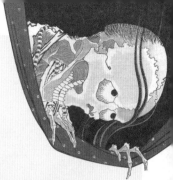

　일본 기담은 역사적인 배경에 대해 알고 있지 않으면 쉽게 이해가 가지 않는 부분도 있습니다. 다행히 한국 고대전쟁사를 다룬 《조선전쟁 생중계》, 이제 곧 출간될 《고려전쟁 생중계》 등의 집필에 참여한 이노우에 히로미 작가와 일본어를 전공한 이유진 씨와 함께 작업하면서 어려움을 헤쳐 나갈 수 있었습니다. 두 분에게 감사의 말씀을 드립니다.

　일본에서는 사람들이 한밤중에 모여 촛불을 들고 기묘한 이야기를 나누는 풍습이 있습니다. 백물어百物語, 일본어로 '햐쿠모노가타리'라고 부릅니다. 촛불을 든 백 명의 사람들이 차례로 이야기를 발표하는, 일종의 '이야기 대회'라고 할 수 있습니다. 자기 이야기를 마친 사람이 손에 들고 있던 촛불을 끄면 방은 점점 어두워집니다. 그리고 마침내 마지막 촛불이 꺼지면 귀신이 찾아온다고 합니다. 《일본기담》은 여러분을 위해 여러 개의 촛불을 켜 놓았습니다. 다행히 백 개가 아니고, 진짜 촛불도 아니기 때문에 일본 귀신이 찾아갈 일은 없을 겁니다. 이 책의 이야기들이 일본을 이해하는 데 조금이나마 도움이 되었으면 하는 바람입니다.

박지선

동물

괴이

원한

추녀의 복수

오쓰야 괴담

혼란스러웠던 전국 시대는 도쿠가와 이에야스에 의해 종식됩니다. 그리고 도쿠가와 막부가 에도에 들어서면서 차츰 안정을 찾아가게 되죠. 특히 제5대 쇼군이었던 도쿠가와 쓰나요시가 통치하던 시대를 겐로쿠 시대라고 부르는데, 이때부터 에도는 모든 면에서 괄목할 만한 성장을 이룩합니다. 특히 쵸닌이라고 불리는 도시 상공업자들이 두각을 나타내면서 문화와 경제 모두 활기를 띱니다. 이번 이야기는 바로 평화로웠던 겐로쿠 시대 에도에서 벌어졌던 기이한 이야기입니다.

은퇴를 눈앞에 둔 무사 다미야 마타자에몬에게는 한 가지 고민이 있었다. 바로 외동딸 오이와였다. 어린 시절에 눈에 넣어도 아프지 않을 정도로 예뻤던 오이와는 갑자기 천연두를 앓으면서 얼굴이 흉측하게 변하고 말았다. 얼굴을 뒤덮은 곰보 자국은 물론이고, 거무튀튀하게 변한 얼굴 때문에 외출이라도 하면 처음 본 아이가 울음을 터트리기 일쑤였다.

'남자도 얼굴이 곰보로 변하면 쳐다보기 싫은데 하물며 젊은 처녀가 저러니……'

나이가 들면서 급격하게 몸이 나빠진 그는 서둘러 딸에게 남편감을 찾아 주려고 했다. 아들이 없는 관계로 직책을 이으려면 데릴사위를 맞아야만 했다. 만약 그렇지 못하고 죽는다면 아내와 딸은 졸지에 길바닥에 나앉아야만 했다. 그는 급하게 혼처를 찾았다. 하지만 아무도 흉측한 그녀의 남편이 되려고 하지 않았다. 다급해진 다미야는 자신의 데릴사위가 되면 모든 재산을 물려주겠다고 공언했지만, 아무도 오이와를 아내로 맞을 생각을 하지 않았다.

답답해진 다미야가 병으로 드러누울 지경이 되었을 때 이웃 마을에 사는 한 남자가 찾아왔다. 별다른 직업이 없는 그 남자는 거래를 성사시켜 주거나 중매를 서 주는 일로 먹고 살았다. 병석에 누운 다미야의 머리맡에 앉은 남자가 물었다.

"데릴사위를 찾으신다는 얘기를 들었습니다."

"그렇긴 하네만 아무도 응하질 않네. 뾰족한 수가 있는가?"

"이런 말씀을 드리면 언짢으실지 모르겠지만 눈높이를 낮추는 건 어떻겠습니까?"

남자의 조심스러운 물음에 다미야는 끙 하고 신음을 냈다. 인정하고 싶진 않았지만 사실 남은 건 그것밖에 없었다. 하지만 주변의 시선이나 자존심 때문에 차마 입 밖에 내지 못하고 있던 차였다. 다미야의 눈치를 살핀 남자가 슬쩍 입을 열었다.

"눈높이를 낮추신다면 제가 적당한 사람을 추천해 드릴 수 있습니다만……."

"그래 주면 나야 고맙겠네."

주저하던 다미야가 입을 열자 남자는 기다렸다는 듯 술술 털어 놨다.

"이에몬이라는 셋슈 출신의 로닌浪人이 있습니다. 비록 로닌이지만 잘생기고 기품이 있는 자입지요. 나이도 30대 초반이라서 그리 책잡히지 않을 겁니다."

"로닌이라?"

다미야는 아쉽다는 듯 표정으로 되뇌었다. 신분제 사회였던 당시 남자들은 모두 신분에 따른 직업이 있었다. 백성은 농부나 장사꾼, 무사는 주군을 모시는 사무라이 등이었다. 그중 로닌은 모시는 주군이 없이 이리저리 떠도는 무사를 말한다. 주군이 몰락했

든 혹은 쫓겨났든 새로운 주인을 찾지 못하는 이상 백성만도 못한 존재였다. 하지만 자신이 언제 죽을지 모르는 상황에서 언제까지 조건을 따질 수는 없었다. 다미야가 머뭇거리자 남자가 무릎을 바짝 당기면서 말했다.

"어차피 데릴사위로 들일 몸, 차라리 신분이 낮은 자를 들이는 것이 집안에도 좋지 않겠습니까?"

쐐기를 박는 남자의 말에 다미야는 힘겹게 고개를 끄덕거렸다.

"자네 말이 맞는 것 같네. 자네가 이번 일을 좀 성사시켜 주게나. 그럼 섭섭하지 않게 사례하겠네."

남자가 그럴 줄 알았다는 표정으로 빙그레 웃었다.

그 후 오이와의 혼례는 일사천리로 진행되었다. 며칠 후 남자는 이에몬을 데려왔다. 몹시 곤궁한 처지였겠지만 애써 점잖게 차려입고 머리 장식인 존마게도 기름을 발라서 잘 다듬은 상태였다.

다미야와 부인은 미리 말을 맞춰 놓은 대로 딸이 아프다는 핑계를 대고 둘이서만 이에몬을 만났다. 다과를 곁들여 얘기를 나누는 동안 다미야는 이에몬을 천천히 뜯어봤다. 자리를 주선한 이웃집 남자의 말대로 잘생기고 훤칠한 탓에 아내는 만족스러워했지만, 아무래도 믿음이 가지 않았다. 고민되었지만 더 이상 선택의 여지가 없었다. 더구나 자신의 몸이 눈에 띄게 나빠지고 있어 자신이 죽으면 아내와 외동딸을 돌봐 줄 사람이 필요했다. 고민하던 다미야는 결국 이에몬을 사위로 맞아들이기로 결심했다. 남자와 이에몬이 돌아가고 난 후 아내가 딸의 머리를 빗겨 주면서 이런저런

애기를 하는 소리가 들렸다. 다미야는 터져 나오는 기침을 간신히 참았다.

혼담이 일사천리로 진행되면서 이에몬과 오이와는 8월에 혼례를 치르게 되었다. 그사이 이에몬이 몇 번 찾아왔지만 다미야와 부인은 핑계를 대면서 딸의 얼굴을 보여 주지 않았다. 로닌 신분이었던 이에몬 역시 다미야의 데릴사위가 되어서 가문을 승계하는 것이 목적이었기 때문에 그다지 이상하게 여기지는 않았다.

드디어 혼례식이 열리는 날, 신부 집으로 온 이에몬은 하얀 천으로 얼굴을 가린 오이와를 봤다. 혼례식이 치러지는 동안에는 천을 걷지 않기 때문에 이에몬이 아내가 될 여인의 얼굴을 처음 본 것은 삼삼구도, 즉 세 번씩 총 아홉 번에 걸쳐 술잔을 비우는 의식을 할 때였다. 술을 마시기 위해 얼굴의 천을 걷은 오이와의 얼굴을 본 이에몬은 숨이 턱 막혔다. 짙게 화장을 한 얼굴 전체가 얽은 것은 물론이고, 한쪽 눈은 아예 보이지 않을 정도로 눈두덩이 축 쳐져 있었다. 못생겼다는 말을 듣긴 했지만 이 정도일 줄은 꿈에도 생각하지 못했던 것이다.

'어쩐지 올 때마다 핑계를 대면서 얼굴을 보여 주지 않더라니…….'

생각 같아서는 당장 뛰쳐나가고 싶지만, 그러면 다미야 집안의 데릴사위가 되는 것도 포기해야만 했다. 비록 하급 무사이긴 했지만 다미야는 엄연히 막부의 봉록을 받고 있었다. 집도 절도 없는 로닌 신분인 그로서는 안정된 생활을 할 수 있는 절호의 기회였다. 심호흡을 한 이에몬은 아내가 될 여인의 얼굴을 쳐다봤다. 그리고 침을 꿀꺽 삼켰다. 지옥 같은 첫날밤을 치르고 나자 장인인 다미야와 장모가 웃으면서 그를 맞이했다. 한 가지 좋은 건 이제 근본도 없는 로닌이 아니라 막부의 무사인 다미야의 데릴사위, 다미야 이에몬이 되었다는 것이다.

병색이 완연하던 장인 다미야는 혼례를 치르자마자 드러눕더니 일 년도 안 돼 세상을 떠났다. 다미야가 죽고 이에몬이 장인의 지위를 이어받았다. 족쇄처럼 옥죄던 장인이 사라지자 이에몬은 신이 났다. 일을 핑계로 못생긴 아내가 있는 처갓집에 들어가지 않아도 뭐라고 할 사람이 없어진 것이다. 다미야가 죽고 1년쯤 지나 장모까지 세상을 떠나면서 걸림돌이 완전히 사라졌다.

술과 풍류라면 사족을 못 쓰는 그에게 비슷한 부류의 친구들이 생겼다. 그중 한 명이 바로 죽은 다미야의 동료 무사인 이토 기베였다. 술과 여자를 좋아하는 그는 주변 평판이 안 좋고 이에몬과는 나이 차이도 꽤 많았지만, 죽이 잘 맞았다. 그는 아내와 이혼한 뒤 재혼하지 않고 첩을 들였다가 시들해지면 쫓아내는 일을 반복했다. 더구나 현재 데리고 사는 오하나라는 게이샤 출신의 첩에게 슬슬 흥미가 떨어지고 있었다. 그러던 중 오하나가 덜컥 임신을 하고 말았다. 이렇게 되면 쫓아내더라도 돈을 넉넉히 줘야만 하고, 아이가 크는 내내 돌봐 줘야 하는 등 골치 아픈 일이 한두 가지가 아니었다. 고민하던 기베는 무릎을 쳤다.

"그렇지. 내가 왜 그 생각을 못 했을까?"

늘 어울려 다니던 이에몬이 못생긴 아내랑 헤어지고 싶다고 입버릇처럼 얘기했던 게 떠오른 것이다. 그는 집으로 돌아가기 싫어서 뭉그적거리고 있던 이에몬을 술집으로 데리고 갔다. 그리고 거나하게 취하게 만든 뒤 은근슬쩍 본심을 드러냈다.

"내 첩 오하나 알지? 헤어지고 싶은데 뒤를 봐줄 사람이 없어서 말이야. 자네가 데려가는 건 어떻겠나? 그럼 내가 한 밑천 두둑하게 챙겨 줌세."

그전에 몇 번 기베의 집에 놀러갔다가 오하나의 모습을 눈여겨 봤던 이에몬의 눈이 번쩍 띄었다.

"좋긴 합니다만 아내가 있잖아요."

금방 풀이 죽은 이에몬이 대답했다. 데릴사위로 들어왔기 때문에 아내와 헤어질 경우 지금처럼 안정된 생활을 누릴 수 없었다. 기베가 술집 주변을 쓱 돌아보고는 귓속말로 뭔가를 소곤거렸다. 귓속말을 들은 이에몬의 표정이 환해졌다.

그날 이후 이에몬의 방탕한 생활은 도를 넘어 계속되었다. 전에는 그래도 일을 마치고 술집에 갔다가 새벽에라도 집에 들어왔지만, 이제는 아예 일하러 가지도 않고, 몇 날 며칠을 술집에서 게이샤들과 노닥거렸다. 봉록을 탕진하는 것은 물론이고, 집안에 있는 가재도구들까지 내다 팔았다. 비록 외모가 추하기는 했지만 무사집안의 딸로서 교양 있던 그녀는 처음에는 꾹 참았다. 하지만 날이 갈수록 이에몬의 방탕함이 도를 넘어서자 결국 남편을 붙잡고 간곡하게 얘기했다. 하지만 오히려 남편은 화를 낼 뿐이었다. 이에몬이 집안의 돈을 가져다 쓰면서 가세가 급격하게 기울었다. 걱정과 눈물로 밤을 지새우던 그녀에게 기베가 보낸 심부름꾼이 왔다. 잠시 방문해 달라는 요청에 그녀는 서둘러 길을 나섰다. 등불을 켜 놓고 기다리던 기베는 그녀를 방으로 맞이하여 심각한 표정으로 말했다.

"늦은 밤에 불러서 미안하오. 하지만 부군인 다미야 이에몬이 요즘 일을 너무 소홀히 해서 위에서 벼르고 있는 중이오. 걱정이 돼서 이렇게 따로 보자고 한 것이오."

"다 제 불찰입니다."

오이와는 걱정스러워하는 기베에게 고개를 조아렸다. 그녀가 고개를 숙이자 기베가 혀를 차면서 말했다.

"이러다 이에몬이 쫓겨나기라도 한다면 큰일이 아니겠소? 그러니 부인이 남편께 잘 얘기해서 이제부터라도 바른 행실을 갖도록 하시오."

"면목이 없습니다."

몇 번이고 미안하다는 말을 남긴 그녀는 축 처진 어깨로 기베의 집을 나섰다. 그리고 남편이 집에 돌아오면 꼭 얘기하리라 마음을 먹었지만 그날 밤에도 남편은 들어오지 않았다.

사실 그 시간 이에몬은 기베와 무릎을 맞대고 술을 마시며 얘기를 나누는 중이었다. 그리고 새벽닭이 우는 소리를 듣고 나서야 집으로 돌아왔다. 밤새 남편을 기다리던 오이와는 제발 정신을 차리라고 눈물로 호소했다. 하지만 이에몬은 오히려 큰소리를 치면서 손찌검을 했다.

"집안 꼴을 엉망으로 만들어 놓고 뭐가 잘났다고 큰 소리야! 이러니까 내가 집에 있기가 싫은 거지."

비록 방탕했지만 폭력적이지는 않았던 남편의 변화에 놀란 오이와는 할 말을 잃었다. 실컷 화를 낸 이에몬은 남은 패물을 들고 도로 밖으로 나갔다. 절망에 빠진 오이와는 털썩 주저앉아서 울고 말았다.

뛰쳐나간 이에몬이 며칠 동안 집에 들어오지 않자 오이와의 한숨만 깊어졌다. 며칠이 지난 후 다시 기베에게서 방문해 달라는 전갈이 왔다. 가세가 기울면서 하인들을 모두 내보내야 했기 때문에 혼자 화장을 하고 옷단장을 한 뒤 기베의 집으로 향했다. 걱정스러운 표정으로 앉아 있던 기베는 그녀를 보자마자 말했다.

"큰일 났습니다. 상관께서 이에몬이 열심히 일을 하지 않는다며 파면시킨다고 하셨습니다."

청천벽력같은 이야기에 그녀는 망연자실했다. 사실 이에몬의 직책은 죽은 아버지 다미야에게 물려받은 것이고, 자식에게 물려줘야 했다. 만약 직책에서 물러나면 봉록을 못 받게 되고, 그러면 에도에서의 생활은 끝나는 것이나 다름없었다. 아득해진 그녀가 훌쩍훌쩍 울자 기베가 조심스럽게 말했다.

"어떻게 들릴지 모르겠지만 내 생각에는 두 사람이 좀 떨어져지냈으면 어떨까 하오."

"떨어져 지내라고요?"

오이와의 반문에 기베가 머뭇거리다가 입을 열었다.

"이에몬이 이렇게 방황하는 건 부인과 맞지 않는 것도 있다오. 그러니 둘이 떨어져서 지내 보면 어떻겠느냐는 말이오."

들고 보니 그럴듯하다는 생각에 오이와는 가만히 고개를 끄덕였다. 그녀의 눈치를 살피던 기베가 계속 말을 이어 갔다.

"내가 적당한 일자리를 찾아 줄 테니 이혼장을 써 주고 아무 말 말고 몇 년 동안 떨어져 지내는 게 어떻겠소?"

"이혼장을 쓰라고요?"

놀란 오이와가 묻자 기베가 한숨을 쉬면서 말했다.

"어차피 이에몬이야 다미야 집안의 데릴사위니까 집안을 떠나지는 못하지 않겠소? 몇 년 떨어져 지내다가 재결합하면 될 거요. 내가 알아서 얘기해 놓을 테니까 내 말대로 해요. 안 그러면 봉록이 끊겨 집안이 이대로 끝장날 거요."

은근한 권유에 못 이긴 오이와가 승낙하자 기베는 당장 그 자리에서 이혼장을 쓰도록 했다. 주저하던 그녀가 이혼장을 쓰자 기베는 부드러운 표정으로 말했다.

"이게 모두에게 최선의 방법일 거요. 내가 며칠 안에 일자리를 알아봐 줄 테니 그쪽으로 가서 잠깐 머무시구려."

집으로 돌아온 그녀는 짐을 꾸렸다. 그리고 며칠 후 기베가 소개시켜 준 집에 하녀로 들어갔다. 부유하지는 않았지만 무사의 딸로 자라왔던 그녀에게 견디기 힘든 일이었지만, 언젠가 돌아올 남편을 기다리면서 묵묵히 일했다.

한편 기베의 도움으로 이혼하는 데 성공한 이에몬은 약속대로 그의 아이를 임신한 오하나를 데리고 오이와와 함께 살던 집으로 들어갔다. 이혼한 상태이긴 했지만 오이와가 먼저 이혼을 요구했기 때문에 직책을 유지할 수 있었고, 기베가 뒤를 봐주면서 안정을 찾았다. 오하나와도 사이가 좋아서 이후에도 몇 명의 아이들을 줄줄이 낳았다. 이에몬은 가끔 기베와 술잔을 기울이며 오이와를 떨어뜨려 준 것을 고마워했다.

아무것도 모르던 오이와에게 어느 날 떠돌이 장사꾼이 찾아와서 충격적인 소식을 전했다.

"정말 아무것도 모르셨습니까? 당신과 이혼한 이에몬이 기베의 첩이었던 오하나와 함께 당신 집에서 살고 있단 말입니다."

"뭐라고요?"

이에몬이 정신을 차리고 다시 재회할 날만 기다리던 오이와에게는 청천벽력같은 얘기였다. 놀란 그녀에게 떠돌이 장사꾼이 계속 얘기를 들려줬다.

"이에몬이 방탕하게 지낸 건 당신으로 하여금 스스로 이혼장을 쓰게 만들려고 했던 겁니다. 기베는 뒤에서 조종한 거고요."

믿고 기다리라는 기베의 말이 간교한 속임수임을 알게 된 그녀는 하늘이 무너져 내린 느낌이었다. 하지만 그녀가 할 수 있는 것은 아무것도 없었다. 분노와 치욕, 좌절감에 못 이긴 그녀는 두 손으로 머리카락을 쥐어뜯으면서 큰 소리로 울부짖었다.

"이에몬과 이토 기베, 그 일가를 가만 놔두지 않겠다!"

그러고는 놀란 떠돌이 행상을 남겨둔 채 양손에 머리카락을 가득 움켜쥐고는 집을 나가서 어디론가 사라졌다.

이 소식을 들은 이에몬과 기베는 겁을 먹었지만 한 달이 지나고, 두 달이 지나도 오이와가 나타나지 않자 그대로 잊었다. 이에몬은 오하나와의 사이에서 낳은 아이들을 기르는 재미에 흠뻑 빠져들었고, 기베는 여전히 젊은 첩들 품에 빠져 지냈다. 그렇게 모두 못생긴 추녀 오이와를 잊어버린 채 10년이 넘는 세월이 흘렀다.

더운 여름이 찾아오면서 이에몬은 가족과 함께 정원에 나와서 부채질을 했다. 이제 40대로 접어든 이에몬은 재잘거리는 아이들과 함께 늙어 가는 부인을 보면서 흐뭇한 미소를 지었다. 로닌 신분이었을 때는 꿈도 꾸지 못했던 일이었다.

의자에 앉아 느긋하게 쉬고 있는데 흘러가는 바람이 발치에 닿았다. 바다에 접해 있는 에도 특유의 소금기 섞인 바람이 아니라 오랫동안 어딘가에 갇혀 있었던 것 같은 푹 익은 바람이었다. 섬뜩한 느낌에 고개를 든 이에몬은 바람의 근원을 찾아서 두리번거렸다. 그의 눈길이 멎은 곳은 안채 옆에 딸린 부엌이었다. 반쯤 열린 부엌 문짝이 바람에 부르르 떨리는 게 보였다. 눈을 부릅뜨고 쳐다보는데 귓가에 괴기스러운 음성이 들렸다. 가늘고 흔들리는 목소리라 알아듣기 힘들었지만 자신의 이름을 부르는 건 확실했다. 의자에서 일어난 이에몬은 옆에 세워둔 철포를 집어 들었다. 그리고 능숙한 손놀림으로 총구에 화약을 부은 다음 화승을 힘껏 불어서 불을 돋웠다. 그의 행동에 놀란 어린 막내딸이 울 기미를 보이자 이에몬이 씩 웃으면서 말했다.

"공포탄이야. 아빠가 나쁜 귀신을 쫓아줄게."

화승의 불이 충분히 피어오르자 이에몬은 부엌 쪽을 겨누고 방아쇠를 당겼다. 불이 붙은 화승이 화약에 닿으면서 폭음이 터지고 연기가 자욱하게 피어오르자 이에몬은 손으로 부채질을 해서 연기를 쫓아냈다. 하지만 기분 나쁜 바람은 여전히 불었고, 그를 부르는 목소리도 점점 커졌다. 이에몬은 떨리는 손으로 다시 화약을 넣었다. 이마에서 흘러내린 식은땀으로 눈을 깜빡거리면서도 철포를 겨눈 이에몬은 버럭 고함을 지르며 방아쇠를 당겼다.

"비겁하게 숨어 있지 말고 모습을 드러내라!"

집안 가득 총성이 울려 퍼지자 그를 부르던 목소리는 사라졌다. 대신 막내딸의 숨넘어가는 울음소리가 들렸다. 놀란 이에몬이 돌아보자 파랗게 변한 막내딸이 거품을 문 채 쓰러져 있었다.

철포를 내려놓은 이에몬이 서둘러 막내딸을 안고 의원에게 데려갔지만 이미 늦고 말았다. 통곡하는 오하나 옆에 선 이에몬은 넋이 나간 목소리로 중얼거렸다.

"틀림없이 그녀였어."

흐릿한 연기 사이로 언뜻 보였던 모습은 오래전에 간계를 써서 쫓아낸 추녀 오이와였다. 얽은 얼굴에 찌그러진 눈두덩을 떠올린

이에몬은 몸서리를 쳤다. 그리고 그것이 시작이었다. 막내딸을 잃고 상심에 빠져 있던 아내 오하나가 갑자기 이상한 여자가 보인다면서 겁에 질린 얼굴로 말했다.

"당신 뒤에 서서 이름을 불렀어요."

"어떻게 생겼는데?"

"얼굴은 온통 얽어 있고, 눈도 찌부러져 있었어요. 그리고 머리카락이 죄다 뜯겨 나갔고요."

오하나는 그 얘기를 한 날부터 앓아누웠다. 솜씨 좋은 의원을 불러 치료받게 했지만 차도가 없었다. 설상가상으로 아들도 함께 드러눕고 말았다. 덜컥 겁이 난 그는 인근 사찰의 스님을 불러 나쁜 기운을 쫓아 달라고 했지만 아무 소용도 없었다. 결국 아내는 그 여자가 목을 조른다는 외마디 비명을 끝으로 숨을 거뒀다. 아내 오하나의 시신이 채 식기도 전에 아들 역시 세상을 떠나고 말았다. 한 달이 채 지나기도 전에 줄초상을 치른 것이다. 슬픔에 젖은 그를 위로하러 이토 기베가 찾아왔다. 이에몬은 기베를 붙잡고 그녀가 나타났다고 말했다.

"모노노케로 변해서 복수하러 온 게 틀림없어요. 이제 어떡하죠?"

"마음 굳게 먹게."

기베 역시 뾰족한 수가 없었다. 복수심과 증오에 불타는 인간이 변신한 원령인 모노노케는 인간이 이겨 낼 수 있는 존재가 아니었다. 달랠 수 있는 유일한 방법은 억울함을 품고 원령이 된 사람을 신으로 받들어 정중하게 제사를 지내는 것이었다. 하지만 그런

다고 해서 오이와가 만족할 것 같지는 않았다.

장례식이 끝나고 집으로 돌아온 이에몬은 유일하게 살아남은 큰딸을 서둘러 시집보냈다. 다미야처럼 데릴사위를 들여야만 직책을 계승시켜 줄 수 있기 때문이었다. 조촐한 혼례를 올린 뒤 데릴사위가 한집에 살면서 괴이한 일은 더 이상 벌어지지 않았다. 바짝 긴장하고 있던 이에몬은 한숨을 돌렸다.

그런데 가을에 접어들면서 비가 자주 오자 지붕에서 물이 새기 시작했다. 이러다가는 온 집안이 물바다가 될지도 모른다는 생각에 이에몬은 잠깐 날이 갠 틈을 타서 사다리를 걸쳐 놓고 지붕에 올라갔다. 그러자 맑았던 하늘에 금방 먹구름이 끼었다. 도로 내려갈까 하던 이에몬은 마음을 고쳐먹고 지붕을 고치기 시작했다. 그의 귀에 잊었던 목소리가 들려온 것은 한참 일에 열중할 무렵이었다.

"이에몬, 제가 왔어요."

지붕에 걸터앉아 있던 이에몬은 주변을 두리번거렸다. 하지만 갑자기 몰려든 먹구름 때문에 아무것도 보이지 않았다. 미친 듯이 돌아보던 그는 결국 참지 못하고 소리를 질렀다.

"나와! 모습을 보이라고!"

그러자 구름을 뚫고 불쑥 그녀가 모습을 드러냈다. 물에 빠져 죽었던 것인지 파랗게 변한 얼굴은 고통으로 가득 차 보였다. 그리고 축 늘어뜨린 양손에는 쥐어뜯은 머리카락들이 거미줄처럼 엉켜 있었다. 큰소리를 치긴 했지만 막상 그녀의 얼굴을 보자 이에몬은 겁에 질렸다. 그래서 저도 모르게 지붕 아래로 뛰어내리고 말았다. 떨어지면서 허리와 다리를 다친 그는 시름시름 앓다가 얼마 후 세상을 떠나고 말았다. 집안의 가업은 큰딸의 남편이 맡았지만 저주는 계속되었다. 큰딸도 어머니처럼 집 안에 이상한 여자가 있다며 겁에 질려 발작을 일으키다가 결국 미쳐 버렸고, 데릴사위 역시 사고로 죽었다.

이에 그치지 않고 저주는 이토 기베에게 옮겨졌다. 기베는 물론, 그 집안사람들 모두 원인 모를 병을 앓다가 숨을 거두거나 사고를 당했다. 결국 기베의 집 사람들도 모두 죽고 말았다. 사람들은 두 집에 닥친 원인 모를 재앙을 오이와의 저주라며 수군거렸다.

한 여자의 저주라고 믿어진 두 집안의 비극은 약 100년 후 가부키 작가인 쓰루야 난보쿠에 의해 〈도카이도 요쓰야 모노가타리東海道四谷怪談〉로 재탄생되었다. 쓰루야 난보쿠는 이 비극적인 이야기를 《주신구라忠臣藏》에 넣었다. 이에몬과 오이와는 서로 사랑하는 사이였지만, 그녀의 아버지가 결혼을 허락하지 않는 상황이었다. 그리고 이토 기베의 손녀딸 오우메가 우연히 만난 이에몬에게 한눈에 반했다. 이에몬은 결혼을 허락하지 않던 오이와의 아버지와 말다툼을 벌이다가 우발적으로 살인을 저지른다. 그리고 시치미를 떼고 오이와에게 청혼한다. 그녀는 아버지의 원수를 갚아야 한다는 조건을 걸고 승낙한다.

아무것도 모르고 이에몬과 혼인을 한 오이와는 곧 임신을 하고, 그런 그녀에게 이토 기베가 약을 보내 준다. 하지만 그 약은 이에몬을 좋아하는 손녀딸의 소원을 들어주기 위해 오이와를 죽이기 위한 독약이었다. 약을 복용한 오이와의 외모는 날이 갈수록 흉측해진다. 그런 그녀에게 정나미가 떨어진 이에몬은 갖은 학대를 가하고, 진실을 알게 된 오이와는 떨리는 손으로 빗질을 하다가 한 움큼씩 빠지는 머리카락을 보고 절망에 빠진 채 숨을 거둔다. 죽은 그녀에게 불륜을 저질렀다는 죄목을 씌운 이에몬은 이토 기베의 손녀딸 오우메와 혼례를 치르지만 환각에 사로잡힌 채 오우메와 기베의 목을 친다. 그리고 허둥지둥 도망친다.

한편 오이와의 여동생 오소데는 죽은 언니의 복수를 하기 위해 동분서주하지만 오해와 갈등 끝에 스스로 목숨을 끊는다. 고향으로 도망친 이에몬은 새로운 인연을 만나지만, 오이와의 혼령에 시달린 끝에 아내와 가족들을 모두 죽인다. 절망에 빠진 이에몬은 결국 오소데의 정혼자였던 무사의 손에 목숨을 잃고 만다.

이 이야기는 지배 계급인 무사뿐만 아니라 서민의 생활상을 사실적으로 묘사한 덕분에 큰 인기를 끌면서 《주신구라》에서 떨어져 나와 별도의 공연으로 재탄생했다. 전형적인 인과응보의 모습을 보여 주는 이 기담은 우리나라와 일본 정서의 차이점을 극명하게 보여 준다. 즉 억울함을 호소하는 우리나라의 귀신과는 달리 일본의 귀신들은 직접 손을 쓴다는 점이다.

귀 없는 비파 명인

호이치 이야기

천황이 다스리던 일본은 12세기에 접어들면서 무사들이 전면에 등장합니다. 사무라이라고 불린 이들은 처음에는 정권 다툼에 동원되었다가 차츰 힘을 길러 직접 패권을 장악하기 위해 나섰습니다. 무사 집단 중 헤이케 일족이라고 불린 타이라 가문과, 겐지 일족이라고 불린 미나모토 가문이 자웅을 겨뤘습니다. 양쪽의 싸움은 1185년, 규슈와 혼슈 사이의 시모노세키 해협에서 벌어진 단노우라 해전에서 미나모토 가문이 승리하면서 끝이 났지요. 패배한 타이라 가문의 사람들은 모두 물에 뛰어들어 자살했는데, 그중에는 타이라 가문에 의해 옹립된 어린 안토쿠 천황도 있었습니다. 타이라 가문이 멸족당한 단노우라 앞바다에서는 종종 괴이한 현상들이 일어났다고 전해집니다. 이곳에서 잡힌 게의 등껍질은 고통과 원망에 가득 찬 사람의 얼굴 모양이라서 '헤이케의 게'라는 이름이 붙여졌습니다. 호이치 이야기는 단노우라에서 헤이케 일족이 전멸당한 지약 700년 후에 벌어진 이상한 이야기입니다.

"바다에 빠져 죽은 타이라 일족과 안토쿠 천황의 원령 탓인지 단노우라 앞바다에서는 유독 조난 사고를 비롯해서 이상한 일들이 많았지. 그래서 마을 사람들은 원령들을 위로해 주기 위해 그들의 무덤을 만들어 주고, 바다가 내려다보이는 언덕에 작은 절을 세웠다. 그게 바로 우리 아미다지란다."

마루에 앉아 있던 인자한 표정의 주지 스님이 얘기를 끝마치자 비파를 끌어안은 채 호이치가 가만히 고개를 끄덕거렸다.

"그럼 이 절이 생긴 이후에는 이상한 일들이 일어나지 않았나요?"

"많이 줄긴 했지만 여전히 일어나고 있어. 특히 전투가 벌어졌던 3월 24일이 되면 단노우라 앞바다가 온통 귀신 우는 소리로 가득하단다. 아직도 원한이 가시지 않은 거지."

"700년이나 지났는데도 그렇다니 과연 사람의 원념이란 대단하군요."

"그렇다. 그러니까 자네도 이 절에서 지내는 동안은 각별히 조심하게. 언제 자네를 홀릴지 모르니까 말이야."

슬며시 웃으며 주지 스님이 찻잔을 집어 들었다. 딸그락거리는 찻잔 소리를 들은 호이치도 바닥을 더듬어 앞에 놓인 찻잔을 들었다.

"저 같이 별 볼 일 없는 장님에게 원령 따위가 관심이나 기울이겠습니까?"

"대신 비파 솜씨는 일본 최고가 아닌가? 특히 〈헤이케 모노가타리〉(헤이케 일족의 번영과 몰락을 노래한 작품으로 비파를 연주하면서 불렀다)에는 따를 자가 없다고 들었다."

주지 스님의 칭찬에 호이치가 고개를 숙이며 대답했다.

"과찬의 말씀입니다. 어릴 때 부모님을 여의고 마음을 기댈 곳이 없어 비파를 가까이 두면서 하찮은 재주를 익혔을 뿐입니다. 오갈 데 없는 저를 거둬 주셔서 진심으로 감사합니다."

"이게 다 부처님의 뜻일 게야. 그러니 마음 편하게 지내게나. 호이치 군."

찻잔을 내려놓은 호이치가 고개를 끄덕이자 주지 스님은 고개를 돌려 뜰을 바라봤다. 때마침 불어온 쓸쓸한 바람이 잘 쓸려진 뜰에 살짝 흠집을 냈다. 그 광경을 보던 주지 스님이 갑자기 생각났다는 표정으로 말했다.

"참, 뒷산에 헤이케 일족과 안토쿠 천황의 무덤이 있네. 기일에 제사를 지낼 때 말고는 사람들이 왕래하지 않는 곳이니 자네도 그곳에 가지 말게."

그렇게 호이치는 아미다지에서 지내게 되었다.

태어날 때부터 눈이 보이지 않던 호이치는 아버지처럼 농사를 지을 수가 없었다. 조선도 그렇고 일본도 맹인들은 생계를 잇기 위해 악기를 연주하거나 점을 치는 일에 종사했다. 호이치도 자연스럽게 다른 맹인처럼 악기 연주를 업으로 삼았는데, 특히 비파를 연주하는 솜씨가 뛰어났다. 그래서 음악에 조예가 깊던 아미다지의 주지 스님이 부모를 잃고 홀로 지내던 호이치를 특별히 초대해서 머물게 해 준 것이다. 호이치는 절에서 지내면서 가끔 주지 스님을 위해 비파를 연주해 주었다.

그렇게 몇 달이 지난 어느 여름날의 일이었다. 때마침 주지 스님이 동자승을 데리고 마을로 법사를 하기 위해 내려갔다. 사찰에서 일하던 일꾼들도 모두 숙소로 돌아가고 호이치 혼자만 남게 되었다. 호이치는 마루에 앉아 비파를 뜯으면서 외로움을 달랬다.

그렇게 밤이 깊어지고 잠자리에 들려는 찰나, 문이 열리는 소리가 들렸다. 주지 스님이 돌아온 줄 알고 반가운 마음에 비파 연주를 멈추고 고개를 돌렸지만 소리가 낯설었다. 발자국 소리와 함께 무거운 금속이 덜그럭거리는 소리가 들려왔기 때문이다. 덜컥 겁이 난 호이치가 비파를 꼭 끌어안고 소리가 난 쪽을 바라봤다. 발걸음은 호이치 바로 앞에서 멈췄다. 그리고 굵은 음성이 들려왔다.

"네가 비파를 켜는 호이치냐?"

"그, 그렇습니다만 뉘신지요?"

"주군의 명을 받고 너를 데리러 왔다."

"저를 말씀이십니까?"

호이치가 반문하자 목소리의 주인공이 대답했다.

"그렇다. 주군께서 이곳 단노우라 전적지를 둘러보시고 연회를 베푸는 중이신데 네가 〈헤이케 모노가타리〉를 잘 연주한다는 이야기를 듣고 데려오라는 분부를 내리셨다. 그러니 비파를 들고 어서 따라오너라."

호이치는 주지 스님도 없는데 낯선 사람을 따라갈 수 없다고 하려다가 입을 다물었다. 조선의 양반들이 백성 위에 군림한 것처럼 일본에서는 칼을 찬 사무라이가 백성을 지배했다. 백성이 명령을 거역하거나 무례하게 굴었다가는 사무라이가 차고 있던 칼에 목이 뎅겅 잘릴 수 있었다. 침을 꿀꺽 삼킨 호이치가 간신히 입을 열었다.

"소인은 눈이 보이지 않는 맹인 신세입니다."

"알고 있다. 내 손을 잡고 따라오너라. 서둘러라. 연회가 끝나기 전에 도착해야 하느니라."

사무라이의 재촉에 호이치는 비파를 끌어안은 채 서둘러 조리(일본의 전통 짚신)를 신었다. 그리고 사무라이가 내민 손을 잡고 뒤를 따라나섰다. 절 밖으로 나온 호이치는 사무라이의 손에 이끌려 낯선 곳으로 걸어갔다. 가끔 지팡이를 짚고 산책해서 사찰 주변은 지형을 대략 알고 있었지만, 이끌려 간 곳은 전혀 낯선 곳이었다. 이상한 것은 그를 안내한 사무라이가 마치 전쟁터라도 나가는 것처럼 갑옷과 투구 차림을 했는지 걸을 때마다 쇳소리가 났다는 점이었다. 전란이 끝난 지 오래여서 사무라이들도 하오리(발목까지 내려오는 겉옷)에 하카마(통이 넓고 주름이 잡힌 바지)를 입고, 게다(나막신)를 신었다. 평민과의 차이점이라고는 큰 칼인 카타나와 작은 칼인 와카자시를 찬다는 점뿐이었다. 고민하던 호이치는 사무라이가 주군을 보호하기 위해 중무장을 했을 수 있다고 넘겼다. 그러는 사이 낯선 곳으로 그를 데리고 가던 사무라이가 걸음을 멈췄다. 잠시 후 사무라이의 우렁찬 목소리가 그의 귀에 들렸다.

"호이치를 데려왔으니 어서 문을 열어라!"

그러자 빗장이 풀리고 문이 열리는 소리가 들렸다. 눈이 보이지 않는 호이치는 문이 열리는 소리를 듣고 문의 크기, 저택의 규모를 짐작하곤 했는데, 그 소리는 지금까지 들었던 소리 중에 가장 컸다. 인근 마을의 잔치에 비파를 연주하러 간 적이 여러 번 있었지만, 이렇게 큰 문을 가진 저택은 처음이었다. 바짝 긴장한 호이치에게 사무라이가 어서 따라오라고 재촉하며 손을 잡았다. 아까보다 더 차가운 손에 손목을 덥석 잡힌 호이치는 대문 안으로 들어갔다.

그러자 간드러진 여인의 웃음소리와 샤미센(일본의 대표적인 현악기)을 연주하는 소리가 들렸다. 높은 신분의 번주가 베푸는 연회장에 들어선 것 같았다. 그는 사무라이의 손에 이끌려 넓은 뜰을 가로질러 간 다음 조리를 벗고 마루에 올라섰다. 그리고 한참이나 긴 복도를 지나갔다. 그가 걸어갈 때마다 주변에서 소곤대는 여인들의 목소리와 점잖게 웃는 남자들의 웃음소리가 들렸다. 떠들썩한 잔치가 한참인 것 같았다. 복도를 한참 걸어간 사무라이가 걸음을 멈추자 호이치도 따라서 멈췄다. 한쪽 무릎을 꿇는지 쿵 하는 소리가 들려오고 사무라이가 주군에게 고하는 소리가 들렸다.

"분부하신 대로 비파의 명인 호이치를 데려왔습니다."

"수고했다. 저자에게 방석과 차를 가져다주어라."

낭랑하면서도 품위 있는 목소리가 들려오자 호이치는 저도 모르게 목을 움츠렸다. 그런 그의 모습이 우스운지 여인이 소매로 입을 가리고 웃는 소리가 들렸다. 잠시 후 방석을 내왔다는 소리가 들렸다. 호이치는 난생 처음 보는 푹신한 비단방석 위에 조심스럽게 앉았다. 향긋한 차까지 한 모금 마시자 긴장이 약간 풀렸다. 호이치가 찻잔을 내려놓자 젊은 남자의 목소리가 들려왔다.

"이 근처에 놀러왔다가 단노우라를 봤다. 번성하던 헤이케 일족의 덧없는 최후를 떠올리니 인생의 무상함이 깊게 느껴지더구나. 그래서 오늘 연회에서 〈헤이케 모노가타리〉를 듣고 싶었는데 함께 온 악공 중에서는 비파를 다룰 줄 아는 이가 없었다. 그래서 수소문을 했더니 다들 네 얘기를 하더구나."

"과찬의 말씀이십니다."

기분이 좋아진 호이치가 고개를 숙이면서 얘기했다.

"우리에게 〈헤이케 모노가타리〉를 연주해 주면 큰 상을 내리겠다."

남자의 말이 끝나자 저택 안의 목소리들이 약속이나 한 듯 일시에 사라지고 묵직한 침묵이 찾아왔다. 갑작스러운 침묵에 놀란 호이치는 조심스럽게 입을 열었다.

"〈헤이케 모노가타리〉는 너무 길어서 한 번에 연주할 수 없사옵니다. 어느 부분을 들려드릴까요?"

"단노우라에서 헤이케 일족이 최후를 맞이하는 부분을 연주하여라."

지시를 받은 호이치는 오른손으로 비파의 목을 잡고 조심스럽게 현을 만지작거렸다. 심호흡을 크게 하고 마음을 가다듬은 호이치는 비파의 현을 뜯으면서 노래를 하기 시작했다.

"싸움이 기울어지자 타이라노 도모모리가 작은 배를 타고 천황이 머물고 있던 당선으로 건너갔도다. 그리고 비통한 목소리로 우리 세상은 여기까지인가 보다. 이제 아무 쓸모없는 것들은 모두 바다에 던져 버리라고 하셨다. 천황을 모시던 시녀들이 싸움이 어찌 되었느냐고 묻자 도모모리는 헛웃음을 지으며 이제 곧 관동 사내들(겐지 일족의 무사들)을 볼 것이라고 말하셨도다. 그 얘기를 들은 시녀들이 이런 상황에서 어찌 농담을 하느냐고 소매로 얼굴을 가리며 울었다. 싸움이 기울어졌다는 소식을 들은 니이노아마(헤이케 일족의 우두머리였던 타이라 기요모리의 아내)는 검정색 겉옷에 명주 바지 차림으로 삼종의 신기를 품으셨도다……."

애절한 비파의 음색에 호이치의 목소리가 더해져 갔다. 호이치가 혼신의 힘을 다해 연주와 노래를 하자 곳곳에서 감탄사가 터져 나왔다. 신이 난 호이치는 마치 단노우라 전투의 현장에 있었던 것처럼 감정을 불어넣었다. 그의 연주를 듣던 손님들은 안토쿠 천황과 헤이케 일족이 물에 빠지는 부분에 이르러 대성통곡을 했다. 마침내 연주가 끝나자 폭풍 같은 오열과 비탄에 젖은 한숨 소리가 들려왔다. 호이치는 이런 반응에 겁을 내면서도 은근히 자부심을 느꼈다. 잠시 후 손님들의 목소리가 사라지고 젊은 번주가 들어왔다.

"과연 명불허전이로구나. 에도에도 너만큼 〈헤이케 모노가타리〉를 잘 연주하는 이가 없을 것이다."

"송구스럽습니다."

"앞으로 6일 동안 이곳에 머무를 예정이다. 네가 매일 밤마다 〈헤이케 모노가타리〉를 들려줬으면 한다. 그러면 내가 마지막 날 큰 선물을 주도록 하마."

큰 선물이라는 얘기를 들은 호이치의 가슴이 뛰었다.

"단 내가 여기 머물고 있다는 사실은 아무에게도 알려서는 안 된다. 알겠느냐?"

"명심하겠사옵니다."

호이치는 코가 마루에 닿도록 고개를 숙이면서 대답했다. 잠시 후 그를 데리고 왔던 사무라이가 나타났다. 더듬거리며 그의 손을 잡은 호이치는 자리에서 일어났다.

그를 따라서 저택 밖으로 나온 호이치는 대문이 닫히는 소리를 들었다. 사무라이의 안내를 받아서 아미다지로 돌아온 그는 사무라이가 돌아가자마자 긴장이 풀려 마루에 주저앉았다. 보통 연주가 끝나면 지치지만, 이번에는 유독 피곤했다. 긴장한 탓인 것 같다고 중얼거린 호이치는 방으로 엉금엉금 기어가서 다다미에 몸을 눕혔다. 그러고는 곧장 깊은 잠에 빠졌다.

법사를 마치고 새벽 즈음에 돌아온 주지 스님은 아침 해가 뜨고 나서도 호이치가 여전히 잠을 잔다는 얘기를 듣고는 걱정이 돼서 방으로 들어왔다. 정신없이 코를 골며 자는 호이치를 본 스님은 고개를 갸웃거렸다. 하지만 아픈 것으로 보이지는 않아서 조용히 방을 빠져나왔다.

오후가 돼서야 일어난 호이치는 비파를 끌어안고 밤이 오기만을 기다렸다. 그리고 어젯밤처럼 불쑥 나타난 사무라이의 손에 이끌려 다이묘의 저택으로 찾아갔다. 그리고 어젯밤과 같은 구절을 들려주고는 다시 새벽이 되어서야 돌아와서 죽은 듯이 잠들었다. 전날처럼 호이치가 낮에까지 일어나지 못하자 무슨 곡절이 있다고 짐작한 주지 스님은 절에서 일하는 일꾼 한 명을 불러서 당부했다.

"오늘 밤에 호이치를 잘 살펴보아라. 만약 밖으로 나가면 뒤를 밟아라. 절대 놓쳐서는 안 된다."

주지 스님의 지시를 받은 일꾼은 한밤중이 오기만을 기다렸다. 과연 해가 떨어지고 깊은 밤이 될 무렵 방문이 열리고 비파를 끌어안은 호이치가 조리를 신고 밖으로 나왔다. 그러고는 빠른 걸음으로 뒷문으로 갔다. 어두운 밤이고, 때마침 비바람까지 몰아치고 있어서 보통 사람도 걷기 힘든 상황이었다. 하지만 호이치는 마치 눈이 보이기라도 하는 것처럼 잰걸음으로 걸어 나갔다. 일꾼은 등불을 켜고 서둘러 뒤따라갔다. 하지만 큰길가로 접어들 무렵 호이치를 놓치고 말았다. 등불을 들고 마을을 돌아다니면서 찾아봤지만 어디에도 보이지 않았다.

낙담한 일꾼이 절로 돌아가려는 찰나, 낯익은 비파 소리가 들렸다. 호이치가 비파를 연주할 때 먼발치에서 몇 번 들은 적이 있던 그는 대번에 호이치의 솜씨라는 것을 알아차렸다. 정신을 가다듬은 하인은 등불을 높이 치켜들고 비파 소리를 따라갔다. 비파 소리는 헤이케 일족과 안토쿠 천황의 무덤이 있는 마을 뒷산에서 들려왔다. 일꾼은 겁에 질렸지만 주지 스님의 엄명을 떠올리고는 떨리는 발걸음을 옮겼다. 가까이 가자 비파 소리는 더욱 크게 들려왔다. 등불을 끄고 묘비 뒤에 몸을 숨긴 일꾼은 무덤가를 쳐다봤다. 그리고 기절초풍할 만한 광경을 보고 말았다. 놀란 일꾼은 등불을 내팽개쳐 버리고 사찰로 돌아왔다.

다음 날 오후, 여느 때처럼 늦게 일어난 호이치는 주지 스님의 부름을 받았다. 방에서 기다리고 있던 주지 스님은 공손하게 인사를 하고 들어선 호이치에게 물었다.

"요즘 매일 밤 어디를 가는 것이냐?"

주지 스님의 갑작스러운 질문에 호이치는 당황했다. 그를 초대해서 연주를 들은 번주는 매번 돌아갈 때마다 절대 다른 사람에게 이곳에 왔다는 사실을 발설하지 말라고 엄명을 내렸다. 만약 그 약속을 어겼다가는 목이 떨어질 것이 당연했다. 하지만 자기를 거두어 준 주지 스님을 속일 수는 없는 노릇이었다. 고민하던 호이치는 기어들어 가는 목소리로 말했다.

"심려를 끼쳐드려서 죄송합니다. 하오나 지금은 말씀드릴 수 없고, 며칠만 기다려주시면 사정을 여쭙겠습니다."

호이치의 얘기를 들은 주지 스님이 깊은 한숨을 쉬었다.

"어젯밤에 사람을 시켜서 자네 뒤를 따르게 했다. 그자가 뭘 봤는지 아느냐?"

호이치가 아무 대답도 하지 못하자 주지 스님이 계속 말했다.

"안토쿠 천황과 헤이케 일족의 무덤 앞에서 연주하는 자네 모습을 봤다는군."

소스라치게 놀란 호이치는 더듬거리며 물었다.

"저, 정말입니까?"

"그뿐만이 아니다. 무덤 주변에 그들의 영혼처럼 보이는 푸른 불빛들이 맴돌았다는구나. 특히 단노우라 해전에서 헤이케 일족들이 모두 죽음을 맞이하는 대목에서는 마치 화가 난 것처럼 울어댔다는구나."

"그럴 리가요. 소인이 간 곳은 커다란 대문이 있는 으리으리한 저택이었고, 거기에는 잔치에 온 귀한 손님과 사무라이들이 있었습니다."

호이치가 믿겨지지 않는다는 듯 대꾸하자 주지 스님이 손을 뻗어 그의 소매에 묻은 것을 떼어내 코앞에 들이밀었다.

"냄새를 맡아 보거라. 이건 무덤에서 자라는 이끼다."

코를 킁킁거린 호이치는 주지 스님의 말대로 이끼라는 사실을 깨닫고는 황망해했다.

"사실은 사흘 전 주지 스님께서 법사를 가셨을 때 사무라이가 저를 데리러 왔습니다. 번주님이 유람 왔다가 제 비파 연주를 듣고 싶다면서 말이죠."

"다른 얘기는 없었느냐?"

주지 스님의 물음에 호이치는 부들부들 떨면서 대답했다.

"6일 동안 오라고 하셨는데 매일 같은 부분만 연주하라고 분부하셔서 이상하다고 생각하기는 했습니다. 그리고 절대 다른 사람에게 알리지 말라고 엄명하셨고요."

호이치의 설명을 들은 주지 스님이 한숨을 쉬었다.

"첫날 잠을 자는 모습을 보고 이상하게 생각했다. 원령들은 아마 매일 조금씩 너의 혼을 앗아 갔다가 마지막 6일째 되는 날 완전히 빼앗아 버릴 거야."

"그럼 어찌해야 합니까?"

호이치가 파랗게 질린 얼굴로 묻자 주지 스님이 괴로운 표정으로 고개를 저었다.

"벌써 3일이나 가서 연주를 했으니 되돌리기에는 너무나 늦었다. 거기다 원령들의 집념이 너무나 강해진 상태라서 섣불리 막으려고 들었다가는 오히려 큰 화를 입을 것이다. 남은 방법은 한 가지뿐이다. 견딜 수 있겠느냐?"

주지 스님의 물음에 호이치는 어떤 일이든 견디겠다고 약속했다. 그러자 주지 스님은 호이치에게 옷을 모두 벗고 마당이 보이는 마루에 가부좌를 틀고 앉아 있으라고 했다. 그리고 잠시 후 붓을 들고 와서는 호이치의 몸에 반야심경의 문구를 적었다. 가슴과 등은 물론, 어깨와 얼굴, 무릎과 발까지 빼곡하게 경문을 적어 넣은 주지 스님이 말했다.

"내 말 잘 듣거라. 오늘밤이 되면 어제처럼 원령이 또 찾아올 것이다. 하지만 절대로 부르는 소리에 대답하지 말고, 움직이지 말아야 한다. 그렇게 하룻밤만 넘기면 다시는 원령들이 너를 찾아오지 않을 거다."

"그러면 원령들의 손아귀에서 벗어날 수 있는 겁니까?"

"맞아. 하지만 조금만 소리를 내거나 움직이면 저들이 널 잡아갈 것이다. 그러니 무슨 일이 있어도 참아야 한다. 알겠느냐?"

호이치가 고개를 끄덕거리며 대답하자 주지 스님은 일꾼들을 일찍 집으로 돌려보내고, 자신도 동자승을 데리고 절을 떠났다.

혼자 남은 호이치의 머릿속에는 온갖 생각들이 떠올랐다. 어떻게든 하룻밤을 잘 넘겨야겠다고 마음을 굳게 먹고 있는데, 뒷문이 삐걱거리며 열리는 소리가 들려왔다. 바짝 긴장한 호이치는 침을 꿀꺽 삼켰다. 묵직한 발자국 소리가 마당까지 이어졌고, 뒤이어 익숙한 굵은 음성이 들려왔다.

"호이치! 어디 있느냐?"

움찔한 호이치는 입술을 깨문 채 숨을 죽였다. 잠시 마당을 서성거리던 발자국 소리가 사라진다 싶더니 쿵 하는 소리가 들렸다.

마당에서 마루로 올라온 것 같았다. 널빤지로 만든 마루를 왔다 갔다 하던 발자국 소리는 몇 번이고 호이치 곁을 스쳐 지나갔지만 몸에 빼곡하게 적혀 있는 반야심경의 경문 때문인지 못 본 것 같았다. 한참 동안이나 마루를 서성이는 소리가 들리더니 호이치의 바로 앞에 서서 중얼거렸다.

"대체 어디로 사라진 거지? 이제 며칠만 있으면 연옥으로 끌고 갈 수 있었는데 말이야. 가만 있자. 비파는 여기 있고, 귀도 한 쌍 있는데 호이치는 보이지 않는군."

그때가 되서야 호이치는 원령의 눈에 자신의 양쪽 귀가 보인다는 사실을 깨닫고는 가슴이 철렁 내려앉았다. 하지만 주지 스님이 당부한 대로 가만히 있는 수밖에 없었다. 잠시 후 원령의 목소리가 들렸다.

"이제 돌아가야 하는데 그냥 갈 수는 없고, 귀라도 가져가서 보여드려야겠다."

그 말이 끝나기가 무섭게 양쪽 귀가 억센 손아귀에 비틀려서 잡아 뜯겨졌다. 호이치는 너무나 고통스러웠지만 비명을 간신히 참았다. 잠시 후 원령의 발자국 소리가 사라졌지만 호이치는 그대로 앉아 있었다. 뜯겨져 나간 귀에서 피가 뚝뚝 떨어지는 소리가 들려왔다.

다음 날 새벽, 주지 스님은 해가 뜨자마자 걱정스러운 마음에 한걸음에 사찰로 돌아왔다. 그가 본 것은 피범벅이 된 채 반쯤 정신을 잃은 호이치였다. 가까이 가서 살펴보자 양쪽 귀가 모두 떨어져 나간 게 보였다. 그때야 스님은 아차 싶었다.

"내 실수로구나. 내가 급하게 서두르다가 미처 귀에다가는 경문을 적지 않았어. 그래서 원령의 눈에 보이고 말았던 거야. 미안하네. 정말 면목이 없어."

"아닙니다. 주지 스님이 아니었다면 목숨을 부지하지 못했을 것입니다."

정신을 차린 호이치가 말했다.

"그래도 이제는 원령들이 다시는 찾아오지 않을 것이니 그나마 다행이구나. 이게 다 부처님의 은덕이니라."

조용히 합장을 한 주지 스님이 호이치를 방안에 눕히고 서둘러 의원을 불렀다. 다행히 치료가 잘 돼서 귀의 상처도 잘 아물었다.

이 일을 겪은 후 호이치의 연주와 노래 솜씨는 일취월장했다. 원령들조차 그의 연주를 들으려고 했다는 소문이 에도는 물론, 일본 전역에 퍼지면서 큰 명성을 누리게 되었다. 사람들은 그를 미미나시 호이치, 즉 '귀가 없는 호이치'라고 불렀다.

저승에 가서도 이승의 원한을 잊지 못한 이들이 종종 경계를 넘나들곤 한다. 우리나라에서는 그들을 귀신, 혼령이라고 부르고 일본에서는 모노노케라고 부른다. 한때 일본을 호령하던 헤이케 집안은 몰락의 길을 걷다가 결국 멸망했다. 모든 것을 다 가지고 있던 그들은 저승에 가서도 아쉬움을 놓지 못했을 것이다. 그 밖에도 권력 다툼에서 패배해 죽은 천황이나 권력자가 생전의 원한에 복수를 하거나 다른 사람에게 토로하는 형태의 기담들이 많다. 인간의 원한은 죽음 따위를 가볍게 뛰어넘을 수 있다는 <u>으스스한</u> 상상이 만들어 낸 기담이라고 할 수 있겠다.

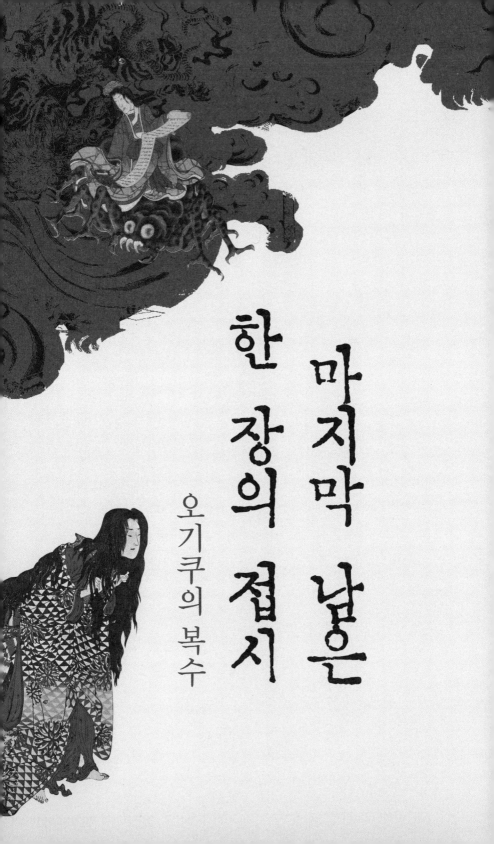

마지막 남은 한 장의 접시

오기쿠의 복수

올해 들어 갑과 을의 불합리하고 부당한 관계들이 연일 대서특필되었습니다. 신분의 차이가 없어진 현대에 들어서도 군림하는 자의 횡포가 이 정도라면 신분제가 명확했던 과거에는 어떤 일이 벌어졌을지 짐작이 가고도 남습니다. 오기구 이야기는 일본의 대표적인 기담 중 하나로, 신분제에 얽매여 억울하게 죽은 여인의 원령이 복수하는 내용을 담고 있습니다.

근대에 들어서기 전까지 일본의 가난한 집안에서는 장남을 뺀 나머지 자식들을 모두 군식구 취급했다. 심지어 흉년이 들면 아이들을 죽이는 유아 살해도 빈번했다고 전해진다. 남자 아이들도 이런 판국이니 여자 아이들이 어떤 대접을 받았는지는 불 보듯 뻔했다. 가난한 집에서는 입을 줄일 요량으로 딸을 부잣집 하녀로 보내는 일이 빈번했다.

　가난한 집 자식으로 태어난 오기쿠 역시 어린 나이로 부잣집에 하녀로 들어가게 되었다. 철이 들기 전부터 부모의 품을 떠나 힘든 일을 하게 되었지만, 낙천적인 성격의 그녀는 담담하게 받아들였다. 그리고 하루빨리 돈을 모아서 사랑하는 산페이와 살림을 차릴 꿈을 꾸었다.

　문제는 집 주인인 세이자에몬이 점점 예뻐지는 그녀에게 눈독을 들였다는 데 있었다. 세이자에몬은 그녀에게 첩실로 들어오라고 유혹했지만, 오기쿠는 연인 산페이를 떠올리면서 거절했다. 하지만 주인의 명령을 거역하면 하루아침에 쫓겨날 수 있었기 때문에 주인의 추근거림을 딱 잘라서 거절하지 못했다.

　이런 일이 반복되면서 마침내 주인마님의 귀에까지 들어가게 되었다. 당시에는 남편이 집안의 하녀를 첩으로 들이는 것이 자주 있는 일이었지만, 아내 입장에서는 속이 뒤집어지고도 남을 일이었다. 거기다 그렇게 들어앉은 첩이 남편의 사랑을 독식한다면 그것만큼 기분 나쁜 일도 없었다. 질투심에 사로잡힌 그녀는 오기쿠를 불러서 크게 혼을 냈다.

"네가 어떻게 하고 다녔는지는 모르겠지만 또다시 내 남편을 유혹하면 이 집에서 쫓아내겠다."

오기쿠는 억울했지만 아무 말도 할 수 없었다. 꾹 참았다가 산페이에게 하소연하는 것이 고작이었다. 하지만 산페이 역시 일개 점원에 불과해 손을 쓸 도리가 없었다. 그러는 사이 세이자에몬의 구애는 도를 넘어섰고, 부인은 오기쿠가 남편을 유혹해서 벌어진 일이라고 생각하고는 손을 쓰기로 결심했다.

그러던 어느 날, 세이자에몬의 생일을 맞이해서 잔치가 벌어졌다. 오기쿠를 비롯한 하녀들은 손님을 맞이하고, 음식을 준비하느라 눈코 뜰 새가 없었다. 세이자에몬의 집에는 가보로 내려오는 접시 열 개가 있었는데, 조선에서 만든 것으로 색깔과 문양이 아름다워서 귀한 손님들이 올 때만 꺼내 사용했다. 그날도 손님들을 위해 접시를 사용한 뒤, 잔치가 끝나자 세이자에몬의 부인은 오기쿠에게 지시했다.

"접시들을 모아 우물에서 씻은 뒤 나에게 가져오너라."

접시를 차곡차곡 쌓아 조심스럽게 우물가로 가져간 오기쿠는 정성껏 접시를 닦았다. 그리고 몇 번이고 숫자를 센 다음에 기다리고 있던 세이자에몬의 부인에게 건넸다. 그녀가 닦은 접시를 꼼꼼하게 살펴보던 부인이 접시를 들고 안방으로 들어가자 긴장하고 있던 오기쿠는 저도 모르게 한숨을 쉬었다.

"이러다간 내 명에 못 살지."

그렇지만 뾰족한 수가 없었다. 잔치 뒷마무리를 하느라 늦게까지 일하던 오기쿠는 해가 떨어진 다음에야 잠자리에 들 수 있었다. 하지만 막 잠이 들려는 찰나, 세이자에몬의 목소리가 들려왔다.

"오기쿠! 오기쿠!"

놀란 그녀가 잠자리에서 일어나자마자 세이자에몬이 들이닥쳤다. 그러고는 영문을 몰라 하는 그녀를 향해 마구 화를 냈다.

"조선 접시가 한 장 없어졌다. 대체 어디로 빼돌린 것이냐!"

"그럴 리가요? 열 장 모두 마님에게 건네 드렸는 걸요?"

놀란 그녀가 반문했지만, 세이자에몬은 펄펄 뛰었다.

"감히 내 집사람을 모함하는 게냐? 네년이 접시를 툇마루에 놓고 허겁지겁 사라져서 이상하게 여겼다고 했느니라."

아닌 게 아니라 세이자에몬의 뒤에는 부인이 차가운 눈으로 그녀를 노려보고 있었다. 그녀는 오기쿠로부터 접시 열 장을 제대로 넘겨받았지만, 그중 한 장을 몰래 숨기고 남편에게 거짓말을 한 것이다. 세이자에몬은 처음에는 믿지 않았지만 오기쿠가 훔친 접시를 몰래 팔아서 애인과 함께 도망치려고 한다는 모함에 넘어가고 말았다. 그때야 부인의 음모를 눈치챈 오기쿠는 무릎을 꿇고 억울함을 호소했지만, 세이자에몬은 들은 척도 하지 않았다. 그러고는 건장한 남자 하인들을 시켜 그녀를 묶고 몽둥이로 때리게 했다. 매질을 당해 피를 토하면서도 접시를 훔치지 않았다고 호소 했지만, 세이자에몬은 들은 척도 하지 않았다.

"이렇게 명백하게 죄상이 드러났는데도 잡아떼다니 괘씸하다. 날이 밝는 대로 마치부교(일본 에도 시대 행정과 사법 업무를 담당한 관 청)에게 끌고 가서 큰 벌을 내리겠다."

매질을 당한 오기쿠는 창고에 갇히고 말았다. 밤이 깊어지고 고통에 못 이겨 끙끙대던 그녀는 몸부림을 치던 끝에 손에 묶인 결박을 풀었다. 그리고 창고를 빠져나오는 데 성공했다. 하지만 도망치다가 털썩 주저앉고 말았다. 이대로 도망쳐 버린다면 접시를 훔쳤다는 사실을 인정하는 꼴이 될 것이라는 데 생각이 미친 것이다. 시골에 사는 부모님이 겪으실 고초는 물론, 사랑하는 산페이와도 영영 이별하고 말 것이었다. 아무 잘못도 없는데 이런 난감한 상황에 처한 것이 너무 서럽고 슬펐던 오기쿠는 엉엉 울다가 비틀거리며 일어났다. 그러고는 낮에 접시를 닦던 우물가로 다가가 우물 속으로 몸을 던졌다.

다음 날 아침, 세이자에몬의 집은 발칵 뒤집혔다. 창고에 갇혀 있던 오기쿠가 감쪽같이 사라진 것이다. 집안을 샅샅이 뒤지던 하인들은 우물 속에서 그녀의 시신을 발견했다. 오기쿠의 시신을 끌어낸 세이자에몬은 사람을 보내 그녀의 부모를 데려오게 했다. 연락을 받고 세이자에몬의 집으로 온 오기쿠의 부모는 물에 빠져 죽은 딸의 시신을 목격하고 큰 충격에 빠졌다. 이어 세이자에몬이 냉랭한 얼굴로 딸의 죄를 얘기하자 망연자실했다. 부모 입장에서는 당연히 믿기 어려운 얘기였지만 감히 반박할 수는 없는 노릇이었다. 넋이 나간 부모를 대신해 시신을 수습하고 장례를 치른 사람은 산페이였다.

그렇게 일이 마무리되고 세이자에몬은 새 하녀를 고용했다. 무거웠던 분위기는 시간이 흐르면서 차츰 누그러졌고, 사람들은 서서히 그녀의 죽음을 잊었다. 그 소리가 들리기 전까지는 말이다.

한밤중에 눈을 뜬 새로 온 하녀는 측간에 다녀오다가 우물가에서 들려오는 이상한 소리에 걸음을 멈췄다. 스산한 바람이 불어오는 가운데 한이 서린 것 같은 여인의 흐느끼는 소리가 들려온 것이다. 겁에 질린 하녀가 기둥 뒤에 숨어서 바라보자 온몸이 피투성이인 여인이 우물가에 서서 접시를 세고 있는 게 보였다.

"한 장, 두 장, 세 장, 네 장······."

이렇게 아홉 장까지 센 여인은 한참 흐느껴 울다가 침울한 말투로 얘기했다.

"한 장이 모자라. 다시 세 봐야지. 한 장, 두 장······."

눈을 동그랗게 뜬 하녀는 접시를 세는 여인의 소름 끼치는 말투와 외모를 보고는 사람이 아니라 귀신이라는 사실을 깨달았다. 겁에 질린 하녀는 발뒤꿈치를 들고 살금살금 방으로 돌아와서 요기(이불 대신 쓰는 잠옷)를 뒤집어썼다. 그리고 날이 밝자마자 짐을 챙겼다. 무슨 일로 그만두는지 묻는 세이자에몬의 부인에게 그녀는 떨리는 목소리로 말했다.

"우물가에 귀신이 있어요. 제 눈으로 똑똑히 봤다고요."

그러고는 뒤도 돌아보지 않고 집을 나섰다. 부인은 꺼림칙했지만 일단 다른 하녀를 고용했다. 하지만 그녀도 하룻밤이 지나자 같은 얘기를 하고는 집을 나가고 말았다. 그다음으로 들어온 하녀도 마찬가지였고, 오랫동안 일을 했던 하녀와 하인들도 우물가의 귀신을 봤다며 술렁거렸다. 그러다 오기쿠를 매질했던 하인 한 명이 우물가의 귀신을 보고 뒷걸음질을 치다가 발을 헛디뎌 크게 다치는 일이 벌어졌다. 그 일을 계기로 다른 하인과 하녀들도 하나둘씩 집을 떠났다. 덜컥 겁이 난 세이자에몬의 부인은 뒤늦게 남편에게 사실을 털어놨다. 그때야 아내에게 속았다는 사실을 안 세이자에몬은 크게 화를 냈지만 이미 엎질러진 물이었다.

"할 수 없지. 음양사를 불러야겠어."

세이자에몬은 주변에 수소문해서 용하다는 음양사를 불렀다. 음양사는 오기쿠가 빠져 죽은 우물을 새끼줄로 감고 부적을 붙인 다음 툇마루에 앉아서 해가 떨어지기를 기다렸다. 세이자에몬과 부인은 조마조마한 심정으로 안방 문을 살짝 열어놓고 지켜봤다. 해가 떨어지고 스산한 바람이 불어오는 가운데 음양사가 주문을 외웠다. 그러자 우물가에서 하얀 연기와 함께 피눈물을 흘리는 여인이 모습을 드러냈다. 그 모습을 본 세이자에몬의 부인이 겁에 질린 목소리로 말했다.

"저건 오기쿠가 틀림없어요."

음양사가 주문을 외웠지만 오기쿠의 원령은 가볍게 무시하고 천천히 손에 들고 있던 접시를 셌다.

"한 장, 두 장, 세 장, 네 장, 다섯 장……."

음양사가 필사적으로 주문을 외웠지만 오기쿠의 원령을 막지는 못했다. 결국 새벽이 되자 기진맥진한 음양사가 고개를 저었다.

"원령의 원한이 너무 강력해서 도저히 손을 쓸 수가 없소이다."

음양사까지 손을 못 댄다는 소문이 퍼지자 남아 있던 하인과 하녀들까지 모두 집을 나가고 세이자에몬과 부인만 남았다. 세이자에몬은 뒤늦게 오기쿠의 부모에게 용서를 빌려고 했지만, 딸을 잃은 충격에 두 사람 모두 세상을 떠난 상태였다. 설상가상으로 오기쿠의 장례를 치른 산페이도 행방이 묘연했다. 방법이 없어진 두 사람은 집을 팔고 멀리 떠나고 싶었지만, 귀신이 나온다는 소문 탓에 아무도 사려고 하지 않았다. 그렇게 며칠이 지난 밤이었다. 자다가 눈을 뜬 부인이 남편을 깨웠다.

"나 측간에 가야 하는데 무서워요."

"알아서 해. 귀찮게 하지 말고."

그녀는 매정하게 얘기하고 돌아누운 남편을 몇 번이고 흔들어 깨웠지만, 꿈쩍도 하지 않았다. 할 수 없이 혼자 등불을 들고 나와 측간으로 갔다. 우물이 있는 곳을 멀리 돌아간 탓인지 아무 일도 없었다. 한숨 돌린 그녀는 종종걸음으로 방으로 돌아왔다. 그 순간, 눈앞에 나타난 오기쿠의 원령이 서슬 퍼런 목소리로 말했다.

"여덟 장, 아홉 장, 한 장이 모자라. 한 장이 모자라."

직접 눈앞에서 오기쿠의 원령을 본 그녀는 비명도 지르지 못하고 까무러치고 말았다. 다음 날 아침, 잠에서 깬 세이자에몬은 마당 한구석에서 시체처럼 누워 있는 부인을 발견했다. 서둘러 방으로 데리고 들어왔지만 아내는 심한 충격을 받았는지 입도 뻥긋하지 못했다. 그리고 누워 있다가 가끔 발작을 했다.

"천장에 오기쿠가 있어요. 접시 숫자를 자꾸 세고 있다고요."

의원이 지어 준 약을 먹여 봤지만 아무런 차도가 없었다. 날이 갈수록 쇠약해진 그녀는 결국 세상을 떠나고 말았다.

다음은 세이자에몬의 차례였다. 아내의 장례를 치른 순간부터 하던 일이 자꾸만 실패로 돌아갔다. 처음에는 작고 사소했지만 나중에는 걷잡을 수 없을 만큼 커지고 말았다. 마지막에는 살던 집에서 불이 나는 바람에 가진 재산을 모두 날린 것은 물론, 불을 냈다는 이유로 막대한 벌금까지 물고 말았다. 벌금을 내느라 애지중지하던 아홉 장의 접시까지 팔아야만 했다. 결국 빈털터리가 된 세이자에몬은 서민들이나 사는 나가야라는 곳에서 살다가 병에 걸려 죽고 말았다.

두 사람이 오기쿠의 저주를 받아서 죽고 난 이후 불에 탄 폐가에는 아무도 가까이 가지 않았다.

한편 연인 오기쿠의 억울한 죽음을 지켜본 산페이는 그녀의 영혼을 위로해 주기 위해 순례여행을 떠났다. 사찰과 신사에 들러 그녀의 영혼을 위로하는 의식을 치르고 길을 떠나는 것을 반복했다. 춥고 더운 날씨와 험한 길이 괴로움을 안겼지만 산페이는 연인의 넋을 위로해 주는 일을 멈추지 않았다. 그러던 어느 날, 사찰에 들렀다가 어느 여인과 만났다. 그녀 역시 연인의 억울한 죽음을 위로하기 위해 순례를 하는 중이라고 말했다. 같은 처지였던 두 사람은 길동무가 되어 같이 여행을 떠났다. 예정된 순례가 모두 끝나고, 바닷가에 앉아 있던 산페이는 그녀에게 물었다.

"이제 어디로 가실 거요?"

"하늘나라로요. 그동안 즐거웠어요."

여인의 입에서는 오기쿠의 목소리가 흘러나왔다. 놀란 산페이가 돌아보자 방금 전까지 옆에 있던 여인은 온데간데없이 사라지고 접시 한 장만 덩그러니 남아 있었다. 놀란 산페이는 접시를 들고 주변을 두리번거렸다. 접시는 오기쿠가 숨겼다고 의심을 받았던 세이자에몬 집안의 가보인 조선 접시였다.

접시를 조심스럽게 챙긴 산페이는 에도로 돌아왔다. 그리고 세이자에몬의 집안에서 일어난 일에 대해 전해 듣고는 집으로 갔다. 폐허가 된 집을 둘러본 산페이는 근처 사찰의 주지 스님에게 자초지종을 털어놨다. 얘기를 들은 주지 스님이 대답했다.

"원령이 얼마나 억울했으면 그리했을꼬? 그 접시를 팔아서 우물가에 비석을 세우고, 넋을 위로해 주는 건 어떻겠소?"

"그게 좋겠습니다."

산페이는 접시를 팔아서 받은 돈을 사찰에 기부했다. 곧 우물가에는 그녀의 억울함을 위로하는 비석이 세워졌다.

이 이야기는 여러 버전이 있는데, 조루리라고 불리는 에도 시대의 인형극으로 공연되던 버전이 가장 널리 알려졌다.

히메지 성에 살고 있던 성주의 충성스러운 무사는 가신이 배반할 것이라는 정보를 입수하고는 애인인 오기쿠를 하녀로 들여보내 정보를 캐내게 한다. 그녀의 활약으로 정보를 입수한 무사는 가신을 공격하지만 실패하고, 오히려 반격받아 성주와 함께 쫓겨나고 말았다. 오기쿠는 계속 그 집에 남아서 정보를 캐내다가 가신의 측근에게 들통이 났다. 평소에 그녀를 연모하던 가신은 그 일을 빌미삼아 자신과 관계를 맺을 것을 요구하지만 거절당했고, 이에 분노한 그는 가보로 내려오던 귀한 접시 한 장을 훔쳐 그녀의 소행이라고 누명을 씌웠다. 오기쿠는 혹독한 매질을 당했고, 그대로 숨을 거두었다. 이에 그치지 않고 가신의 측근은 그녀의 시신을 우물에 던져 버렸다. 그날 이후부터 밤마다 우물가에서는 숫자를 세는 처량한 목소리가 들려왔다. 아홉까지 세고 나면 한참을 울다가 다시 처음부터 한 장씩 세는 일을 반복했다. 이 일이 계속되자 가신은 공포에 질렸고, 그 틈을 탄 성주가 부하들을 이끌고 습격을 감행해 성을 되찾았다. 그때야 연인의 죽음을 알게 된 무사는 우물가에서 슬피 울었다고 한다.

이 밖에도 비슷한 다른 이야기들이 많이 있지만 모두 똑같은 결론을 내리고 있다. 그녀가 억울하게 죽게 된 원인을 제공한 사람들은 모두 천벌을 받는다는 것이다. 이것은 실제로 많은 사람들이 주인의 핍박과 모욕을 받았고, 오기쿠 이야기를 들으면서 그것을 곱씹었다는 것을 의미한다.

실연의 끝

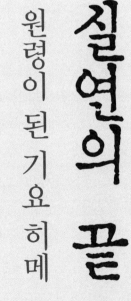

원령이 된 기요히메

일본 기담의 특징 중 하나는 선악 관계가 명확하지 않은 부분이 많다는 것입니다. 복수하는 쪽이 착하지 않고, 당하는 쪽이 악당이 아닌 것은 우리 기준으로는 매우 이상해 보입니다. 기요 히메 이야기도 복수하는 쪽의 집착이 선량한 남자를 희생물로 삼습니다. 이런 측면은 일본인의 성향이 우리와 다르기 때문입니다. 하지만 비슷한 부분도 있습니다. 바로 '사랑'을 어떻게 바라보느냐 입니다. 조선이나 일본의 여인들은 늘 수동적이어야만 했습니다. 사랑하는 사람 대신 부모와 집안의 선택에 의해 결혼해야만 했으며, 이런 일들은 종종 비극으로 끝나곤 합니다. 우리나라보다 자유롭게 연애할 수 있던 일본에서도 결혼은 집안 대 집안의 결합이라는 성격이 강했고, 확고한 신분 계층을 뛰어넘을 수는 없었기 때문이죠. 이런 상황에서 여성이 적극적으로 자신의 감정을 드러내는 것은 어려운 일이고, 죄악시되기도 했습니다. 더불어 실연을 당한 여인이 원령으로 변해 행하는 복수는 처절한 집념을 드러내는 동시에 현실에서는 복수가 불가능하다는 것을 의미하는 것이죠. 힘없는 여인들은 죽고 난 이후에야 억울함을 호소할 수 있었던 조선처럼 말입니다.

일본 와카야마 현 구마노에 있는 고야산은 일본 불교의 성지라고 할 수 있다. 해발 1천 미터가 넘는 고야산에는 헤이안 시대 진언종을 일으킨 홍법대사가 세운 사찰을 비롯해 백여 개가 넘는 사찰들이 있어서 늘 참배객과 수행을 하는 승려들의 발길이 끊이지 않았다. 따라서 구마노 근처 마을들은 늘 여행자들로 북적거렸고, 자연스럽게 이들을 위한 숙박업소들이 많았다.

쇼지 역시 참배객들을 위한 여관을 운영하면서 많은 돈을 벌었다. 그에게는 기요 히메라고 불리는 외동딸이 하나 있었다. 그녀는 나이가 차면서 아버지의 일을 도왔다. 늘 여행객들을 지켜보던 그녀의 눈에 잘생긴 남자가 한 명 들어왔으니 바로 오슈 출신의 승려 안친이었다. 파르라니 깎은 머리에 뽀얀 피부를 가진 안친은 일 년에 한 번씩 고야산을 참배했는데, 그때마다 늘 쇼지가 하는 여관에 머물렀다. 항상 먼발치에서 안친을 바라보던 기요 히메의 마음속에서는 그를 향한 애정이 점점 자라났다.

딸의 속마음을 짐작하지 못했던 아버지는 딸에게 적당한 혼처를 찾아주려고 했다. 기요 히메는 힘껏 거절했지만 아버지의 명을 거역할 수 없었다. 마침내 그녀는 안친이 오면 속마음을 털어놓고 함께 도망치기로 결심했다. 이제나저제나 기다리던 기요 히메는 마침내 안친이 고야산으로 가는 길에 여관에 들르자 그날 밤에 몰래 찾아갔다. 그러고는 놀란 안친에게 속마음을 털어놨다.

"스님을 처음 본 순간부터 지금까지 배필이 되고 싶다는 생각밖에 들지 않았습니다. 저와 함께 멀리 떠나서 가정을 꾸리지 않으시겠습니까?"

안친 스님 입장에서는 너무나 충격적인 이야기였다. 안친 스님이 머뭇거리자 기요 히메는 노골적으로 몸을 기대면서 말했다.

"만약 저를 거두시지 않을 거면 이 자리에서 죽여 주세요. 당신이 아닌 다른 남자에게 가느니 당신 손에 죽고 말겠어요."

가까스로 정신을 수습한 안친 스님은 좋은 말로 그녀를 달랬다.

"당신의 마음을 잘 알겠소. 하지만 나는 고야산에 참배를 드리러 가는 몸이외다. 중요한 일을 앞두고 마음을 어지럽게 할 수 없으니 잠깐만 참으시구려. 그러면 참배를 마치고 돌아오는 길에 당신과 함께 떠나겠소."

안친 스님의 말을 믿은 기요 히메는 꼭 돌아오라고 몇 번이고 약속을 한 다음 방에서 물러났다. 뜬 눈으로 밤을 새운 안친 스님은 날이 밝자마자 짐을 꾸려 고야산으로 떠났다. 그리고 참배를 마친 후에는 왔던 길이 아니라 다른 길로 돌아갔다.

한편 아무것도 모르고 있던 기요 히메는 안친 스님이 돌아와서 자기를 데려갈 날만을 손꼽아 기다렸다. 하지만 이틀이 지나고 사흘이 지나도 안친 스님은 나타나지 않았다. 걱정이 된 그녀는 덜컥 드러누웠고, 아무것도 모르는 아버지는 아픈 딸을 걱정스러운 눈으로 지켜봤다. 그렇게 며칠이 지나고 안친 스님과 비슷한 시기에 고야산으로 떠났던 참배객들이 여관으로 돌아왔다. 겨우 몸을 일으킨 기요 히메가 참배객들에게 물었다.

"혹시 비슷한 날 떠난 젊은 스님은 안 돌아오십니까?"

질문을 받은 참배객은 고개를 갸웃거리다가 대답했다.

"같이 오긴 했는데 중간에 다른 길로 돌아갔다오."

그때야 안친 스님이 거짓말을 했다는 사실을 깨달았지만 믿을 수가 없었다. 그래서 며칠 동안 문 앞에 서서 돌아가는 참배객들에게 물어봤다. 하나같이 같은 대답을 하자 속았다는 사실을 깨닫게 된 그녀는 하늘을 우러러 울부짖었다.

"나에게 그렇게 맹세를 해 놓고 속이다니 결코 용서하지 않겠다."

그러고는 곧장 안친 스님이 갔다는 샛길로 걸어갔다. 그녀의 흉포한 모습에 아버지를 비롯해서 주변 사람들 아무도 말릴 생각을 하지 못했다. 머리를 풀어헤치고 맨발로 달려간 기요 히메는 마침내 길가의 나무 아래에서 쉬고 있던 안친 스님을 따라잡을 수 있었다. 주먹밥을 먹고 있던 안친 스님 앞에서 숨을 헐떡거리던 기요 히메가 물었다.

"어째서 저와의 약속을 어겼습니까?"

"소승은 부처님의 뜻을 따르기로 한 몸입니다. 안타깝지만 아가씨와의 약속을 지킬 수는 없습니다."

"그렇다면 왜 그때는 거짓말을 한 겁니까?"

분노가 머리끝까지 치밀어 오른 기요 히메가 갈라진 목소리로 재차 따져 묻자 안친 스님이 측은한 표정으로 바라보다가 말했다.

"그때 내가 승낙하지 않았으면 무슨 사달이 나지 않았겠습니까? 미안하지만 우린 각자의 길이 있으니까 돌아가는 게 좋겠소이다."

안친 스님의 입장에서는 최선의 선택을 한 것이고, 나름대로 배려를 한 것이지만 결정적으로 잊은 게 있었다. 바로 여인의 자존심을 건드린 것이다. 창피함을 무릅쓰고 몰래 방으로 찾아가서 사랑을 고백했는데 이런 식의 대접을 받았으니 화가 날만도 했다. 점잖지만 냉담한 안친 스님의 말에 기요 히메는 그 자리에 서서 피눈물을 쏟으며 흉측한 귀신의 모습으로 변했다. 그동안 쏟았던 애정이 한순간에 분노로 돌변하면서 괴물로 변하고 만 것이다.

놀란 안친 스님은 먹고 있던 주먹밥을 내던지고 걸음아 날 살려라 줄행랑을 쳤다. 뒤도 돌아보지 않고 도망치는 매정한 안친 스님을 귀신으로 변한 기요 히메가 뒤쫓았다. 정신없이 도망치던 안친 스님은 큰 강에 이르자 나룻배를 타고 건너갔다. 안친 스님이 배에서 내릴 무렵 강 건너편에 귀신으로 변한 기요 히메가 도착했다. 그 모습을 본 사공도 배를 버리고 도망치고, 안친 스님도 황망하게 자리를 떴다.

강을 건널 수 없게 된 기요 히메는 발을 동동 구르며 멀어져 가는 안친 스님을 바라봤다. 그러다가 손과 발에 비늘이 돋아나고, 이마에도 뿔이 자라났다. 그리고 마침내 뿔이 달린 커다란 뱀으로 변했다. 뱀으로 변한 기요 히메는 강을 헤엄쳐서 건넜다. 한편 이제 살았다 싶어 한숨 돌리고 있던 안친 스님은 뱀으로 변한 기요히메가 독기를 뿜으면서 강을 건너는 모습을 보고 다시 도망치기 시작했다.

하지만 얼마 안 가서 다리에 힘이 풀린 그는 근처의 사찰로 뛰어 들어갔다. 그리고 그곳 스님들에게 자초지종을 이야기했다. 처음에는 여자가 뱀으로 변했다는 말을 믿지 않던 스님들은 정말 뱀이 다가오고 있다는 소식을 듣고는 종루를 수리하기 위해 바닥에 내려놓은 범종 안에 안친 스님을 숨겼다.

잠시 후 사찰 안으로 뿔이 달린 커다란 뱀이 기어들어왔다. 스님 몇 명이 막아섰지만 뱀이 혓바닥을 내밀고 소리를 내자 감히 막아서지 못했다. 부처님을 모신 본당은 물론, 스님들이 머무는 건물까지 샅샅이 뒤지던 뱀은 안친 스님이 숨어 있던 범종 쪽으로 기어갔다. 그리고 종 안에 안친 스님이 있는 것을 확인하자 뿔이 난 머리로 범종을 들이받았다. 하지만 무거운 범종이 꿈쩍도 하지 않자 이번에는 비늘이 돋은 몸통으로 범종을 둘둘 감싸고 온몸으로 독기를 뿜어냈다. 독기에 닿은 범종의 표면이 녹아내렸고, 범종을 감싸고 있던 뱀의 몸도 독이 묻으면서 타들어 갔다. 비늘이 거의 다 벗겨져 몸통까지 녹아내렸지만 뱀은 쉼 없이 독기를 내뿜었다. 그러다 마침내 범종에서 떨어져 나왔다. 그 틈을 타서 스님들이 몽둥이로 내리치자 절 밖으로 사라져 버렸다. 뱀을 처치한 스님들이 범종을 들추자 안에는 가부좌를 튼 안친 스님이 까맣게 탄 채 죽어 있었다. 두꺼운 범종조차 뱀의 독기를 이겨 내지 못한 것이다. 안친의 죽음을 안타깝게 생각한 스님들은 시신을 거둬서 잘 묻었다. 그리고 스님들은 이걸로 일단락되었다고 생각하고 녹아 버린 범종을 다시 만들 준비를 했다.

며칠 후, 주지 스님의 꿈에 꼬리가 두 개 달린 커다란 뱀이 나타났다. 뱀의 꼬리 중 하나가 갑자기 사람의 모습으로 변했는데, 얼마 전 범종 안에서 죽은 안친이었다. 안친은 슬픈 표정으로 주지 스님에게 말했다.

"죽는 순간 고통스럽기는 했지만 적어도 기요 히메의 집착에서는 벗어날 수 있을 줄 알았습니다. 하지만 죽고 난 이후에도 이렇게 기요 히메에게 잡혀 있으니 하루하루가 고통입니다. 부디 저를 도와주십시오."

"내가 어떻게 하면 되겠나?"

주지 스님의 물음에 안친이 대답했다.

"저의 유골은 잘 수습되었지만 기요 히메가 변한 뱀은 큰 상처를 입고 고통을 겪고 있습니다. 부디 그녀의 상처를 위로해 주는 법회를 열어 주소서."

그 얘기까지 들은 주지 스님은 잠에서 깨어났다. 예사롭지 않은 꿈이라고 여긴 주지 스님은 서둘러서 성대한 법회를 열었다. 스님들이 모여 불경을 암송하면서 사랑에 상처 입고 뱀으로 변한 기요 히메의 영혼을 위로했다. 그 이후 주지 스님의 꿈에 안친이 다시 나타났다.

"주지 스님이 은혜를 베풀어 주신 덕분에 하늘나라로 갈 수 있게 되었습니다. 하지만 기요 히메가 변한 뱀은 아직도 원한을 풀지 못하고 구천을 떠돌고 있으니 사찰에 여자의 출입을 금지하는 게 좋겠습니다."

주지 스님은 안친의 말대로 사찰 안에 여성의 출입을 금지시켰다. 그리고 뱀이 녹여 버린 범종을 다시 만들려고 했지만 번번이 실패로 돌아갔다.

그러는 사이 시간이 흘러갔다. 사찰의 이름이 변하고 주지 스님도 계속 바뀌었지만 여인의 출입을 금지하는 규칙은 계속 지켜졌다. 몇십 년 후, 드디어 새로운 범종이 만들어졌다. 완성된 범종을 종루에 매달기 전에 완성을 축하하는 법회가 열리고 수많은 참배객들이 찾아왔지만 여전히 여인들의 출입은 금지되었다. 법회가 끝나는 마지막 날, 잘 차려입은 시라뵤시(白拍子, 남장을 한 여자 무희)가 찾아왔다. 스님들은 사찰의 규칙대로 여인의 출입을 금지했지만 그녀는 간곡하게 말했다.

"범종을 새로 만들었다는 소식을 듣고 먼 지방에서 몇 날 며칠을 걸어왔습니다. 부디 한 번만이라도 범종에게 저의 춤을 바치게 해주소서."

간곡하고 애절한 그녀의 부탁에 스님들은 결국 춤을 추도록 허락했다. 스님들이 지켜보는 가운데 범종 앞에 선 시라뵤시는 갑자기 큰 소리로 외쳤다.

"그토록 방해를 했건만 다시 만들어지다니, 가만 놔둘 것 같으냐!"

갑자기 뱀으로 변한 시라뵤시는 범종을 몸으로 감쌌다. 놀란 승려들이 달려왔지만 머리를 뻣뻣하게 세운 뱀이 독기를 내뿜자 가까이 다가오지 못했다. 이 소식을 들은 주지 스님이 혀를 찼다.

"이 절에 여인들을 들이지 말라고 한 것은 바로 이런 일을 염려해서 그런 것이다. 수십 년의 세월이 흘렀건만 마음의 증오는 아직도 사라지지 않았구나."

혀를 찬 주지 스님은 승려들에게 뱀이 감싸고 있는 범종 주변에 둘러앉도록 했다. 그리고 불경을 암송하라고 일렀다. 스님들이 불경을 암송하자 범종을 감싸고 있던 뱀은 고통에 못 이겨 꿈틀대다가 굴러떨어졌다. 그리고 제 몸의 독기에 스스로 녹아내려 까맣게 타서 죽고 말았다. 수십 년에 걸친 여인의 원한이 마침내 끝나는 순간이었다.

이 이야기는 에도 시대 인형극인 조루리와 연극인 가부키로 만들어지면서 오늘날까지 전해지고 있다. 한 여인의 한 서린 집착과 그로 인한 파멸적인 결과는 비단 일본만의 이야기는 아닐 것이다. 어떤 측면에서 보면 사랑에 집착한 여인의 광기가 만들어 낸 치정극으로 비춰지기도 한다. 하지만 내 눈에는 사랑하는 사람과 함께 하고 싶었던 여인의 작은 희망이 붕괴되는 비극으로 보인다. 그래서 사랑이 어려운 것인지 모르겠지만 말이다.

사랑에

집착한 여인

모란등 기담

무수히 많은 일본의 기담들은 가부키와 조루리 등 연극과 인형극을 통해 재창작과 변형을 거듭했습니다. 또한 지역별로 변화를 주면서 비슷한 이야기들을 탄생시켰죠. 모란등 이야기는 이런 기담들과는 달리 명나라의 전등 신화나 《요재지이》에 나오는 이야기들이 일본으로 넘어온 것으로 보입니다. 사랑과 복수라는, 흔하지만 흥미로운 타이틀을 가지고 있는 덕분에 모란등 기담도 여러 형태로 변형되었습니다. 죽어서도 포기 못하는 끈질긴 사랑과 피맺힌 복수는 아마도 인류가 멸망할 때까지 두고두고 되풀이하여 사용될 주제가 아닐까 합니다. 이 모란등 이야기는 아주 널리 퍼진 기담이며, 여러 가지 버전이 있는 것으로 알려져 있습니다.

때는 바야흐로 도쿠가와 이에야스가 일본을 통일하고 평화가 찾아온 지 제법 되었을 무렵이다. 에도에서 대대로 하타모토(旗本, 에도 시대 쇼군 직속 가신단에 속한 무사)로 일하던 이이지마 헤이자에몬은 때가 되자 결혼을 하고 아내를 얻는다.

시간이 흘러서 헤이자에몬의 아내는 임신을 하고 딸 오츠유를 낳다가 그만 세상을 떠나고 만다. 아내를 잃은 헤이자에몬은 오쿠니라는 여인을 새로 아내로 맞아들인다. 하지만 죽은 아내가 착하고 순박했던 것과는 달리 오쿠니는 욕심꾸러기에 못된 심성을 지닌 여자였다. 오쿠니는 무럭무럭 자라나는 전처의 딸 오츠유를 눈엣가시처럼 여겼고, 사사건건 괴롭히고 트집을 잡았다. 결국 집안의 갈등이 심해지자 헤이자에몬은 몸종인 오쿠메를 딸려 열일곱 살이 된 딸 오츠유를 시골에 있는 별장으로 보냈다.

북적거리던 에도에서 벗어나 한적한 시골로 오게 된 오츠유는 홀가분한 마음에 주변을 돌아다녔다. 그러다 우연히 이웃마을에 사는 오기와라 신사부로라는 젊은이를 보게 되었다. 원래 그의 아버지는 사무라이 집안 출신이었다가 지금은 시골에서 의원을 하고 있고, 신사부로도 그 밑에서 일을 하는 중이었다. 훤칠한 외모

에 큰 키를 가진 신사부로를 본 오츠유는 단번에 빠져들었다. 그래서 아프다는 핑계를 대고 그의 집을 드나들었다. 오츠유의 외모도 또래 여인들에 비해 월등히 아름다웠기 때문에 신사부로 역시 그녀에게 반했다. 두 사람은 곧 연인이 되었고, 신사부로가 몇 번 요바이(夜這い, 일본의 전통 풍습으로 한밤중에 남자가 여자를 몰래 찾아가서 관계를 맺는 것)를 하면서 가까워졌다. 사랑에 푹 빠진 두 사람은 장래를 약속했다.

하지만 혼처를 정해 둔 신사부로의 아버지는 두 사람의 교제를 반대했다. 결국 신사부로는 아버지의 명령을 거역하지 못하고 그녀와의 만남을 끊었다.

하루아침에 애인과 헤어지게 된 오츠유는 정말로 병에 걸리고 말았다. 옆에서 지켜보던 여종 오쿠메는 신사부로의 하인 한조에게 은밀히 사정을 전하고 두 사람을 만나게 해 달라고 간청했다. 처음에 거절하던 한조는 오쿠메가 뇌물을 건네며 설득하자 마침내 승낙했다. 며칠 후 신사부로의 아버지가 다른 마을로 일을 보러 간 틈에 한조가 말했다.

"도련님, 요즘 기분도 안 좋으신데 뱃놀이를 가시지 않겠습니까?"

심기가 불편했던 신사부로는 대뜸 승낙하고는 한조와 함께 배를 탔다. 그리고 한조가 건넨 술을 연거푸 마시고 취해 버리고 말았다. 신사부로가 잠든 걸 확인한 한조는 배를 오츠유가 살고 있는 별장 쪽으로 몰고 갔다. 뒤뜰에서 배가 오는 것을 본 오쿠메는 한걸음에 안채로 가서 오츠유에게 이 사실을 알렸다. 그리고 배가 뭍에 닿는 소리에 잠이 깬 신사부로에게 다가가 간청했다.

"우리 주인아씨께서 신사부로 님을 기다리시다가 큰 병을 앓고 계십니다. 한낱 미물도 불쌍해하는 것이 사람의 도리입니다. 하물며 사랑하던 사이 아니었습니까? 부디 잠깐만이라도 들리셔서 불쌍한 아씨를 위로해 주소서."

가뜩이나 미안함을 가지고 있던 신사부로는 오쿠메의 간청에 마음이 흔들렸다. 배에서 내린 신사부로는 오쿠메를 따라 별장 안으로 들어갔다. 장지문을 열고 안방으로 들어서자 누워 있는 오츠유가 보였다. 병색이 완연한 오츠유는 신사부로를 보자 안간힘을 써서 일어났다. 그런 모습을 본 신사부로는 가슴이 아픈 나머지 그녀의 두 손을 꼭 잡고 미안하다고 말했다. 희미하게 웃은 오츠유는 머리맡에 놓여 있던 향합을 건넸다.

"저는 이제 살날이 얼마 남지 않았습니다. 그동안 고맙다는 말씀을 드리지 못했는데 이제라도 만나서 다행입니다."

"무슨 말이오. 어서 기운을 차려요. 그러면 내가 아버지를 설득해 볼게요."

신사부로의 안타까움이 담긴 말에 그녀는 고개를 가로저었다.

"이미 늦은 것 같습니다. 그래도 신사부로 님의 사랑을 받아서 기쁜 마음으로 저승에 갈 수 있게 되었습니다."

그녀가 콜록거리며 얘기하는데 갑자기 장지문이 왈칵 열리면서 키 큰 남자가 들어섰다. 방 안을 두리번거리던 그는 오츠유와 신사부로를 보더니 버럭 고함을 쳤다.

"어떤 근본 없는 놈이 내 딸을 희롱한다고 해서 와 봤더니 사실이로구나. 감히 내 딸을 농락하고도 무사하길 바라는 건 아니겠지? 어서 내 칼을 받아라!"

그는 오츠유의 아버지 이이지마 헤이자에몬이었다. 그녀가 시골로 내려간 이후에도 후처 오쿠니는 험담을 그치지 않았다. 여러 남자들과 어울려 음란한 짓을 해서 가문을 더럽힌다는 얘기를 듣고 화가 난 헤이자에몬은 한걸음에 달려왔고, 마침 두 사람이 함께 있는 것을 보자 오쿠니의 얘기가 정말이라고 믿어 버린 것이다. 이성을 잃은 헤이자에몬이 당장이라도 목을 벨 것처럼 굴자 신사부로는 겁에 질리고 말았다. 그런 두 사람 사이를 가로막은 것은 바로 오츠유였다. 두 팔을 벌리고 막아선 오츠유는 아버지에게 말했다.

"이 사람은 아무 죄도 없습니다. 제가 좋아했고, 먼저 사귀자고 했습니다. 그러니 죽이려면 저를 죽이세요."

"오냐! 네년부터 죽여야겠구나."

헤이자에몬은 두 팔을 벌리고 선 오츠유의 목을 베었다. 선혈이 벽과 다다미에 흩뿌려지면서 그녀의 목이 신사부로의 발치로 굴러갔다. 그는 너무 놀란 나머지 들고 있던 향합을 놓치고 뚜껑만든 채 비명을 질렀다.

"도련님! 도련님! 괜찮으십니까?"

한조가 뱃머리에 누운 채 땀에 젖어 있는 신사부로의 몸을 흔들었다. 잠에서 깬 신사부로는 한조에게 물었다.

"여긴 어디냐?"

"한 바퀴 돌고 도착한 곳으로 돌아왔습죠."

주변을 돌아보니 한조의 말이 맞았다. 한숨을 돌린 그는 방금 벌어졌던 일이 꿈이라는 사실에 안도의 한숨을 쉬었다. 하지만 품속에는 향합 뚜껑이 들어 있었다. 겁이 난 신사부로는 한조를 은밀히 보내 그녀의 집을 살펴보게 했다. 얼마 후 돌아온 한조가 깜짝 놀랄 만한 얘기를 들려줬다.

"그 집 아씨가 며칠 전에 돌아가셨답니다."

"뭐라고?"

깜짝 놀란 신사부로의 물음에 한조가 보고 들은 정황을 말했다.

"아씨의 아버님께서 계모의 모함에 넘어가서 품행을 단정히 하라는 내용의 편지를 보내셨답니다. 그 편지를 받은 아씨께서 상심한 나머지 밥을 먹지 않고 몇 날 며칠을 슬퍼하시다가 그만 세상을 등지고 말았답니다."

"저런."

"그뿐만이 아닙니다. 아씨의 장례를 치른 후에 몸종인 오쿠메도 강에 뛰어들어서 뒤를 따랐다고 합니다."

자신 때문에 두 명이 목숨을 끊었다는 사실에 신사부로는 몇 날 며칠을 괴로워했다.

그러던 어느 날 밤, 홀로 등잔불을 보면서 우두커니 앉아 있던 신사부로의 귀에 게다 소리가 들렸다. 담장을 따라 오던 소리가 창밖에서 멈추자 호기심이 일어난 신사부로는 창문을 열었다. 그러자 창밖에 모란이 그려진 등불을 든 오쿠메와 오츠유의 모습이 보였다. 깜짝 놀란 신사부로가 오쿠메에게 물었다.

"한조에게 죽었다는 얘기를 들었는데 어찌 된 것인가?"

그러자 한숨을 쉰 오쿠메가 말했다.

"아씨의 아버님께서 계모의 모함에 빠져 힐난하는 편지를 보내셨답니다. 상심하신 아씨께서는 불효한 몸으로 살 수 없다면서 스스로 목숨을 끊으려고 하셨답니다. 하지만 제가 억울함을 풀지 않고 죽으면 그게 오히려 더 큰 불효라고 설득했습니다. 결국 아씨께서는 출가하기로 하시고, 죽은 것처럼 꾸민 겁니다. 저 역시 아씨를 모시기 위해서 자살한 것처럼 했답니다."

사연을 들은 신사부로가 다행이라는 눈빛으로 한숨을 쉬고는 얘기를 계속 들었다.

"그런데 아씨께서 머리를 깎기 전에 신사부로 님을 마지막으로 한번 보고 싶다고 해서 이렇게 모시고 온 것입니다."

신사부로는 미안함과 안타까움에 못 이겨 어서 들어오라고 말했다. 두 사람은 지난 얘기들을 하다가 사랑을 나누었고, 새벽이 될 무렵 떠날 차비를 하는 그녀에게 신사부로가 말했다.

"아직 할 얘기가 남았는데 내일 또 오면 안 되겠소?"

"그리하겠습니다. 대신 아무에게도 알리면 안 됩니다."

오츠유는 다음 날, 그다음 날 밤에도 등불을 든 오쿠메를 앞세

위서 찾아왔다. 그렇게 꿈같은 나날을 보내면서 아무에게도 말하지 않았지만, 가까이에 있던 한조는 이상한 점을 눈치챘다. 그래서 잠을 자지 않고 기다렸다가 몰래 동태를 살폈다. 오츠유를 품에 안고 있는 신사부로를 본 한조는 깜짝 놀라고 말았다. 그리고 다음 날 신사부로에게 은밀히 물었다.

"밤중에 누구와 만나시는 겁니까?"

신사부로는 아무에게도 말하지 말아 달라는 오츠유와의 약속을 지키기 위해 아무도 찾아오지 않았다고 딱 잡아뗐다. 그러자 한조는 한숨을 쉬면서 말했다.

"제가 다 봤습니다. 오츠유 아씨와 하녀 오쿠메는 죽은 것이 틀림없습니다. 도련님 앞에 나타난 것들은 모노노케가 분명합니다."

신사부로가 믿지 않자 한조는 두 여인이 묻혀 있는 사찰로 신사부로를 데리고 갔다. 과연 한조의 말대로 두 사람의 무덤이 나란히 서 있었는데, 묘비에는 모란꽃이 새겨진 등불이 걸려 있었다. 그때야 한조의 말이 진짜라는 사실에 경악하고는 겁에 질렸다. 허둥지둥 집으로 돌아온 신사부로는 인근 사찰의 고승인 료세키 스님을 청했다. 그리고 자초지종을 털어놓자 스님은 조용히 염주를 굴리면서 말했다.

"이는 사랑이 깊어져서 생긴 일이요. 그러다 그것이 원망으로 바뀌면서 죽은 다음에도 찾아오게 되었던 것이오."

"살아날 방도가 없겠습니까?"

"이미 모노노케와 가까이했으니 멀리할 방법이 없소이다. 하지만 부처님의 힘을 빌리면 이길 수 있을지도 모르지."

소매를 걷은 스님은 부적들을 여러 장 써서 건네주면서 말했다.

"이 부적들을 방의 문턱과 창틀에 붙이고 무슨 일이 있어도 떼내면 안 되오. 그리고 반야심경을 한 권 줄 테니 밤이 돼서 모노노케가 찾아오면 이걸 암송하시오. 모노노케가 무슨 말을 해도 절대들어줘서는 안 되오."

신사부로는 스님이 신신당부한 대로 방의 문턱과 창틀에 빈틈없이 부적을 붙였다. 그리고 해가 떨어지자 반야심경을 암송했다.

밤이 깊어지고 게다 소리가 들렸다. 하지만 오츠유와 오쿠메는 방 안으로 들어오지 못했다. 그러자 두 사람은 신사부로에게 부적을 떼어 달라고 애원했다. 하지만 그가 들은 척도 하지 않고 반야심경만을 외우자 결국 날이 밝을 무렵 포기하고 돌아갔다. 이렇게 며칠이 지나는 동안 두 여인의 원령은 신사부로가 있는 방에 들어가지 못했고, 더 이상 모습을 드러내지 않았다.

신사부로는 위기를 넘겼다고 안심했지만, 그녀들의 원령은 이번에는 한조의 눈앞에 모습을 드러냈다. 두 원령들은 한조에게 신사부로의 방에 붙어 있는 부적을 없애라고 협박하는 한편, 부탁을 들어주면 막대한 재물을 주겠다고 유혹했다. 결국 원령들의 협박과 회유에 굴복한 한조는 몰래 부적들을 없애 버렸다. 그리고 그날 밤, 원령들이 신사부로가 있는 방으로 들어갔다. 먼발치서 지켜보던 한조는 원령들에게 받은 재물을 가지고 아내와 함께 야반도주를 했다.

사찰에 머물던 료세키 스님은 불길한 느낌에 마을로 내려와서 신사부로의 집으로 갔다. 그리고 부적이 떼어진 방 안에서 죽어 있는 신사부로를 발견했다. 시신 옆에는 향합 뚜껑이 뒹굴고 있었다. 사랑에 집착한 여인이 불러온 죽음을 안타까워한 료세키 스님은 신사부로의 아버지에게 이 사실을 알리고 장례를 치렀다.

한편 오쿠니가 고한 딸의 음란한 행실이 거짓이라는 사실을 깨달은 헤이자에몬은 아내를 베려고 했다. 하지만 눈치 빠른 오쿠니는 도망치고 말았다. 또한 원령들에게 받은 재물을 들고 아내와 함께 야반도주한 한조는 멀리 떨어진 마을에 정착해서 상점을 열었다. 장사가 제법 되자 돈을 모은 두 사람은 지난 일을 잊고 행복하게 살았다.

그러던 어느 날, 근처 술집으로 유녀가 새로 들어왔는데 다름 아닌 오쿠니였다. 집을 도망쳐 나온 그녀는 이리저리 떠돌면서 몸을 팔다가 이곳까지 오게 된 것이다. 오쿠니와 눈이 맞은 한조는 그동안 번 돈을 흥청망청 써 버렸다. 격분한 아내가 따지자 한조는 말다툼 끝에 그녀를 죽이고 만다. 결국 한조가 살인범으로 체포되면서 지난 일들이 모두 밝혀지고 말았다. 에도로 압송된 한조와 오쿠니는 함께 처형당했다.

이 이야기는 가부키는 물론, 〈라쿠고〉라는 만담의 소재로도 쓰였다. 너무나 보편적인 이야기지만 죽어서도 사랑을 쟁취하려 했던 한 여인의 으스스한 집념은 슬프기도 하고 기이하기도 하다. 일제강점기에 외국 추리소설을 국내 배경으로 바꾸는 번안소설이 유행했던 때가 있다. 이 이야기 역시 중국의 설화가 일본의 기담으로 변화해서 정착하는 과정을 보여 주는 흥미로운 사례라고 할 수 있겠다.

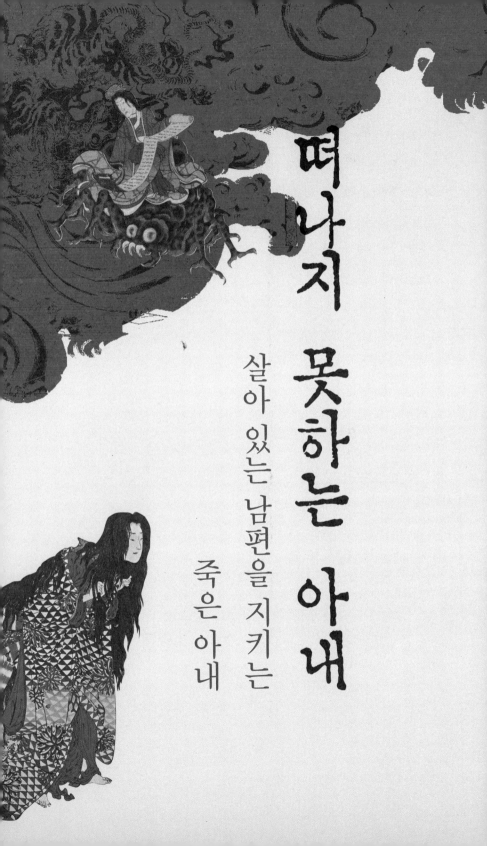

떠나지 못하는 아내

살아 있는 남편을 지키는 죽은 아내

봉건 시대에 여인은 무조건 한 남자만을 섬겨야만 했습니다. 반면 남자들은 아내 외에도 첩을 여러 명 거느릴 수 있었지만 아무도 뭐라고 하는 사람이 없었습니다. 오히려 남편이 다른 여인을 사랑하는 것을 훼방하거나 미워하는 것을 죄악시하는 분위기가 형성되었습니다. 따라서 남편의 사랑을 잃은 아내가 할 수 있는 것은 참거나 혹은 죽은 후에 혼령이 되어 복수하는 것뿐이었습니다. 우리나라나 일본 모두 말이죠. 죽은 이후에도 남편의 사랑을 독차지하려는 여인의 광기는 괴이하고 섬뜩한 이야기를 낳았습니다. 하지만 그 이면에는 남편의 사랑밖에 의지할 곳이 없는 여인의 서글픈 현실이 숨겨져 있습니다.

오늘날의 오이타 현에 해당되는 분고 지역에서 전해지는 이야기다. 금슬이 좋기로 소문난 부부가 있었다. 남편은 아름다운 아내를 사랑했고, 아내 역시 남편에게 헌신했다. 남편은 아내에게 늘 입버릇처럼 당신이 죽더라도 다른 여인은 얻지 않겠다고 말했다.

행복한 나날을 보내던 어느 날, 아내가 병에 걸리고 말았다. 값비싼 약을 먹이고, 의원을 불러 치료했지만 별 소용이 없었다. 시름시름 앓던 아내는 결국 세상을 떠났다. 아내는 죽기 전에 머리맡을 지키고 있던 남편에게 간곡하게 부탁했다.

"제가 죽으면 묻거나 화장하지 마시고 내장을 꺼내고 쌀을 채운 다음에 온몸에 옻을 칠해 주세요."

"그게 무슨 소리요? 옻을 칠해 달라니?"

"그렇게 한 뒤 마당 한구석에 작은 불당을 만들어 그 안에 제 시신을 앉히고 손에 징을 쥐여 주세요. 그리고 아침저녁으로 꼭 불당에 찾아와 주세요."

슬픔에 젖어 있던 남편은 아내의 이상한 부탁을 들어주겠다고 약속했다. 남편에게 거듭 약속을 지켜 달라고 부탁하던 아내는 그날 밤에 결국 세상을 떠나고 말았다. 남편은 아내의 부탁대로 배를 가르고 내장을 빼낸 다음 쌀을 채워 넣고 온몸에 옻을 칠한 뒤

손에 징을 쥐여 준 채 불당 안에 안치했다. 그리고 아침저녁으로 불당에 들어가 향을 피우면서 명복을 빌었다.

하지만 몇 년이 지나자 슬슬 딴 생각이 들었다. 가족과 친구들도 하나같이 이 정도면 충분하니 어서 재혼을 하라고 부추겼다. 처음에는 안 된다고 하던 남편은 결국 어린 아내를 새로 얻었다. 그러면서 마당의 불당을 없애 버리려고 했지만, 그때마다 집안에 일이 생기면서 어영부영 포기하고 말았다. 새 아내를 얻은 남편은 꿈같은 나날들을 만끽했다. 하지만 보름쯤 지난 후에 새 아내에게 청천벽력같은 소리를 들었다.

"더는 못 살겠습니다. 제발 저와 이혼해 주세요."

"혼례를 한 지 얼마나 되었다고 이혼이라니, 그게 무슨 소리요?"

영문을 모른 남편은 이유를 물었지만 새 아내는 무조건 이혼을 해 달라고만 했다. 남편이 이유를 알기 전까지는 이혼할 수 없다고 하자 결국 엔키리데라(에도 시대 남편과 이혼하기 위해 여인이 도피하는 절. 이곳으로 도망치면 남편이 찾으러 올 수 없기 때문에 이혼을 허락해야만 했다)로 도망치고 말았다. 그곳에 머무는 아내를 함부로 데려왔다가는 막부로부터 엄한 처벌을 받기 때문에 남편은 어쩔 수 없이 이혼장을 써 주었다.

오기가 치민 남편은 얼마 후에 또다시 혼인을 했다. 첫 번째 아내처럼 어리고 예쁜 아내를 맞이해서 꿈같은 신혼을 보냈다. 하지만 이번에도 아내가 이혼을 요구하는 일이 벌어졌다. 무슨 연유

냐고 물어도 대답하지 않고 그냥 이혼을 시켜 달라고만 애원했다. 답답해진 남편은 열심히 달랬지만 결국 아무 소용이 없었다. 소식을 들은 장인이 집으로 찾아와서 딸을 데려간 것이다.

괴이하다고 생각한 남편은 스님을 불러 법회를 열고 나쁜 기운을 몰아내는 의식을 치렀다. 그리고 다시 신붓감을 찾았다. 소문이 퍼진 탓에 비슷한 신분의 집안에서는 모두 딸을 주기를 꺼렸다. 결국 한참 못 사는 집의 딸을 아내로 맞이했다. 열일곱 살의 어린 아내를 맞이한 남편은 앞서 벌어졌던 일들을 까맣게 잊고 신혼 생활에 푹 빠졌다. 새 아내 역시 친정에서는 누리지 못한 호사스러운 생활에 만족했다.

그러던 어느 날이었다. 남편은 외출을 하고 어린 아내는 하녀들과 집에 있었다. 밤이 깊어지고 저녁을 먹은 아내는 하녀들과 함께 도란도란 얘기를 나눴다. 그런데 갑자기 집 안에서 낯선 징소리가 들렸다. 처음에 작게 들리던 징소리는 차츰 크게 들리더니 마침내 문 앞에서 들려오는 것처럼 커졌다. 마당에서 들리던 징소리는 집 안으로 들어왔고, 장지문들이 열리는 소리도 들렸다. 놀란 새 아내와 하녀들은 장지문과 창의 덧창을 꼭 닫고 토코노마(일본 전통 주택에서 부처의 그림이나 불상, 혹은 조상의 위패를 모셔 놓고 제사를 지내는 장소. 보통 바닥보다 한 단 높았다) 앞에 옹기종기 모여 부처님에게 도와 달라고 빌었다. 그런 탓인지 징소리는 그녀들이 머물고 있던 문 앞에서 딱 멈췄다. 대신 음산한 목소리가 들렸다.

"부처님의 도움을 청하고 있어서 차마 들어갈 수가 없구나. 내가 앞선 여인들에게도 경고를 해서 쫓아 보냈거늘, 너 하나쯤이야 어찌하지 못하겠느냐? 남편이 돌아오면 이혼시켜 달라고 하고 이 집에서 나가거라. 만약 그러지 않거나 내가 찾아왔다는 사실을 발설하면 너의 목숨을 가져가도록 하겠다. 내 말 명심해라."

겁에 질린 새 아내는 그리하겠다고 약속했다. 그러자 문밖의 징소리는 차츰 잦아들었다. 간신히 기운을 내 문을 살짝 열고 바깥을 살피는 아내의 눈에 온몸을 새까맣게 칠하고 손에 징을 쥔 귀신의 모습이 보였다. 너무 놀란 새 아내는 그대로 드러누웠다. 그리고 남편이 돌아오자마자 이 집에서 못 살겠으니 헤어져 달라고 애원했다. 하지만 남편은 이유를 말해 주기 전까지 절대 그럴 수 없다며 버텼다. 앞서 재혼했던 여인들과는 달리 집안의 격이 차이 났기 때문에 집안의 도움을 요청할 수도 없었다. 결국 고민하던 새 아내는 남편에게 사실대로 털어놨다.

"당신이 집을 비운 사이 온몸이 새까맣고 손에 징을 든 귀신이 나타났어요. 저 보고 이 집에서 나가지 않으면 죽이겠다고 했단 말이에요."

"몸이 약해져서 헛것을 봤겠지. 요즘 세상에 귀신이라니 말도 안 되는 소리 말아요."

남편은 징을 들고 있다는 얘기를 듣고 불당에 안치된 첫 번째 아내를 떠올렸다. 재혼을 거듭하면서 자연스럽게 찾아가 명복을 빌어 주는 일도 드물어진 상태였다. 설마 하는 생각이 들었지만, 그렇다고 해도 죽은 아내 때문에 새로 얻은 아내를 떠나보낼 수는 없었다.

남편은 새 아내를 잘 달래 머무르게 하고는 곧장 승려를 불러서 법회를 열었다. 그리고 불당 출입구에 부적을 붙여 죽은 아내가 나오지 못하게 했다. 그런 조치를 취한 탓인지 한동안은 아무 일도 없었고, 새 아내도 차츰 안심하는 눈치였다.

그러다 또다시 일이 생긴 남편이 자리를 비우게 되었다. 새 아내는 하녀들과 함께 잡담을 하면서 저녁 시간을 보냈다. 그때 악몽 같은 징소리가 들렸다. 놀란 하녀들은 지난번처럼 덧창과 장지문을 닫고 토코노마 앞에 모였다. 그녀들이 머물고 있던 문 앞까지 들려오던 징소리가 그치고 원망 어린 목소리가 들려왔다.

"내가 지난번에 이 집에서 떠나라고 얘기했거늘, 어찌 무시하느냐? 거기다 남편에게 이 사실을 알렸으니 설사 부처님이 네 뒤에 있다고 해도 살려 둘 수 없도다."

징소리가 다시 들리면서 함께 있던 하녀들이 하나둘씩 기절해 버렸다. 새 아내가 아무리 흔들고 깨워도 눈을 뜨지 못했다. 닫혀 있던 장지문이 벌컥 열리고 징을 든 새까만 귀신이 방 안으로 들어왔다. 하얀 눈동자를 번뜩이며 새 아내에게 다가온 귀신은 단숨에 목을 비틀어 꺾어 버렸다. 불쌍한 새 아내는 비명도 지르지 못하고 숨을 거뒀다. 징을 든 귀신은 죽은 그녀의 목을 끊은 다음 밖으로 나갔다. 다다미와 벽에 피가 튀었고 피비린내가 방 안에 가득했다.

아무것도 모르고 집에 돌아온 남편은 새 아내의 죽음을 목격하고 망연자실했다. 그런 그에게 정신을 차린 하녀들이 무슨 일이 벌어졌는지 알렸다. 실제로 떨어져 나간 새 아내의 목에서 흘러나온 피는 마당을 따라 불당까지 이어졌다. 격분한 남편은 불당 안으로 들어갔다. 옻칠을 해서 안치해 놓은 아내의 앞에 죽은 새 아내의 목이 뒹굴고 있었다. 참혹한 그녀의 복수에 이성을 잃은 남편이 소리를 질렀다.

"아무리 질투가 심해도 이런 짓까지 하다니 용서할 수 없다."

와락 달려든 남편은 옻칠을 한 아내의 시신에 주먹질과 발길질을 했다. 실컷 분풀이를 한 남편이 머리를 움켜잡고 밖으로 끌어내리려고 하는 순간 옻칠을 한 아내의 시신이 번쩍 눈을 떴다. 그러고는 단숨에 남편의 목을 물었다. 비명을 지른 남편이 어떻게든 떼어 내려고 했지만, 아무리 애를 써도 떨어뜨릴 수 없었다. 결국 피를 잔뜩 흘린 남편은 죽은 아내의 품에서 눈을 감고 말았다.

죽은 아내의 소원은 간단했다. 남편이 자신을 잊지 않기를 바란 것이다. 하지만 몇 년이 지나고 남편의 마음이 차츰 식어 가면서 죽은 아내의 분노와 질투심이 결국 죽음을 불러왔고, 끔찍한 기담으로 남게 되었다. 여인의 질투가 모든 문제의 원인이라는 시각은 오래전부터 존재해 왔다. 어쩌면 이 기담 역시 그런 시선이 만들어 낸 창작물일지도 모른다. 하지만 죽어서도

사랑받고 싶다는 여인의 소원은 어쩌면 제 목소리를 내기 힘들었던 세상을
향한 마지막 외침일지도 모르겠다.

사랑

함께 죽다

시나가와 동반 자살 사건

일본에서는 사랑하는 연인들의 동반 자살이 아주 흔했습니다. 현세에서 이뤄지지 못하는 사랑을 위해 함께 목숨을 끊는 것을 신쥬心中라고 불렀는데, 특히 에도 시대에 빈번하게 일어났답니다. 도쿠가와 막부에서는 당연히 금지령을 내리고 자살을 시도하다 살아남은 사람들을 엄하게 처벌했지요. 하지만 엄격한 신분제가 자리 잡고 있던 일본에서는 신분의 차이 때문에 이뤄질 수 없는 사랑을 한탄하는 연인들이 스스로 목숨을 끊는 일이 계속되었습니다. 이런 동반 자살 사건들은 가부키와 조루리의 소재로도 많이 쓰였으며, 〈소네자키 신주〉 같은 불후의 명작들도 등장합니다. 하지만 현실은 좀 더 역동적이고 코믹했습니다.

우와키 엔지로는 에도의 전당포 주인의 둘째 아들이었다. 큰아들처럼 가업을 잇지 않아도 되고, 늦둥이로 태어난 탓에 부모의 귀여움을 독차지했다. 덕분에 버릇없이 자랐고, 철이 들어서는 여자에 빠졌다. 부모는 둘째 아들이 정신을 차리기를 바랐지만, 엔지로는 그런 부모의 마음 따위는 안중에도 없다는 듯 불량한 친구들과 어울려 세월을 보냈다. 그러던 어느 날, 비슷한 부류인 친구에게 뱃놀이를 가자는 제안을 받았다.

"뱃놀이를 하고 시나가와에서 오이란들을 부르기로 했어."

심드렁해하던 엔지로는 냉큼 승낙했다.

한편 오초는 요시와라에서 한때 잘 나가는 오이란이었다. 타고난 미모와 애교로 큰 인기를 끌었지만, 고집이 세고 돈이 없는 손님들을 대놓고 타박했다. 물론 잘 나갈 때야 아무도 뭐라 하지 않았지만, 나이가 들고 어린 오이란들이 등장하자 뒤로 밀려나고 말았다. 뒤늦게 정신을 차렸지만 손님들은 이미 모두 떠난 다음이었다. 자신의 처지를 받아들일 수 없었던 그녀는 반전의 기회를 노렸다. 가장 좋은 방법은 새로운 '물주'를 잡는 것이었다. 그리고 그 물주로 하여금 오요세大寄せ, 즉 시중을 드는 이와 악사까지 부르는 성대한 연회를 열게 해 자신이 건재하다는 사실을 사람들에

게 알리는 것이다. 문제는 오요세를 열기 위해서는 10냥 이상 들었고, 지금의 오초에게는 그런 거금을 쓸 만한 손님이 없었다. 고민하던 그녀에게 동료 오이란이 다가왔다.

"오초, 시나가와에서 손님들이랑 놀 건데 같이 갈래?"

"누가 오는데?"

일부러 무관심한 척 묻자 동료 오이란이 대답했다.

"돈 많은 애송이들."

눈이 번쩍 뜨인 오초는 애써 담담하게 승낙했다.

어쩌면 반전의 기회일지 모른다는 생각에 오초는 부지런히 화장을 하고 샤미센을 챙겨 시나가와로 향했다.

한참 뱃놀이를 끝낸 엔지로와 친구들은 시나가와의 정자에 도착한 상태였다. 돗자리를 펴고 상다리가 휘어질 정도로 음식상이 차려져 있었다. 악사와 오이란이 도착하자 분위기가 달궈졌다. 술상 앞에 앉은 엔지로는 샤미센 소리에 귀를 기울이다 문득 악기를 연주하는 게이샤를 바라봤다. 약간 나이가 들었으나 기품 있어 보이는 모습에 엔지로는 눈을 떼지 못했다.

샤미센을 연주하던 오초는 넋을 놓고 자신을 바라보는 손님을 힐끔거렸다. 소매가 좁은 고소데는 화려하게 염색되어 있었고, 그 위에 걸친 하오리도 비싸 보였다. 얼굴을 보니 평생 일이라고는 손에 대지 않은 부잣집 도련님이 틀림없었다. 거기다 넋을 잃고 바라보는 모양새를 보니 자신에게 넘어온 것 같았다. 드디어 기회가 왔다는 두근거림과 특유의 오만함이 그녀를 미소 짓게 했다.

샤미센 연주를 마친 그녀는 공손하게 인사를 하고 물러났다. 잔치가 끝나고 엔지로는 친구에게 그녀에 대해 물었다.

"오초라고 한때 잘 나갔는데 성격이 나빠서 지금은 한물갔지."

친구가 경고 아닌 경고를 했지만, 이미 한눈에 사랑에 빠진 엔지로의 귀에는 들리지 않았다.

다음 날, 일어나자마자 요시와라의 유곽으로 달려간 엔지로는 당장 그녀를 만나려고 했지만 퇴짜를 맞았다. 몸이 달아오른 엔지로는 반토 신조라고 불리는 은퇴한 오이란에게 돈을 쥐여 주고 나서야 오초를 만날 수 있었다.

드디어 오초의 방에 들어선 엔지로는 예쁜 기모노를 차려입고 곱게 화장을 한 그녀를 보고는 넋이 나갔다. 제법 많이 놀았다고는 하지만 아직 스무 살도 안 된 애송이였다. 반면 열 살 때부터 십 년 넘게 요시와라에서 지낸 오초는 산전수전을 다 겪은 몸이었다. 오초는 사랑에 빠진 엔지로에게 마음을 주는 척하다가 슬쩍 뒤로 빠지면서 애타게 만들었다. 엔지로는 하루가 멀다 하고 요시와라의 유곽에 드나들면서 돈을 물 쓰듯 쓰며 오초를 만났다. 귀한 선물은 물론, 정성껏 쓴 와카(和歌, 일본의 전통 시)를 보냈다. 그러자 오초는 엔지로를 만난 자리에서 은근슬쩍 말했다.

"지금은 비록 한물갔다고는 하지만 저도 한때는 요시와라에서 제일가는 오이란이었답니다. 새 애인이 생겼다고 하면 여기저기서 궁금해하지 않겠습니까?"

"듣고 보니 그렇군. 어떻게 하면 사람들에게 내가 당신의 애인이라는 사실을 알릴 수 있겠소?"

"악공들을 불러 큰 잔치를 열면 자연스럽게 알게 될 겁니다."

오초의 얘기를 들은 엔지로가 무릎을 쳤다.

"오요세를 열자 이 말이구나. 네 뜻이 그러하다면 해 주마."

신이 난 오초가 눈웃음을 치면서 말했다.

"그리고 잔치가 끝나고 동침을 하려면 새 이불과 요가 필요하지 않겠습니까? 제가 쓰던 걸 쓰면 사람들이 비웃을 겁니다."

"알겠네. 한 30냥쯤이면 될까?"

엔지로가 호기롭게 말했지만 오초는 슬픈 듯이 고개를 저었다.

"이곳 요시와라에서는 그 정도는 돈도 아니옵니다. 쓰는 김에 한 오십 냥쯤 써야 체면을 세우실 수 있습니다."

"알겠네."

엔지로가 대뜸 승낙하자 오초는 환하게 웃으면서 그의 볼에 입을 맞췄다. 집에 돌아온 엔지로는 아버지와 형 몰래 돈을 빼돌려 오요세에 들어갈 돈을 마련했다.

드디어 잔치가 열리는 날이 되자 오초는 값비싼 기모노를 입고 앞뒤로 어린 하녀들을 대동하고 특유의 팔자걸음으로 엔지로를 만나러 갔다. 악공들이 한껏 흥취를 돋우는 가운데 두 사람은 마음껏 먹고 마신 다음 그녀의 방으로 자리를 옮겨 꿈같은 하룻밤을 보냈다. 다음 날 엔지로와 오초는 함께 목욕을 하고, 푸짐하게 차려진 아침상을 먹었다. 식사가 끝나고 차를 마신 엔지로가 일어나자 오초는 문밖까지 나와서 배웅했다.

이렇게 공식적인 연인 관계가 되면 게이샤에게는 다른 손님을 거절할 수 있는 권리가 생겼다. 대신 관계를 맺은 손님은 오이란에게 값비싼 선물 공세를 펼쳐야 하는 것은 물론, 하녀들의 용돈까지 챙겨 줘야만 했다. 사랑에 눈이 먼 엔지로는 부모의 돈을 몰래 빼돌려 오초에게 갖다 바쳤다. 오초는 전성기로 돌아간 것 같은 기분에 너무나 행복했다.

하지만 행복도 잠시, 어느 날부터인가 엔지로는 요시와라에 발걸음을 뚝 끊었다. 더구나 그녀가 심부름꾼을 보내도 모습을 보이지 않았다. 엔지로가 이렇게 떨어져 나가면 다시 옛날로 돌아가야만 한다는 사실에 몸서리를 친 오초는 꼭 만나고 싶다는 절절한 내용의 편지를 보냈다.

그로부터 며칠 후, 비가 내리던 날 거지꼴을 한 엔지로가 불쑥 나타났다. 그러고는 청천벽력같은 얘기를 털어놨다.

"그동안 내가 당신에게 준 선물과 돈은 모두 아버지와 형 몰래 전당포에서 빼돌렸던 것이오. 그러다 들통이 나서 아버지와 형에게 꾸중을 듣고 집에서 쫓겨났다오. 친구들 집에서 신세를 지면서 아버지의 화가 풀리기만을 기다렸지만 감감무소식이지 뭔가. 그래서 이렇게 살아서 뭐하나 싶어서 죽을 결심을 했는데 마침 자네 생각이 나서 찾아왔네."

엔지로가 눈물을 흘리면서 한 얘기를 들은 오초는 가슴이 와르르 무너져 내렸다. 더 이상 그에게 돈을 뜯어낼 수 없다면 다시 예

전으로 돌아가야만 했다. 참담함에 못 이긴 오초가 눈물을 글썽거
리자 엔지로가 그녀의 손을 덥석 잡았다.

"그동안 어떻게 지냈느냐?"

"소녀도 말 못할 사정들이 많았습니다. 당신을 모시고 난 다음
부터 다른 손님들을 일체 받지 않자 주인이 저를 미워해서 내쫓
으려고 하지 뭡니까?"

"저런……."

엔지로가 혀를 차자 오초는 한술 더 떴다.

"거기다 오사카의 부유한 상인이 저를 첩실로 삼고 싶다고 계
속 청을 넣고 있지만, 엔지로 님과의 인연을 들어 거절하는 통에
핍박이 하루가 다르게 심해지고 있답니다."

오초는 거짓말을 늘어놓으면서 눈물까지 흘렸다. 엔지로의 모
습을 보아 하니 돈이 나올 구석은 없고, 자칫 눌러붙기라도 한다
면 오히려 돈을 써야만 했다. 이럴 때 빨리 떼어 버리는 방법은 힘
든 상황에 처했다고 거짓말을 하는 것이다. 하지만 그녀의 예상과
달리 엔지로는 엉뚱한 얘기를 했다.

"우리 신세가 이렇게 되었으니 차라리 이승에서의 삶을 접고,
저승으로 함께 가지 않겠느냐? 사실 집에서 쫓겨난 이후 죽을 생
각을 했지만 차마 용기가 없었다. 하지만 너와 함께라면 기꺼이
죽을 수 있을 것 같다."

그녀의 말을 진심으로 알아들은 엔지로가 같이 죽자고 말한 것
이다. 오초는 예상과는 다른 대답에 놀랐지만 이제 와서 발을 빼

는 것도 이상하다 싶어서 맞장구를 쳤다.

"엔지로 님의 뜻이 그러하다면 저도 기꺼이 따르겠습니다."

"좋아. 그럼 우리가 처음 만났던 시나가와 메구로 강에서 함께 인연을 마감하도록 하자."

"알았어요. 낮에는 사람들 눈이 있으니까 밤이 되면 함께 가요."

얼떨결에 대답한 오초는 천진난만한 표정의 엔지로를 달래 재운 후에 머리를 굴렸다. 이대로 야반도주를 할까 생각해 봤지만 할 줄 아는 게 없었고, 모아 놓은 돈도 없었다. 그렇다고 엔지로를 매정하게 내쳤다가는 안 좋은 소문이 나서 가뜩이나 줄어든 손님들이 아예 발길을 끊을 수도 있었다. 이런저런 고민을 하는 사이 해가 떨어졌다.

눈을 뜬 엔지로가 서둘러 떠날 준비를 하자 오초는 떨떠름해하면서도 뒤를 따랐다. 낮에 오던 비는 그쳤지만 세상은 온통 축축했고, 벌레들이 기분 나쁜 울음소리를 냈다. 시나가와 메구로 강가에 있는 나루터에 도착한 엔지로는 차분한 목소리로 말했다.

"너와의 인연을 품고 저승으로 가게 되어서 한없이 기쁘다. 다음 생에서는 부디 부부의 연을 맺자꾸나."

"저도 엔지로 님의 사랑을 기억하겠습니다."

오초가 짤막하게 대답하자 엔지로가 손목을 움켜잡았다.

"셋에 함께 뛰어들자."

오초가 억지로 고개를 끄덕이자 엔지로는 하나둘셋을 세더니 그대로 몸을 날렸다. 그 순간, 죽을 마음이 없던 오초는 손목을 비틀어서 뽑아냈다. 혼자서 물에 빠진 엔지로는 허우적대면서 하류 쪽으로 흘러갔다. 멍하니 그 광경을 바라보던 오초는 엔지로가 어둠 속으로 완전히 사라지자 발걸음을 돌렸다. 그리고 요시와라의 유곽으로 돌아갔다.

그렇게 며칠이 지나는 동안 신경을 곤두세우고 시체가 발견되기만을 기다렸다. 하지만 물고기에게 뜯어 먹혔는지 아니면 바다로 떠내려갔는지 시체의 행방이 묘연했다.

그렇게 시일이 흐르고 오초는 다시금 손님을 맞이할 차비를 했다. 마침 그녀를 지명한 손님이 있었다. 잘 차려입은 그녀가 방 안에 들어서자 손님이 침울한 얼굴로 말했다.

"자네 우와키 엔지로를 알고 있는가?"

잊어버리려고 했던 이름이 튀어나오자 오초는 순간 흠칫 놀랐다가 태연하게 대꾸했다.

"손님 중 한 분이셨습니다."

"그럼 그가 물에 빠져 죽었다는 사실도 알고 있겠지?"

"그게 사실입니까?"

오초가 놀란 표정으로 묻자 손님은 고개를 끄덕거렸다.

"엊그제 메구로 강 하류에서 낚시꾼이 그의 시신을 건졌네."

"저런, 어쩌다가 그런 일이······."

"자네와 만나느라 집안의 돈을 갖다 쓴 게 화근이었네. 아버지와 형에게 혼이 나고 쫓겨나 우리 집에서도 며칠 머무르다가 죽기 전에 자네를 만나러 간다고 한 게 마지막이었네."

손님의 얘기를 들은 오초는 눈물을 흘리는 척하기 위해 옷소매로 눈을 가렸다. 오초가 슬퍼하는 모습을 본 손님이 말했다.

"엔지로의 아버지에게 연락을 했지만 자식이 아니라는 대답만 들었네. 그래서 친구들끼리 돈을 모아 내일 장례를 치러 주기로 했네. 자네가 꼭 와 주었으면 하네."

"장례는 어디서 치르기로 하셨습니까?"

"집에서 쫓겨난 뒤 내 집에서 머문 인연으로 우리 집 별채에서 치르기로 했네. 함께 가 주면 엔지로의 영혼이 기뻐할 걸세."

손님의 얘기를 들은 오초가 고개를 끄덕거렸다.

"준비를 하겠습니다."

잠시 후, 장례식에 걸맞게 하얀색 기모노로 바꿔 입은 오초가 모습을 드러내자 손님이 앞장서서 그녀를 자신의 집 별채로 안내했다. 그곳에는 관을 가리기 위한 병풍이 쳐져 있었고, 방금 피운 것 같은 은은한 향 냄새가 코를 찔렀다. 방에는 엔지로의 친구들이 삼삼오오 모여 얘기를 나누는 중이었다. 돈 때문에 좋아한 척했지만 막상 이렇게 만나게 되자 조금 슬퍼졌다. 애써 눈물을 참고 무릎을 꿇은 오초가 향을 피우자 손님이 엄숙한 목소리로 말했다.

"엔지로는 생전에 자네를 열렬하게 사랑했네. 따지고 보면 엔지로가 이렇게 된 것도 다 자네를 사랑했기 때문 아닌가? 그러니 엔지로를 진심으로 사랑했다면 마음을 보여 주게."

"어떻게 말입니까?"

분위기에 압도당한 그녀의 물음에 손님이 대답했다.

"예로부터 여인들은 자신의 사랑을 증명하기 위해 머리를 잘랐다고 했다. 그렇게 해 줄 수 있겠느냐?"

한번 머리카락을 자르면 다 자를 때까지 오이란 노릇을 할 수 없었다. 하지만 자기 때문에 죽은 엔지로가 불쌍해진 오초는 순순히 응했다. 그녀를 데려온 손님이 작은 단도를 건네자 오초는 단번에 탐스러운 머리카락을 잘라서 향로 앞에 놨다. 그리고 두 손을 공손히 모아 합장을 하면서 말했다.

"부디 좋은 곳으로 가소서."

"고맙네."

병풍 뒤에서 낯익은 엔지로의 목소리가 들려오자 오초는 기절초풍했다. 혹시나 한을 품고 죽은 엔지로가 원령으로 돌아와서 복수를 하는 게 아닌가 겁이 난 것이다. 기모노의 소매로 얼굴을 가린 그녀가 엉엉 울면서 말했다.

"소녀를 용서해 주세요. 죽는 게 너무 무서웠어요."

"그래서 나와의 사랑을 저버리고 혼자만 살아남은 것이냐? 용서할 수 없도다!"

오초는 너무 무서워서 기절하기 일보 직전이었다. 하지만 같은 방 안에 있던 엔지로의 친구들은 배꼽이 빠져라 웃어 댔다. 처음에는 미친 게 아닌가 싶었지만 병풍 뒤에서 불쑥 엔지로의 모습이 보여도 그녀는 사정이 어떻게 돌아가는지 알 수가 없었다. 그녀 앞에 앉은 엔지로가 너털웃음을 지으며 어떻게 된 일인지 털어놓기 전까지는 말이다.

물에 빠진 엔지로는 허우적대면서 하류로 흘러갔다. 물을 너무 먹고 지친 나머지 이제 꼼짝없이 죽는구나 생각할 찰나, 긴 대나무 장대가 앞에 철썩 떨어졌다. 밤낚시를 나온 노인이 소리를 듣고 장대를 내민 것이다. 장대를 잡고 간신히 물 밖으로 나온 엔지로는 먹은 물을 토해 내고 간신히 살아남았다. 정신이 어느 정도 돌아오자 함께 죽자고 하고 손길을 뿌리친 오초가 너무 미웠다. 어떻게 복수할까 궁리하던 엔지로는 친구를 찾아가서 상의했고, 얘기를 들은 친구가 무릎을 치면서 말했다.

"좋은 생각이 있네."

"무슨 생각?"

"잠깐만 귀를 빌려 주게."

친구의 얘기를 들은 엔지로는 활짝 웃었다. 그리고 남은 돈을 털어서 관과 향을 샀다. 그사이 엔지로의 친구는 오초를 만나러 가서 거짓 사연을 털어놓고 머리카락을 자르게 만든 것이다. 얘기를 듣고 망연자실해진 오초는 잘려진 머리를 멍한 눈으로 바라봤다.

조선에 기생이 있었다면 에도 시대 일본에는 게이샤가 있다. 양쪽 모두 남성에게 봉사한다는 공통점이 있다. 조선의 기생들이 붓글씨와 가야금 타는 솜씨가 뛰어나야 인정을 받았듯이 게이샤들도 손님의 품격에 맞는 예의범절을 갖추고 악기를 잘 다뤄야만 했다. 기생들이 일패와 이패, 삼패 기생으로 나뉘어서 몸을 파는 매춘까지 한 것처럼, 게이샤들도 등급이 나뉘어 나중에는 매춘을 전문으로 하는 게이샤들이 등장했다. 에도 시대에는 이들을 오이란이라고 불렀다. 물론 차이점도 많았다. 조선의 기생은 국가에서 양성하여 관청에 소속되었다면, 게이샤는 국가의 간섭을 받지 않았다. 단 매춘을 하는 오이란이 영업할 수 있는 지역은 에도의 경우 요시와라로 한정되었다. 따라서 여자깨나 후린다는 한량이나 바람둥이들은 요시와라에 자주 드나들었다. 오이란에도 등급이 있었는데, 최고급 게이샤를 다유라고 불렀고, 아래로 몇 등급이 존재했다. 다유가 되면 손님을 마음대로 고를 수 있는 특권이 생기고, 그녀를 만나기 위해서는 막대한 돈과 정성을 들여야만 했다. 아무리 명성이 높다고 해도 관리의 동침 요구를 거절하지 못했던 조선의 기생과는 다른 대접을 받은 것이다.

그렇다면 왜 남자들은 조강지처를 놔두고, 게이샤와 기생에게 빠져들었을까? 그것은 결혼을 하고 아이를 낳으면서 자연스레 치장을 하지 못한 아내와는 달리 아름답게 꾸미고 늘 다정다감한 모습을 보여 주기 때문이다. 거기다 에도 시대에는 여자에 비해 남자의 비율이 높았기 때문에 자연스럽게 유곽이 발달할 수밖에 없었다. 사람들이 모이면 온갖 사건사고들이 일어나고 기이한 이야깃거리들이 탄생한다. 시나가와 동반 자살 사건도 그중 하나였다.

사랑의 끝

푸른 두건

일본은 우리나라에 비해 동성애가 성행한 편이었습니다. 일본으로 건너간 조선 통신사들은 일본의 특이한 풍습으로 여인들이 치아를 검게 물들이는 것과 남성 간의 동성애를 꼽았죠. 일본에서 동성애가 유행한 것은 전쟁과 밀접한 관련이 있었습니다. 여자를 데리고 다닐 수 없는 전쟁터에서 다이묘들은 욕구를 풀기 위해 어린 시동들과 관계를 맺었답니다. 또한 충성을 받아 내기 위한 방편이기도 했고요. 따라서 일본의 문학이나 기담에는 동성애를 다룬 것들이 많습니다. 푸른 두건은 한 남자를 사랑한 다른 남자의 종말에 관한 이야기입니다.

가이안 선사는 조동종의 이름 높은 스님으로 15살에 출가해 여러 지방을 돌면서 부처님의 뜻을 터득했다. 하안거를 마친 가이안 선사는 평소처럼 푸른 두건에 지팡이를 들고 여행길을 떠났다. 선사가 간 곳은 동북쪽에 있는 오우 지방이었다. 먼 길을 걸으면서 행색이 초라해져 아무도 그가 이름 높은 가이안 선사라는 사실을 깨닫지 못했다. 산길을 헤쳐 나가던 가이안 선사는 멀리 들판에 마을이 보이자 발걸음을 서둘렀다.

"해가 떨어지기 전에 가야겠다."

골짜기를 내려온 선사가 마을 입구에 도착했을 때는 해가 거의 진 상태였다. 저녁밥을 짓는 연기가 어두운 하늘로 치솟았다. 하루 종일 걷느라 배가 고픈 선사는 군침을 삼켰다. 마을에 들어선 선사는 길에서 마주친 아낙네를 보고는 공손하게 합장을 했다. 하지만 아낙네는 초라하고 거친 행색의 스님을 보고는 기겁했다.

"산 괴물이 내려왔어요."

아낙네가 비명을 지르자 곧 건장한 마을 청년들이 몽둥이를 들고 가이안 선사를 둘러쌌다. 살기등등한 표정의 마을 청년들을 본 가이안 선사가 손을 내저으면서 말했다.

"뭔가 오해가 있는 모양인데 소승은 떠돌이 행각승이외다. 여러분을 해칠 의도는 없소이다."

가이안 선사가 말하자 촌장인 듯한 늙은 사내가 나서서 마을 청
년들을 뜯어말렸다.

"말을 하는 걸 보니 산 괴물은 아닌 것 같네. 다들 진정하게나."

촌장의 말을 들은 마을 청년들이 몽둥이를 내려놓자 가이안 선
사는 한숨을 돌렸다. 촌장이 공손하게 합장을 하면서 말했다.

"공연한 오해로 부처님의 제자를 놀라게 했습니다. 사죄의 뜻
으로 오늘 밤 저희 집으로 모시고 싶습니다만……."

"감사할 따름입니다."

가이안 선사는 촌장을 따라 그의 집으로 갔다. 대나무로 만든
문을 열고 안으로 들어서자 제법 큰 뜰과 집이 보였다. 촌장의 아
들과 며느리가 나와서 인사를 하고 곧 식사가 차려졌다. 배불리
먹은 가이안 선사는 차를 마시면서 촌장에게 물었다.

"아까 저를 본 마을 여인이 산 괴물이 나타났다고 하던데 무슨
곡절이 있습니까?"

가이안 선사의 물음에 한숨을 쉰 촌장이 조심스럽게 입을 열었다.

"아까 선사께서 내려오신 산에는 원래 절이 하나 있었습니다.
인근 호족의 위패를 모시던 곳인데, 그 집안이 몰락한 이후에도
계속 유지되고 있었죠. 하지만 절의 규모가 작아지면서 많았던 스
님들은 하나둘씩 떠나고 주지 스님만 남게 되었습니다. 하지만 워
낙 수행을 열심히 하셔서 주변 마을 사람들은 여전히 잘 따랐습
니다. 주지 스님께서도 자주 인근 마을에 내려와서 법회를 열고,

좋은 말씀을 전해주셨고요. 그런데……"

목이 타는지 차를 한 모금 마신 촌장이 말을 이어갔다.

"작년 봄인가, 근처의 다른 절에서 초청을 받으신 주지 스님께서 돌아오시는데 어떤 소년을 데리고 왔습니다."

"동자승입니까?"

가이안 선사의 물음에 촌장이 고개를 가로저었다.

"흉년에 부모가 모두 굶어 죽어서 절에 맡겨진 아이라고 하더이다. 문제는 그 아이의 외모가 워낙 아름다워서 그랬는지 주지 스님께서 늘 옆에 끼고 계셨습니다. 둘이 동침을 한다는 민망한 소문이 돌기도 했습니다."

가이안 선사가 쯧쯧 혀를 찼다. 물론 동성애는 흔한 일이라 크게 문제될 게 아니었지만 수행을 하는 승려라면 문제가 달랐다.

"이상한 소문들이 돌면서 주변 마을사람들이 하나둘씩 등을 돌렸고, 주지 스님도 마을에 잘 내려오시지 않았습니다. 그런데 올봄에 그 아이가 덜컥 병에 걸려 버렸습니다. 처음에는 잔병치레인 줄 알았는데 아무리 약을 써도 일어나지 못했다고 하지 뭡니까? 주지 스님께서 비싼 조선 인삼을 구해 먹이고, 밤새 옆에서 독경을 해 줬지만 아무런 효과도 보지 못했다고 합니다. 결국 시름시름 앓던 소년은 세상을 떠나고 말았죠. 문제는 그다음이었습니다. 소식을 듣고 절에 올라가서 장례를 도와주려고 했지만 도무지 장례를 치를 생각이 없으셨던 겁니다. 죽은 소년의 손을 만지작거리고 뺨에 얼굴을 비비면서 슬퍼하고만 있었죠. 보다 못한 제가 매장을 할 건지 아니면 화장을 할 건지 여쭤 봤더니 불같이 화를 내시더니 절 밖으로 쫓아냈습니다."

한숨을 쉰 촌장이 고개를 절레절레 저었다.

"그 일을 겪고 난 다음부터는 절에 올라가지 않았는데 그 뒤에 올라갔던 마을 사람이 끔찍한 얘기를 전해 줬습니다. 주지 스님께서 죽은 소년을 어루만지고 쓰다듬다가 시신이 썩어 들어가자 마침내 핥아 먹었다는 겁니다. 그걸 본 마을 사람이 한걸음에 달려와서 제게 소식을 전했습니다. 저는 걱정이 돼서 청년 몇 명을 절로 올려보냈는데 그들도 같은 얘기를 하지 뭡니까."

촌장의 얘기를 들은 가이안 선사는 할 말을 잃었다.

"그뿐만이 아닙니다. 사람 고기에 맛을 들렸는지 그날 이후부터 밤마다 마을 주변의 묘지를 돌아다니면서 시신들을 파내 먹어 치우고 있습니다. 이러다 살아 있는 사람들까지 해를 입을까 봐 걱정이 이만저만이 아닙니다. 그래서 해가 떨어진 다음에는 문을 꼭꼭 걸어 잠그고 바깥출입을 삼가고 있습니다."

하소연을 들은 가이안 선사가 혀를 찼다.

"본래 수행을 하는 승려들은 인간의 모든 감정들을 버리고 오직 부처님을 섬겨야만 합니다. 그런데 얕은 정에 이끌려 본분을 망각하다니 딱한 일이 아닐 수 없소이다."

"저희도 안타깝게 생각하고 있습니다. 그래서 다른 마을의 슈고다이(守護代, 중세 일본의 지방 관리)에게 알려 처벌받게 하자는 것을 막고 있습니다만, 더 이상은 어려울 듯합니다."

"주지 스님이 만약 소년을 만나지 않았더라면, 만났더라도 좋은 인연으로 가슴에만 간직하고 홀로 돌아왔다면 분명 훌륭한 스님이 되었을 겁니다. 허나 찰나의 감정을 이기지 못하고 감정에 몸을 맡기고 나서부터 번뇌가 찾아왔을 것이고, 결국은 사악한 기억만 남게 된 것 같습니다."

얘기를 마친 가이안 선사는 곰곰이 생각하다가 촌장에게 말했다.

"소승이 하안거를 마치고 발길이 닿는 대로 떠돌았는데 오늘 이 마을에 온 것은 틀림없이 이 때문인 것 같습니다. 소승이 애욕에 빠져 미친 주지 스님을 성불하도록 돌봐드리겠습니다."

"그렇게 해 주신다면야 더할 나위 없이 감사할 따름입니다."

촌장이 기쁜 얼굴로 연신 합장을 했다.

차를 마시고 잠자리에 든 가이안 선사는 다음 날 아침, 눈을 뜨자마자 푸른 두건을 쓰고 지팡이를 든 채 떠날 차비를 했다. 먼저 일어난 촌장이 우메보시(소금에 절여 햇볕에 말린 매실)를 넣은 주먹밥이 든 보따리를 건넸다. 보따리를 받아 든 가이안 선사는 미친 주지 스님이 살고 있다는 사찰로 향했다. 다행하게도 마을과 왕래하던 길이 남아 있어 찾기는 쉬웠다. 중간에 쉬면서 촌장이 챙겨 준 주먹밥을 먹은 가이안 선사는 오후에 접어들 무렵, 마침내 산 중턱에 자리 잡은 문제의 사찰에 도착했다.

한때는 제법 융성했는지 대문은 문루까지 갖췄고, 부처님을 모신 본당과 종각도 꽤 큰 편이었다. 하지만 오랫동안 내버려 둔 듯 기둥과 처마에는 거미줄이 쳐져 있고, 상야등(밤에 불을 밝히는 석등)

은 이끼에 뒤덮여 있었다. 스님들이 머무는 곳도 문짝이 모두 떨어져 나갔고, 기둥 사이의 복도에는 먼지와 낙엽이 쌓여 있었다. 뜰 역시 마구 자란 풀들로 가득했다. 쇠락한 절에 인기척이라고는 도무지 느껴지지 않았다. 뜰 가운데 선 가이안 선사가 지팡이를 내리치면서 말했다.

"아무도 안 계십니까?"

몇 번이고 큰 소리로 외치자 낡고 꾀죄죄한 승복을 걸친 늙은 주지 스님이 모습을 드러냈다.

"이곳에는 어쩐 일이시오?"

"소승은 떠돌이 행각승인데 하룻밤 머물기를 청합니다."

공손하게 합장을 한 가이안 선사가 얘기하자 늙은 주지 스님이 광기로 번뜩이는 눈으로 그를 바라봤다. 희번덕거리는 눈길로 가이안 선사를 한참 쳐다보던 주지 스님이 고개를 저었다.

"보시다시피 이곳은 이제 부처님을 모시는 곳이 아니네. 나그네에게 먹일 음식도 없고. 문밖으로 나가서 쭉 내려가면 골짜기 아래 마을이 있을 걸세. 그곳에서 먹을 것과 잠자리를 구하게."

"해는 저물어 가고 오랫동안 걸어서 더 이상 걷기가 어렵습니다. 먹을 것은 괜찮으니 비바람을 피할 곳만 구하고자 합니다."

가이안 선사의 말에 주지 스님이 웃는 건지 우는 건지 알 수 없는 표정을 지었다.

"정 그렇다면 본당이든 별채든 편한 곳에 계시구려. 하지만 이곳에 있다가는 안 좋은 일을 겪을 수도 있음을 명심하시오."

"그것도 다 부처님의 뜻이겠지요. 감사합니다."

애기를 마친 가이안 선사는 부처를 모신 본당 안으로 들어갔다. 게다를 벗고 들어간 선사는 지팡이로 불상과 문에 드리워진 거미줄을 걷어 내고, 보따리를 베개 삼아 누웠다. 먼발치에서 가이안 선사의 모습을 지켜보던 늙은 주지 스님은 어디론가 사라져 버렸다. 얼마 후, 해가 떨어지자 절 안은 온통 어둠에 뒤덮였다. 눈을 감고 누워 잠든 척하던 가이안 선사는 벌떡 일어나서 가부좌를 틀었다. 그리고 조용히 염불을 외우면서 바깥의 기척을 살폈다. 잠시 후 사람인지 짐승의 숨소리인지 알 수 없는 씨근덕거림이 들려왔다. 그리고 본당 안으로 누군가 들어왔다.

"분명 여기서 잠든 걸 봤는데 어디 간 거지?"

코앞에서 주지 스님의 목소리가 들려왔지만 가이안 선사는 꼼짝 않고 염불을 외웠다. 손에 칼과 몽둥이를 든 주지 스님은 광기 어린 눈빛을 번뜩이며 본당 안을 샅샅이 살폈지만, 바로 코앞에 있는 가이안 선사의 모습을 보지 못했다. 나지막하게 염불을 외우던 가이안 선사가 조용히 입을 열었다.

"이 밤중에 어인 일이십니까?"

본당 안에 울려 퍼진 가이안 선사의 목소리에 흠칫 놀란 주지 스님은 손에 든 칼을 휘두르면서 소리쳤다.

"어디 있는 게냐? 썩 나와라!"

"나는 이 안에 있소이다. 맑은 눈을 가졌다면 능히 찾을 수 있을 것이오."

가이안 선사의 말이 끝나기가 무섭게 주지 스님은 괴성을 지르면서 본당 안을 마구 헤집었다. 심지어 부처상을 칼로 찍기도 했다. 하지만 가이안 선사가 가부좌를 틀고 앉아 있는 주변으로는 얼씬도 하지 못했다. 본당 안을 뒤지던 주지 스님은 뜰로 뛰어나가 무성한 잡초들을 헤치고 사찰 안을 뒤졌다. 모습은 보이지 않고 목소리만 들리니 사찰 안 어딘가에 숨어 있으리라고 믿은 것 같았다. 이리저리 뛰어다니며 살펴보던 주지 스님은 아무것도 찾지 못하자 결국 지쳐 버리고 말았다. 짐승처럼 헐떡거리며 괴로워하던 주지 스님은 본당 앞에 걸터앉았다. 그러는 사이 날이 밝아왔다. 해가 뜨는 것을 본 가이안 선사가 외우던 염불을 중단하자 주지 스님의 눈에 가부좌를 틀고 앉아 있는 모습이 보였다. 허탈해진 주지 스님은 손에 들고 있던 칼과 몽둥이를 던져 버렸다.

"첫눈에 범상치 않아 보이기는 했지만 이 정도로 법력이 높은 줄은 몰랐소. 대체 뉘시오?"

"떠돌이 행각승이외다. 마을에 내려갔다가 사연을 듣고 찾아왔소. 무릇 부처의 제자라 함은 애욕은 물론, 인간의 모든 감정을 버리고 오직 해탈의 길을 가야만 하는 법. 스님은 어쩌다가 이런 지경이 되신 것이오."

준엄하면서도 따스한 가이안 선사의 말에 주지 스님은 털썩 무릎을 꿇었다.

"말씀하신 대로 어릴 때부터 사찰에서 지내면서 자연스럽게 불제자의 길을 걷게 되었습니다. 맹렬히 수행을 하면서도 늘 이것이

나의 길인가 의문이 들었답니다. 그러다 우연찮게 소년과 만나게 되었습니다. 첫눈에 반했고, 늘 옆에 두었습니다. 그렇게 지내는 동안은 제 평생 가장 행복한 나날들이었죠. 그러다 소년이 갑자기 병에 걸렸고, 저는 지극정성으로 병간호를 했지만 안타깝게도 세상을 떠나고 말았죠. 저는 절망과 분노에 빠졌습니다. 왜 이 아이가 죽어야 하는지, 부처님이 정말로 있다면 왜 죽게 내버려뒀는지 이해할 수 없었답니다. 그다음부터 분노와 절망에 사로잡혔고, 차마 인간으로서 해서는 안 될 짓도 저질렀습니다."

떨리는 목소리로 얘기를 마친 주지 스님은 고개를 떨어뜨렸다. 가만히 듣고 있던 가이안 선사가 말했다.

"처음부터 악인인 자는 없다고 했소이다. 비록 잘못된 길을 갔다고는 하지만 지금이라도 잘못을 뉘우친다면 부처님께서도 기뻐하실 것이외다."

"그럴 수만 있다면야 기꺼이 따라야지요. 소인에게 가르침을 주십시오."

무릎을 꿇은 주지 스님의 말에 가이안 선사는 고개를 끄덕거렸다.

"따르게."

주지 스님을 데리고 뒤뜰로 간 가이안 선사는 평평한 돌 위에 가부좌를 틀고 앉으라고 한 다음 머리에 쓰고 있던 푸른 두건을 벗어서 씌워 줬다. 그리고 차분하게 말했다.

"강월조송풍취 영야청소하소위江月照松風吹 永夜淸宵何所爲"

"무슨 뜻입니까?"

주지 스님의 물음에 가이안 선사가 대답했다.

"가을의 맑은 달이 냇가에 비추고 소나무에 부는 바람은 상쾌하도다. 기나긴 밤의 경치는 무엇을 위해서인지 모르겠다는 뜻일세. 우리 조동종 증도가의 구절이지. 마음의 번뇌를 벗을 때까지 이곳에서 계속 이 구절을 외우게. 번뇌에서 벗어난다면 자네의 잘못이 사라지고 부처님을 만나게 될 것일세."

"이 한 목숨을 바치는 한이 있어도 기꺼이 뜻을 찾겠습니다."

가이안 선사에게 몇 번이고 다짐한 주지 스님은 돌 위에 앉아 증도가의 구절을 중얼거렸다. 그런 주지 스님에게 합장을 한 가이안 선사는 절을 벗어났다. 마을로 내려온 가이안 선사는 마을로 내려가서 촌장에게 자초지종을 설명했다. 얘기를 들은 촌장은 크게 기뻐했다. 가이안 선사는 혹시 모르니 절이 있는 산에는 올라가지 말라고 주의를 줬다.

지팡이를 벗 삼아 다시 길을 떠난 가이안 선사는 북쪽으로 올라갔다가 겨울이 다가오자 다시 방향을 남쪽으로 돌렸다. 그리고 첫눈이 내릴 무렵 마을에 다시 들렀다. 반갑게 맞이한 촌장이 융숭하게 저녁을 대접했다. 식사를 마친 가이안 선사가 촌장에게 물었다.

"뒷산의 주지 스님은 그 이후에 보신 적이 있습니까?"

질문을 받은 촌장이 고개를 저었다.

"그 이후에 다시 마을 근처로 내려오는 일은 없어졌습니다. 말씀하신 대로 절이 있는 쪽에는 얼씬도 하지 않고 있고요."

"별 일이 없었다니 다행입니다."

"그렇긴 합니다만 주지 스님의 모습을 못 본 지 오래돼서 걱정이 됩니다. 지난달에 나무를 하러 갔다가 길을 잃은 마을 사람이 사찰에서 이상한 소리가 나는 걸 들었답니다."

"그렇다면 내일 날이 밝는 대로 한번 가봐야겠습니다."

촌장의 이야기를 들은 가이안 선사는 다음 날 아침 절이 있는 산으로 올라갔다. 왕래가 끊긴 산길에는 풀들이 무성하게 자라나 있었고, 중간 중간 끊겨 있었다. 절 역시 작년보다 더 허물어져 있었다. 문짝들은 모두 사라졌고, 뜰에 자란 풀은 더 무성해졌다. 안으로 들어간 가이안 선사는 뒤뜰로 갔다. 키만큼 자란 풀 사이로 어스름한 그림자가 보였다. 지팡이로 풀을 헤치고 나아가자 놀라운 광경이 보였다. 푸른 두건을 쓴 주지 스님이 작년에 앉았던 자리에 그 자세 그대로 앉아 있었던 것이다. 이미 숨을 거둔 지 오래됐는지 퀭한 두 눈에 살은 쭈글쭈글 말라 있는 상태였다.

너무나 안타까워진 가이안 선사가 합장을 하면서 명복을 빌려는 찰나 귓가에 나지막한 소리가 들려왔다. 합장을 멈춘 가이안 선사는 귀를 기울였다. 그러자 희미하게 증도가를 외우는 소리가 들려왔다. 정확하게 그가 가르쳐 준 그 구절이었다. 그 사실을 확인한 가이안 선사는 분노와 슬픔으로 몸을 부르르 떨었다. 주지 스님은 끝끝내 애욕의 굴레를 벗어던지지 못해 숨이 끊어지고 육신만 남아서도 길을 찾지 못하고 방황하고 있었던 것이다. 어쩌면 그를 기다리고 있었던 것일지도 몰랐다. 번뇌 속에서 헤어나지 못한 주지 스님에 대한 안타까움에 코끝이 찡해진 가이안 선사는 지팡이를 번쩍 치켜들고 단숨에 주지 스님의 머리를 내리쳤다. 지팡이에 맞은 육신은 힘없이 바스러져서 뜰에 흩어졌다. 그 찰나에 굴레를 벗어난 듯한 짧은 웃음소리가 들린 것 같았다. 공손하게 합장을 한 가이안 선사는 푸른 두건을 챙겨 마을로 돌아왔다. 그리고 촌장에게 부탁해 마을 사람들과 함께 주지 스님의 육신을 수습한 뒤 부서진 절을 깨끗하게 수리하도록 했다. 일이 끝날 무렵 떠나려는 가이안 선사에게 촌장이 말했다.

"어쩌면 이것도 부처님의 뜻일지 모릅니다. 이 절에서 우리들에게 가르침을 주소서."

그렇게 해서 가이안 선사는 수리한 절에 머무르게 되었는데 늘 푸른 두건을 가지고 다녔다고 한다.

인간의 정염은 세상의 어떤 불로도 끄지 못한다고 한다. 그래서 평생 수행을 한 승려도 사랑에 빠지고 좌절을 겪자 괴물처럼 변해 버린 것이다. 이 이야기는 불교 계파 간의 다툼을 은유적으로 표현한 것이라는 해석도 있다. 하지만 중요한 것은 인간은 언제 어디서나 불완전한 존재라는 점을 직시했다는 것이다. 가이안 선사 역시 주지 스님처럼 누군가에게 한눈에 빠졌다면 과연 이 사랑을 잘못이라고 말할 수 있었을지 의문이다.

남자가 사랑할 때

두려움 없는 사랑

이 이야기는 에도 시대의 작가인 이하라 사이카쿠가 쓴 《남색 대감》에 나오는 이야기입니다. 원래 일본의 동성애는 헤이안 시대에 일부 귀족 사이에서만 유행했습니다. 하지만 오랜 내전을 거치면서 동료 혹은 부하와 지휘관 사이의 끈끈한 관계를 유지하기 위한 방편으로 무사들 사이에서 퍼져 나갔죠. 내전이 끝나고 에도 시대에 접어든 다음에도 슈도衆道라고 불리면서 상류층의 풍습이 되었습니다. 이런 풍습들은 가부키와 조루리를 통해 일반인에게 전파되면서 자연스럽게 자리 잡았습니다.

비가 오는 날이었다. 아카시(일본 효고현에 있는 도시)의 주군을 모시고 있던 사콘이라는 이름의 사무라이가 갑작스러운 비를 피해 길가의 버드나무 아래 서 있었다. 좀처럼 비가 그치지 않자 초조한 표정으로 하늘만 바라보던 그의 눈에 열서너 살쯤 되는 소년이 옆구리에 우산을 몇 개 끼고 걸어오는 게 보였다. 아직 햇볕에 제대로 타지 않은 뽀얀 얼굴의 소년은 매우 아름다웠다. 공손하게 인사를 한 미소년은 가지고 있던 우산을 건넸다.

"비 때문에 곤란하신 것 같은데 우산을 빌려드릴까요?"

"마침 필요했는데 잘 됐군."

미소년의 말에 사콘은 감사의 뜻을 표했다. 미소년은 옆구리에 끼고 있던 우산 두 개를 뽑아 함께 온 종자에게 건넸다. 사콘은 고맙다고 말하려다가 문득 비를 잔뜩 맞고 온 것이 궁금해졌다.

"왜 우산을 가지고 왔으면서 비를 고스란히 맞은 것이냐?"

그러자 미소년은 눈물을 뚝뚝 흘리면서 사연을 얘기했다.

"저는 나가사카 슈젠의 아들 고린이라고 합니다. 본래 아버지께서는 주군을 모시던 사무라이였습니다만 잘못을 저지르고 쫓겨나서 로닌이 되셨습니다. 그래서 온 가족이 아버지의 고향인 부젠

(현재 일본의 후쿠오카와 오이타)에 은거하려고 가는 중이었습니다. 그런데 로닌이 되신 아버지께서 상심이 크셔서 내내 앓다가 배 위에서 돌아가시고 말았습니다. 그래서 할 수 없이 이 마을에 내려서 장례를 치렀습니다."

"저런……."

이야기를 듣던 사콘이 혀를 찼다. 주군을 모시는 사무라이들은 일종의 월급쟁이였다. 매달 나오는 봉록으로 생계를 유지하고, 제공받은 집에서 가족들과 함께 살았다. 그러다 나이가 들면 자식에게 지위를 물려주고 은퇴했다. 아들이 없으면 데릴사위를 들였다. 그런 상황에서 죄를 짓고 쫓겨난다는 것은 세상이 무너지는 것이나 다름없었다. 물론 주군과 결별하는 경우가 있긴 하지만, 그때는 추천장을 받아서 다른 주군을 찾았다. 하지만 죄를 짓고 쫓겨나면 그야말로 오갈 데 없는 신세가 되는 것이다. 남의 일 같지 않은 기분이 든 사콘이 우울한 표정으로 얘기를 계속 들었다.

"장례를 치르면서 수중에 가진 돈을 모두 써버려 할 수 없이 이 마을에 눌러앉게 되었습니다. 어머니는 생계를 위해 우산을 만들어 파시는데 평생 안 하셨던 일이라 늘 힘들어하십니다. 그런데 어찌 제가 비를 피한다고 우산을 쓰고 다닐 수 있겠습니까?"

고린의 얘기를 들은 사콘은 딱한 사정을 동정해서 미소년이 들고 있던 우산을 넉넉한 값을 주고 사들인 다음에 종자를 시켜 집까지 바래다주게 했다. 극구 사양하던 고린은 몇 번이고 감사하다는 인사를 하고는 집으로 돌아갔다.

고린을 인상 깊게 본 사콘은 아카시로 돌아가서 주군에게 그 얘기를 했다. 흥미롭게 들은 주군은 사콘에게 고린과 그 어머니를 데려 오라고 지시했다. 주군의 부름을 받은 고린은 어머니와 함께 아카시로 왔다. 그리고 사콘의 소개로 주군을 만났다. 아직 앞머리도 밀지 않은 어린 미소년 고린과 30대를 넘어선 주군의 만남은 별다른 대화 없이 끝났다. 하지만 주군은 초롱초롱한 눈망울과 붉은 입술을 가진 고린에게 첫눈에 반했다. 고린은 곧 주군과 슈도, 즉 동성애로 맺어진 관계가 되었다.

고린이 주군의 총애를 받으면서 생활이 풍족해지자 어머니는 더 이상 우산을 만들지 않아도 되었다. 주군에 대한 고린의 총애는 나날이 깊어져서 거처인 천수각에 따로 방을 마련해 주고 한시도 떨어져 있지 않았다. 호위 무사들은 다정한 얘기를 속삭이는 두 사람을 지켜봤다.

문제는 고린의 성격이었다. 직설적이면서도 솔직한 그는 주군의 총애를 대수롭지 않게 여겼고, 비위도 잘 맞추지 않았다. 예를 들어 주군이 너를 위해서라면 목숨이 아깝지 않다고 하면 당연히 저도 그렇다고 맞장구를 쳐야 하는데 심드렁하게 대꾸했다.

"힘이 있다고 이렇게 윽박지르듯 얘기하는 것은 진정 사랑하는 것이 아닙니다. 저는 사랑하는 사람을 위해 목숨을 바칠 준비가 되어 있지만, 그게 주군님이라고 장담하지는 못하겠습니다."

기분이 상했어도 고린에 대한 애정이 깊었던 주군은 농담한 것으로 넘어가려고 했지만, 고린은 정색을 하고 결단코 농담이 아니라고 얘기했다. 다른 사람이었다면 당장 목이 날아가고도 남을 일이었지만, 주군의 사랑이 워낙 깊었기 때문인지 고집 하나는 높이 산다고 에둘러 얘기하고는 넘어가고 말았다.

이렇게 서로 다르지만 나름 행복할 것 같은 두 사람의 관계에 먹구름이 낀 것은 또 다른 남자 때문이었다. 주군을 모시는 사무라이의 아들 소하치로는 고린과 또래였다. 아버지를 따라 성에 드나들며 먼발치에서 고린을 본 소하치로는 한눈에 반했다. 그래서 자신의 마음을 담은 와카를 써서 몰래 보냈다. 나이 많고 소유욕이 강한 애인에게 싫증을 느꼈던 고린은 소하치로의 와카를 보고는 마음이 끌렸다. 고린이 답장을 보내면서 두 사람 사이에는 편지 왕래가 이어졌고, 결국 사랑으로 번졌다.

고린은 소하치로를 만나기 위해 대담한 방법을 썼다. 어머니에게 선물을 보내기 위한 상자를 들여오면서 그 안에 소하치로를 넣어 온 것이다. 소하치로가 들어 있는 상자를 들여놓는 데 성공한 고린은 저녁을 먹고 나서 배가 아프다는 핑계로 방으로 돌아왔다. 상자를 열고 소하치로와 대면한 고린은 다정한 얘기를 주고받으며 몸을 섞었다. 두 사람은 죽을 때까지 사랑하며 목숨을 걸고 서로를 지켜 줄 것을 맹세했다.

한편 고린이 저녁을 먹고 일찍 방으로 돌아가자 미심쩍게 생각한 주군은 가만히 방으로 갔다가 안에서 들려오는 소리를 들었다. 사랑하는 고린이 다른 사람과 함께 있다는 사실에 분노한 주군은

활을 집어 들고는 침입자가 있다고 소리를 쳤다. 그 소리를 들은 고린이 문을 열고 나와서 시위를 당기려는 주군의 옷소매를 붙잡았다.

"제 방에는 아무도 없습니다. 주군."

"분명히 소리를 들었다."

"아닙니다. 제가 몸이 안 좋아서 잠꼬대를 한 모양입니다. 맹세코 아무 일도 없으니 활을 내려놓으소서."

둘이 옥신각신하는 사이 방을 빠져나온 소하치로는 뜰로 뛰어내려 나무 뒤에 숨었다. 그리고 주군의 목소리를 들은 호위 사무라이들이 불을 밝히고 몰려오는 틈을 타서 담장을 넘어 무사히 도망쳤다. 주군은 호위 무사들과 함께 고린의 방을 샅샅이 살펴봤지만 침입자의 흔적을 찾지 못했다. 고린이 한시름 놓을 무렵, 호위 사무라이 중 한 명인 가나이 신페가 앞으로 나섰다.

"정원을 가로질러 이곳으로 오다가 담장을 뛰어넘는 자의 뒷모습을 봤습니다. 분명 사내가 틀림없었습니다."

사랑을 배신당했다고 믿은 주군의 분노는 맹렬했다. 당장 고문을 해서라도 자백을 받으라는 명령이 떨어졌고, 평소 주군의 총애를 독차지한 고린을 질시하던 젊은 호위 사무라이들은 가혹한 형벌을 내렸다. 하지만 고린은 끝끝내 소하치로의 정체를 밝히지 않았다. 며칠 동안의 가혹한 고문 끝에 고린은 주군 앞에 불려 갔다.

평소 아껴 왔던 마사무네(전설적인 장인 마사무네가 만든 일본도로 명검의 상징이다)를 든 주군은 앞에 끌려온 고린에게 물었다.

"마지막으로 묻겠다. 네 방에 있던 자의 정체가 무엇이냐?"

질문을 받은 고린은 무릎을 꿇고 한참 눈을 감고 있다가 별안간 미소를 지었다.

"평소에는 무슨 일이 있어도 지키고 아껴 준다 하시더니 질투에 눈이 머셨군요. 그동안 쌓아온 정이 있으니 어떤 처벌이라도 달게 받겠습니다. 그자의 이름은 제 가슴속에 묻겠습니다."

고린의 대답을 들은 주군은 마사무네를 휘둘렀다. 잘 벼려진 칼날은 고린의 왼쪽 손목을 단숨에 잘랐다.

"대답하지 않으면 목을 치겠다."

서슬 퍼런 주군의 호통에 지켜보고 있던 호위 사무라이들도 숨을 죽였다. 하지만 왼쪽 손목이 잘린 고린은 마치 고통을 느끼지 못하는 것 같은 표정으로 오른손을 내밀었다.

"이 손으로 사랑하는 사람의 몸을 더듬었습니다."

주군은 짧은 기합과 함께 고린의 오른쪽 손목도 잘라 버렸다. 잘린 손목에서 피를 펑펑 쏟으며 고린은 처연하게 말했다.

"벚꽃처럼 짧은 인생이었지만 사랑하는 사람과 꿈같은 시간을 보냈으니 아쉽지 않습니다."

말을 마친 고린은 주군이 목을 치기 쉽도록 고개를 떨어뜨렸다. 잠시 후 주군의 손에 고린의 목이 떨어졌다. 어리지만 당당하게 죽음을 맞이하는 고린의 모습을 본 호위 사무라이들은 크게 감탄했다. 피 묻은 마사무네를 든 주군은 고린의 시신을 묘복사라는 절에 안치하라는 명령을 내렸다.

고린이 두 손목이 잘리고 목이 떨어지면서까지 끝끝내 애인의 이름을 발설하지 않은 것은 충성과 의리를 목숨처럼 여기던 사무라이들에게 귀감이 되었다. 그래서 그를 싫어했던 사무라이들도 칭찬을 아끼지 않는 한편, 상대방의 정체를 궁금해했다. 그리고 애인의 죽음을 보고도 모습을 드러내지 않는 것을 비난했다. 하지만 소하치로는 겁을 먹고 도망친 게 아니라 복수의 기회를 노리고 있었다.

다음 달, 성에서 열린 행사에 참석한 소하치로는 애인 고린의 죽음에 책임이 있는 가나이 신페의 양 손목을 자르고 목을 베서 복수에 성공했다. 소하치로가 애인의 복수를 하고 종적을 감추자 사람들은 과연 서로 아끼고 사랑한 게 틀림없다고 감탄했다.

한편 아들을 잃은 고린의 어머니는 성에서 쫓겨나 묘복사로 추방당했다. 그곳에서 은거하던 그녀는 아들의 애인이 원수를 갚았다는 소식을 듣자 자신의 애통한 심경을 담은 유서를 남겨 놓고 고린의 무덤 앞에서 자결했다. 애틋한 사랑과 처절한 복수, 그것을 마무리 짓는 어머니의 슬픈 죽음에 관한 이야기는 방방곡곡으로 퍼져 나갔고, 묘복사는 이 소문을 듣고 모여든 사람들로 한동안 북적였다.

일본의 남색 풍습은 가부키에 영향을 미쳤다. 가부키는 무녀 오쿠니가 신사 보수공사 때 공양을 위해 춤을 춘 것에서 시작되었다. 처음에는 여자들이 남장을 하고 무대에 섰다. 하지만 무대에 선 여인들이 성매매를 하는 등 사회적인 문제가 일어나자 1629년, 막부는 가부키에 여인이 등장하는 것을 금지했다. 대신 13세에서 15세 정도 되는 미소년이 여장을 하고 무대에 서는 '와카슈 가부키若衆歌舞伎'가 인기를 끌었다. 하지만 관객이었던 사무라이나 승려들이 미소년들에게 눈독을 들이면서 남색 대상이 되었다. 결국 1652년에 막부는 미소년이 무대에 서지 못하도록 하는 금지령을 내리면서 가부키 배우는 성인 남자로만 구성되었다. 그러면서 전보다 연극적 요소가 많이 가미된 '야로 가부키野郎歌舞伎'가 오늘날까지 이어지고 있는데, 성인 남자 배우가 여자 역할과 어린 아이 역할도 같이한다. 한마디로 남색 풍습 탓에 가부키 배우들의 나이가 제한된 것이다.

가부키에 미소년이 등장하는 것을 금지했다고 해도 풍속에는 영향을 미치지 않은 것 같다. 1719년(숙종 45), 당시 통신사 제술관이었던 신유한은 일본에 대한 40편의 글을 지어 조정에 보고했는데, 그중 기괴하게 생각했던 것이 바로 남창의 존재였다. 보고에 따르면 남창은 나이가 10대 초중반에서 20대 초반 남자들로, 머리와 외모를 꾸미는 자태가 웬만한 여자들보다 뛰어났다고 한다. 그는 귀족과 무사들이 그들에게 많은 재물을 쓰는데, 간혹 다른 남자와 바람이 나면 용서하지 않고 죽인다면서 혀를 내둘렀다.

연인을 만나기 위해

후리소데 화재

도쿠가와 이에야스가 모든 경쟁자들을 물리치고 도쿠가와 막부를 열면서 에도는 일약 대도시로 거듭나게 됩니다. 새조차 둥지를 틀지 않는다고 했을 정도로 황무지였던 에도는 백만이 넘는 인구가 북적거리는 곳이 되었고, 온갖 사건 사고들이 일어났죠. 그중에서 에도 사람들이 가장 두렵게 생각했던 것은 바로 화재와 지진이었습니다. 일본은 지진이 많이 발생했기 때문에 나무로 집을 짓는 경우가 많았습니다. 덕분에 지진에는 잘 견뎠지만 화재에는 취약했습니다. 거기다 종이로 만든 창호지와 짚으로 만든 다다미까지 있어서 불이 나면 번지는 것은 시간 문제였습니다. 이로써 에도는 주기적으로 화재를 겪었기 때문에 '에도의 꽃은 싸움구경과 불구경'이라는 말까지 나돌았습니다. 발생할 때마다 많은 인명과 재산 피해를 낸 화재 덕분에 에도의 목수는 늘 일거리가 끊이지 않았다고 합니다. 후리소데 화재 혹은 메이레키 대화재는 에도에서 일어난 화재 중 가장 규모가 크고 많은 인명 피해를 낸 사건입니다.

아사쿠사 스와초에서 가면을 파는 장사꾼의 딸인 오기쿠가 그를 만난 것은 매년 에도에서 열리던 마쓰리였다. 일 년에 한 번 열리는 마쓰리는 바깥출입이 힘들었던 여인들은 물론, 하루 종일 일만 하던 상점 점원과 일꾼도 손꼽아 기다리는 날이었다. 특히 결혼 적령기에 접어든 남녀가 마쓰리에서 눈이 맞는 경우도 많았다. 그녀 역시 미혼 여성들이 입은 기모노의 일종인 후리소데를 입고 나왔다. 그러다 먼발치에서 마쓰리를 구경하던 또래의 남자에게 반해 버렸다. 그녀의 나이 17살 때의 일이었다.

사랑을 담은 가슴으로 집으로 돌아온 그녀는 그와 결혼하고 싶다고 어머니를 졸랐다. 딸의 간청에 어머니는 아버지에게 넌지시 말했지만, 아버지는 딱 잘라 안 된다고 말했다. 마쓰리에 얼굴을 내놓고 구경할 정도라면 분명 평범한 집안의 자식일 것이라는 이유 때문이었다. 오기쿠는 울고불고 간청했지만 아버지는 요지부동이었다.

한술 더 떠서 외출 금지령이 떨어지자 상심한 오기쿠는 그날부터 시름시름 앓았고, 결국 1월 18일에 한을 품은 채 세상을 떠났다. 그때야 아버지는 후회했지만, 때는 이미 늦고 말았다. 오기쿠의 장례는 부모님이 슬퍼하는 가운데 혼묘지라는 절에서 치러졌다. 당시 일본의 장례 풍습에는 고인이 아끼던 옷을 관에 덮게 되어 있었다. 어머니는 오기쿠가 마쓰리 때 입고 나갔던 후리소데를 관 위에 덮었다.

그녀의 부모님이 집으로 돌아가자 절에서 일하던 일꾼들이 슬금슬금 나타났다. 그리고 약속이나 한 듯 오기쿠가 묻혀 있는 관을 파내고 후리소데를 꺼낸 다음 헌 옷을 취급하는 상점에 팔아넘겼다. 당시 옷감은 특히 비쌌기 때문에 옷은 계속 재활용되었다. 가난한 사람은 헌 옷 가게에서 사서 입었고, 더 이상 못 입을 정도로 낡으면 다른 색으로 염색을 해서 두건으로 만들었다. 그리고 두건으로 쓸 수 없을 정도로 망가지면 찢어서 게다를 매는 끈이나 걸레로 만들었다. 그런 판국이니 값비싼 후리소데를 그냥 놔둘 리가 없었다. 넉넉하게 값을 받은 일꾼들을 그 돈으로 술을 마시고 흥겹게 놀았다.

절의 일꾼들이 넘긴 후리소데는 금방 새 주인을 찾아갔다. 가난한 부모님이 딸을 위해 장만한 것이다. 하지만 이 후리소데를 입은 딸이 갑자기 급사해 버렸다. 우연찮게도 오기쿠가 죽은 1월 18일에 벌어진 일이었다. 슬픔에 젖은 부모는 딸이 입은 후리소데를 팔았고, 이번에도 다른 사람이 사서 딸에게 입혔다. 하지만 그 딸도 그다음 해인 1657년 1월 18일에 세상을 떠나고 말았다. 3년 동안 연달아 세 명의 소녀가 죽은 셈이다.

혼묘지에서 치러진 장례식에 오기쿠의 장례식에서 일했던 일꾼들도 와서 일하게 되었다. 그들은 죽은 여인의 후리소데를 알아보고 겁에 질렸다. 전전긍긍하던 일꾼들은 스님에게 이 사실을 알렸다. 사연을 들은 스님은 후리소데에 죽은 오기쿠의 염원과 저주가 담겨 있기 때문에 연거푸 죽음이 일어났다고 믿었다. 그래서 스님은 저주받은 후리소데를 없애기로 결심하고, 뜰에 불을 피워놓고 독경을 했다. 그리고 일꾼들에게 후리소데를 불 속에 던져 버리라고 했다. 반쯤 불타던 후리소데는 마치 나비처럼 훨훨 날아서 혼묘지의 본당 지붕에 떨어졌다. 불은 순식간에 본당을 태우고 사찰은 물론, 에도 전체로 번져 나갔다. 당시 에도는 겨울 내내 비가 오지 않아서 매우 건조한 상태였고, 때마침 강한 북서풍까지 불고 있었다. 각 지역의 소방대가 총동원되어서 화재를 진압하려고 했지만 실패하고 말았다. 불은 에도의 3분의 2를 잿더미로 만들고 나서야 겨우 꺼졌다.

불은 주택가를 비롯해 시장과 관청, 지방 번주들이 올라와서 머물던 저택과 에도 성까지 태워 버렸다. 이 화재로 인한 사망자는 무려 십만 명이 넘었고, 이재민과 피해액의 숫자는 정확한 집계조차 불가능했다. 막대한 인명 피해를 낸 이 화재는 후리소데 화재 혹은 당시의 연호를 따서 메이레키 대화재라고 불렸다.

후리소데 화재에 얽힌 기담은 반쯤은 창작일 가능성이 높지만, 실제로 연인을 만나기 위해 일을 낸 아가씨도 존재한다. 이하라 사이가쿠가 쓴 《호색오인녀》라는 소설에는 사랑하는 연인을 만나고자 충동적으로 사고를 치는 아가씨가 등장한다. 주인공은 채소

가게 주인의 딸인 열여섯 살 오이치이다.

12월 추운 어느 날, 누군가 난방을 하다가 불을 냈는지 큰불이 났다. 오이치는 어머니와 함께 근처의 절로 피난을 갔다. 다른 피난민들과 함께 숨을 돌리고 있던 찰나 기치사부로라는 한 젊은이가 모녀 앞에 나타났다.

역시 불을 피해 사찰로 온 그는 주군을 모시는 사무라이 집안의 자식으로 오이치와 동갑인 열여섯 살이었다. 기치사부로는 불을 피해 도망치다가 넘어지면서 기둥을 짚는 바람에 손가락에 가시가 박혔는데, 집게로 빼려고 했지만 자꾸만 실패하자 가시를 뽑아 줄 사람을 찾아 나선 것이었다. 사정을 전해 들은 오이치의 어머니가 나섰지만 나이가 들어 눈이 침침해진 탓에 뽑지 못했다. 결국 딸인 오이치가 나섰다. 오이치는 기치사부로의 손에 박힌 가시를 손쉽게 뽑아냈다.

그러는 와중 그녀는 동갑의 근사하게 생긴 기치사부로에게 푹 빠졌고, 그 역시 또래의 소녀에게 한눈에 반하고 말았다. 원래대로라면 말도 섞을 일이 없을 정도로 신분의 차이가 컸지만, 불을 피해 사찰에 모여든 탓에 자유롭게 만날 수 있었다. 하지만 사무라이 계급인 기치사부로는 스님의 방에서 기거했기 때문에 생각보다 자주 만날 수는 없었다. 두 사람은 서로의 마음이 담긴 편지를 주고받으며 사랑을 키워 갔다. 그러다가 스님이 자리를 비운 틈을 노려 오이치는 몰래 기치사부로가 머물던 방에 들어가 밤을 보냈다.

하지만 두 사람의 연애는 오이치의 어머니에게 들통이 났다. 두 사람의 신분 차이가 너무나 커서 첩으로조차 들어가기 어려웠고, 어머니는 딸이 언감생심 딴 마음을 품을까 겁이 난 나머지 그녀를 끌고 집으로 돌아갔다. 그리고 외출을 금지시켰다.

하지만 두 사람은 하녀를 통해 편지를 주고받으면서 서로를 그리워했다. 급기야 농부로 위장한 기치사부로가 채소를 판다는 명목으로 채소 가게에 들렀다가 몰래 오이치를 만나기도 했다. 하지만 사랑에 불타오르던 열여섯 살의 그녀에게는 이런 식의 만남이 성에 차지 않았다. 어떻게 하면 마음 편하게 기치사부로를 만날 수 있을까 고민하던 그녀는 어느 날 무릎을 쳤다.

'지난번처럼 불을 내면 사람들이 사찰로 모여들겠지? 그럼 기치사부로를 편하게 만날 수 있잖아.'

그녀는 당장 으슥한 골목에 옷가지를 모아놓고 불을 질렀다. 하지만 불길은 곧 소방대에게 진화되었고, 현장에 있던 그녀도 체포당했다. 화재에 취약했던 에도는 방화든 실화든 가리지 않고 당사자를 엄격하게 처벌했다. 오이치 역시 그런 처벌을 벗어날 수 없었다. 결국 사랑하는 사람을 만나기 위해 불을 질렀던 그녀는 그 대가로 목숨을 잃게 되었다.

졸지에 연인을 잃은 기치사부로는 상심한 나머지 그녀의 무덤 앞에서 자결을 하려다가 사람들에 의해 실패로 돌아가고 말았다. 결국 기치사부로는 그녀의 명복을 빌기 위해 사무라이의 길을 포기하고 승려가 되기로 결심했다. 사랑이 낳은 어처구니없는 에피

소드는 이렇게 비극으로 끝나고 말았다.

어마어마한 피해를 낸 덕분에 후리소데 화재에는 온갖 이야기들이 따라붙었다. 후리소데에 얽힌 기담은 물론이고, 도쿠가와 막부에서 에도를 재개발하기 위해 일부러 불을 냈다는 소문까지 날 지경이었다. 후리소데에 얽힌 기담 역시 당시 뒤숭숭한 민심을 다스리기 위해 막부 측에서 일부러 혼묘지를 끌어들였다는 뒷이야기가 있다. 실제로 이 거대한 불을 낸 사람을 처벌하라는 요구가 강했지만, 막부에서 혼묘지의 승려들을 처벌할 수 없다고 하면서 흐지부지되었다. 이 화재는 네로 황제 시절 로마의 대화재, 1666년 런던 대화재와 더불어 세계 3대 화재로 손꼽힌다.

후리소데 화재, 혹은 메이레키 대화재라고 불리는 이 사건은 많은 사람들에게 절망과 상처를 안겨 주었다. 하지만 대화재로 잿더미가 된 에도를 재건하기 위해 몰려온 일꾼들을 위해 음식점이 문을 열면서 음식문화가 발달하는 계기가 되었다.

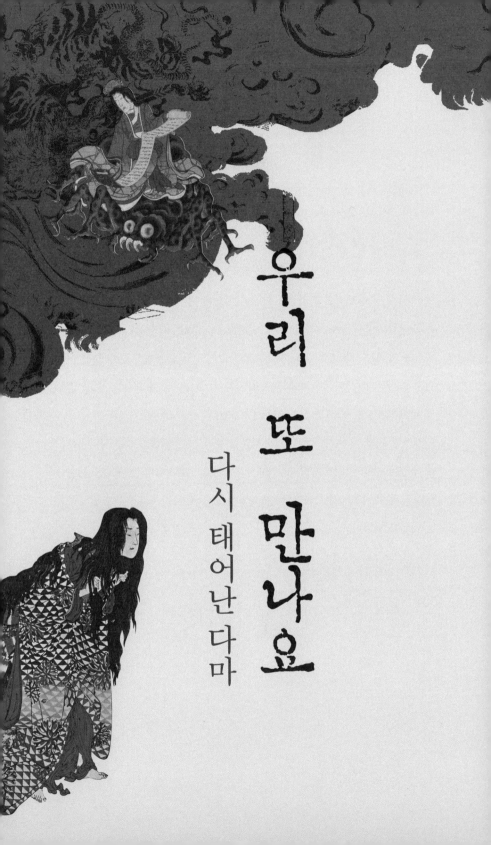

우리 또 만나요

다시 태어난다마

영화 〈번지 점프를 하다〉에는 사고로 헤어진 연인이 환생하여 다시 만나게 되는 상황이 등장합니다. 사람이 환생한다는 지극히 동양적이고 불교적인 사고 방식에 사랑이라는 인연이 더해지면서 나온 이야기입니다. 연인들이 불가피한 이유로 헤어졌다가 한쪽이 죽은 이후에 재회하거나 환생을 통해 만나게 되다는 이야기는 우리나라는 물론, 중국과 일본에 널리 퍼진 기담입니다. 사랑하는 사람을 현재의 생애가 끝난 다음에도 만나고 싶다는 열망이 남긴 발자국인 셈이죠.

그녀는 돈 많은 상인을 아버지로 두었다. 남녀 교제가 비교적 자유로운 일본에서도 결혼을 앞둔 하코이리무스메, 즉 부잣집 처녀의 경우는 바깥출입은 물론, 연애도 하지 못했다. 그녀 역시 부모님의 사랑을 듬뿍 받고 자랐으며 외동딸이기 때문에 더욱 애지중지 길러졌다. 그녀는 진주처럼 귀하다고 해서 '다마'라고 불렸다. 왼쪽 목덜미에 자그마한 사마귀가 있다는 것을 뺀다면 외모는 완벽했다. 거기다 어린 시절부터 악기 연주는 물론, 꽃꽂이와 다도를 배워서 몸에 익혔고, 예의범절도 배웠다.

부모님은 다마에게 집안의 격에 맞는 혼처를 찾기 위해 몸가짐을 단정히 하라는 얘기를 수도 없이 했다. 어느덧 다마가 16살이 되면서 적당한 혼처를 찾아 나섰다. 하지만 눈에 넣어도 아프지 않을 딸의 배우자로 적당한 집안이 보이지 않았다.

어느 날 다마가 사는 마을에 다이묘를 모시던 사무라이였던 로닌과 그의 아들 하야시가 나타났다. 하야시의 아버지는 데라코야 (에도 시대 일본의 서민 교육기관으로 우리나라의 서당에 해당)를 열어 아이들을 가르치는 것으로 생계를 연명했다. 아버지는 한때 사무라이였다는 자존심을 버리고 마을 사람들과 잘 어울렸다. 특히 비가 오는 날에는 목욕탕에 들러 바둑을 두면서 친분을 쌓았다. 아들 하야시 역시 아버지만큼이나 바둑 두는 솜씨가 뛰어났다. 그러다가 아버지가 병으로 세상을 떠나자 아들인 하야시가 데라코야를 이어받았다. 비록 스무 살의 젊은 나이였지만, 아버지에게 배운 글 솜씨가 뛰어났기 때문에 학생들은 줄지 않았다.

바깥출입은 물론이고 마쓰리에 나가는 것조차 금지된 다마는 답답해하던 차에 집에 찾아온 하야시와 마주쳤다. 바둑이 취미인 다마의 아버지가 하야시의 솜씨가 뛰어나다는 얘기를 듣고는 불러들인 것이다. 두 사람은 툇마루에 앉아서 바둑을 두었다.

호기심에 이끌린 그녀는 문틈으로 살짝 밖을 내다봤다. 단정하고 차분한 몸가짐에 사내다운 하야시의 모습을 본 그녀는 한눈에 사랑에 빠졌다. 하야시는 그녀가 지켜보는 걸 아는지 모르는지 바둑을 두고 떠났다. 사랑의 열병을 앓게 된 그녀는 어찌할 바를 몰랐다. 그런 그녀를 달랜 것은 어릴 때부터 돌봐준 유모였다. 그녀의 얘기를 들은 유모는 묘안을 짜냈다.

"며칠 후에 주인마님과 안주인마님께서 산에 있는 사찰로 기도를 드리러 가시지 않습니까? 그때 몰래 하야시 님을 불러들이는 건 어떨까요?"

그 이야기를 들은 다마는 부모님이 사찰로 떠나기만을 손꼽아 기다렸다. 그리고 부모님이 떠나자마자 유모를 하야시의 집으로 보냈다. 유모의 방문을 받은 하야시 역시 자신을 엿보던 다마의 아름다운 모습을 기억하고는 쾌히 승낙했다.

그날 밤, 등불을 든 유모가 뒷문에서 기다리고 있다가 하야시가 찾아오자 얼른 안으로 안내했다. 마침내 만나게 된 두 사람은 오랜 연인처럼 자연스럽게 얘기를 주고받으면서 사랑을 나눴다. 사랑을 속삭이면서 밤을 보낸 두 사람은 새벽이 되자 아쉬운 이별을 하게 되었다. 하야시는 다음 날에도 유모의 도움으로 다마의 방으로 들어갈 수 있었다. 그러나 밀회는 다마의 부모가 돌아오면서 끝나고 말았다.

하지만 사랑에 푹 빠진 다마의 눈에는 아무것도 보이지 않았다. 결국 그녀는 유모가 살짝 열어놓은 뒷문으로 빠져나와 하야시의 집으로 향했다. 역시 그녀를 만나지 못해 애태우던 하야시는 한밤중에 유카타 차림으로 찾아온 다마를 반갑게 맞이했다.

한편 딸이 달콤한 사랑에 빠진 줄 모르고 있던 아버지는 서둘러 혼처를 찾았고, 결국 적당한 집안을 찾아냈다. 다마는 이런저런 핑계를 대면서 혼인을 미루려고 했지만 아무 소용이 없었다. 고민하던 그녀는 밤중에 하야시를 찾아갔다.

"아버님이 제 뜻을 무시하고 혼인을 시킬 것 같습니다. 하지만 이제 저는 몸도 마음도 하야시 님의 것입니다. 부디 저를 데리고 멀리 도망쳐 주시옵소서. 평생 모시고 살고 싶습니다."

하야시 역시 그녀에 대한 사랑이 깊어진 상태였기 때문에 함께 야반도주를 하기로 했다.

하지만 딸의 행동을 수상쩍게 여긴 아버지는 유모를 추궁했고, 유모는 아무것도 모른다고 잡아뗐지만 다른 하인이 입을 여는 바람에 들통이 나고 말았다. 아버지는 하인들을 거느리고 하야시의 집으로 찾아가 강제로 딸을 데려갔다.

집으로 돌아온 아버지는 다마를 한바탕 꾸짖은 후에 방에서 한 발자국도 못 나오게 했다. 그리고 자신에게 거짓말을 한 유모를 쫓아냈다. 하야시는 집에 찾아와서 그녀를 만나게 해 달라고 간청했지만 거절당하고 말았다. 오히려 하야시에게 마을에서 떠나라고 윽박질렀다.

"아무리 철이 없다고 한들 넘보지 말아야 할 것이 있느니라. 감히 내 딸을 넘보고도 이 마을에서 살 수 있을 줄 알았느냐?"

아버지의 위세에 눌린 마을 사람들이 자식들을 데라코야에 보내지 않으면서 하야시는 결국 마을을 떠나야만 했다.

연인이 그렇게 비참하게 쫓겨났다는 사실을 전해들은 다마는 그날로 드러눕고 말았다. 병세가 깊어졌지만 아버지는 하야시를 만나기 위한 수작이라고 생각하고 개의치 않았다. 그러다가 딸이 정말로 아프다는 사실을 깨닫고는 서둘러 하야시를 찾기 위해 사람들을 풀었다. 하지만 하야시의 행방은 어디에서도 찾을 수 없었다.

한편 하야시는 발길 닿는 대로 몇 년 동안 떠돌아다닌 뒤 강가에 작은 오두막을 짓고 물고기를 잡으면서 세월을 보냈다. 그러던 어느 날, 새벽에 일어나서 낚싯대를 드리우려고 하는데 안개가 밀려왔다. 코앞도 보기 어려울 정도로 자욱한 안개 속에서 다마가 불쑥 모습을 드러냈다. 그러고는 놀란 하야시에게 말했다.

"당신이 마을을 떠난 후에 저는 마음에 상처를 입고 드러눕게 되었습니다. 그때야 아버지께서는 제 진심을 깨닫고 하야시 님의 행방을 수소문했지만 찾을 수가 없었답니다. 저는 죽더라도 하야시 님의 얼굴을 보고 죽겠다는 생각에 부모님 몰래 집을 빠져나와 당신을 찾아 헤맸습니다. 포기하고 돌아가려고 했는데 이렇게 만나다니 정말 꿈만 같습니다."

말을 마친 다마는 하야시의 품에 안겨 서럽게 울었다. 하야시는 다마를 다독거리면서 따뜻한 위로의 말을 건넸다. 그러다 문득 궁금해졌다.

"그런데 내가 여기 있는 줄은 어떻게 알았소?"

고개를 든 다마가 대답을 하려는 찰나 갑자기 안개가 걷히면서 그녀가 사라져 버렸다. 놀란 하야시는 주변을 두리번거리며 그녀의 이름을 부르짖다 꿈에서 깨어났다. 숨을 헐떡거린 하야시는 꿈이라는 사실을 깨달았지만, 그러기에는 너무나 생생했다.

이상한 생각이 든 하야시는 서둘러 마을로 돌아갔다. 몇 날 며칠 밤낮으로 걸어서 마을에 도착한 그는 충격적인 소식을 들었다. 애타게 연인을 기다리던 다마가 결국 세상을 떠나고 말았다는 것이다. 죽은 그녀의 혼령이 자신을 찾아온 것을 뒤늦게 깨달은 하야시는 크게 탄식했다. 그리고 속세를 떠나 출가를 하기로 결심했다. 남은 생애를 그녀의 명복을 빌면서 보내기로 한 것이다. 그 길로 근처 사찰로 찾아간 하야시는 머리를 깎고, 불경을 공부하며 틈틈이 그녀를 위해 기도했다.

'부디 그녀가 다음 생에서는 아픔 없이 행복하게 살게 해 주소서.'

사찰에서 몇 년 동안 수행한 그는 전국을 다니면서 수행하며 불법을 전하기로 결심하고 행각승이 되었다. 10년 넘게 전국을 떠돌던 어느 날 하야시는 그녀와의 추억이 담긴 마을을 찾아갔다. 한때 마을 제일의 부자였던 다마의 집안은 그녀의 죽음 이후 급속하게 몰락했고, 아버지는 비참한 죽음을 맞이한 상태였다. 폐허가 된 집 앞에서 한참 명복을 빌던 그는 다시 길을 떠났다.

어느 추운 겨울날, 하야시는 산속에서 길을 잃고 말았다. 눈을 헤치면서 인가를 찾아 헤매던 그의 눈에 아른거리는 불빛이 보였다. 간신히 그곳까지 찾아간 하야시는 문을 두드렸다. 그러자 텁석부리 수염을 한 사내가 한쪽 다리를 절뚝거리며 나왔다.

"저는 불법을 수행하는 행각승입니다. 산속에서 길을 잃었는데 하룻밤만 재워 주시면 감사하겠습니다."

사내는 마땅찮은 눈으로 쳐다봤지만 하야시가 거듭 간청을 하자 안으로 들어오는 것을 허락했다. 집 안에는 열대여섯 살쯤 된 것으로 보이는 소녀가 이로리(방 안에 있는 화덕)에 장작을 넣고 있는 중이었다. 벽에는 칼과 창을 비롯한 온갖 무기들이 걸려 있었다. 하야시는 당연히 사냥으로 먹고사는 사냥꾼일 거라고 짐작했다. 사내는 하야시에게 도마(마루를 깔지 않고 바닥이 흙으로 된 방. 우리나라 전통주택의 봉당과 비슷하다)를 내주고 화로 옆으로 가서 술을 마셨다. 하야시는 처음에는 둘이 부부인 줄 알았지만 나이 차이도 많이 나 보였고, 소녀가 울면서 애원하는 모습을 보고 의아하게 생각했다. 잠시 후 술에 취한 사내가 곯아떨어졌는지 코를 고는 소리가 들렸다. 하야시도 잠을 청하려는 찰나 방문을 연 소녀가 소곤거리는 소리가 들렸다.

"스님, 이 틈을 타서 도망치세요. 안 그러면 큰일 납니다."

"그게 무슨 소립니까?"

하야시가 반문하자 소녀가 파랗게 질린 얼굴로 말했다.

"사실 저는 여기서 50리쯤 떨어진 마을에 살고 있었습니다. 아버지가 갑자기 돌아가셔서 장례를 치르는 중에 도적들이 쳐들어 와서는 재물을 약탈하고 저를 납치했습니다."

"그럼 여기가 도적들의 소굴이란 말이요?"

그때야 비로소 벽에 걸린 무기들이 사냥용이 아니라 사람들을 약탈하기 위한 무기였다는 사실을 깨달은 하야시는 모골이 송연해졌다.

"그렇습니다. 다른 도적들은 멀리 약탈을 하러 떠났고, 마침 다리를 다친 저자만 남아 있던 겁니다. 소녀도 이 기회를 노려 도망치려고 했는데 마침 큰 눈이 내려 발이 묶여 있었습니다. 이러다 다른 도적들이 오면 큰일 납니다."

하야시는 떨고 있는 소녀를 진정시키고 조심스럽게 밖으로 빠져나왔다. 그리고 서둘러 눈길을 헤치고 산 아래로 내려갔다. 밖은 아직 어두웠지만 달이 떠 있어서 그럭저럭 움직일 수 있었다. 당장이라도 도적이 뒤쫓아 와서 칼을 휘두를 것 같은 기분에 두 사람은 쉬지 않고 길을 걸어 해가 뜰 무렵 산을 내려올 수 있었다.

하야시는 지칠 대로 지친 그녀를 업고 집으로 찾아갔다. 하야시가 그녀를 업고 나타나자 집을 지키고 있던 늙은 어머니는 너무나 기뻐했다. 하야시로부터 설명을 듣고 어머니는 거듭 절을 하면서 감사함을 표시했다.

"남편을 잃고 하나밖에 없는 딸도 납치를 당해 하루하루가 지옥이나 다름없었습니다. 딸을 데리고 와 주시다니 너무나 감사합니다."

그런데 감사함을 표시하는 어머니의 모습이 낯익었다. 그녀 역시 하야시를 알아보는 듯 했다.

"혹시 하야시 님이 아니십니까?"

"맞습니다. 어떻게 제 이름을 아셨습니까?"

하야시의 반문에 그녀가 대답했다.

"저를 못 알아보시겠습니까? 다마 아씨의 유모입니다."

놀란 하야시에게 그녀가 사연을 털어놨다.

"다마 아씨와 하야시 님이 만나고 있다는 사실을 숨겼다는 이유로 저 역시 쫓겨나고 말았습니다. 다행히 다른 집에 하녀로 들어갔다가 좋은 인연을 만나 이 마을에 정착하게 된 겁니다. 그리고 저 아이를 낳게 된 것이죠."

"어찌 이런 인연이……."

하야시가 입을 다물지 못하자 그녀는 잠깐만 기다리라고 하고는 딸을 데리고 들어왔다. 새 기모노를 입고 단정하게 머리를 빗은 그녀의 모습을 본 하야시는 충격을 받았다. 그런 하야시에게 그녀의 어머니가 말했다.

"아이가 자라면서 제가 모시던 다마 아가씨와 너무나 닮아 갔습니다. 그래서 저 아이의 이름도 다마라고 지었답니다."

"맙소사."

하야시는 다마의 왼쪽 목덜미를 살펴봤다. 그러자 검은 사마귀가 보였다. 하야시는 떨리는 목소리로 물었다.

"이 아이가 언제 태어났습니까?"

다마가 언제 태어났는지 얘기를 들은 하야시는 그날이 바로 강가에서 꿈을 꾼 날이었음을 깨달았다. 충격을 받은 하야시에게 다마의 어머니가 말했다.

"세상에 이렇게 기이하고도 아름다운 인연이 어디 있겠습니까? 다마 아씨는 항상 저에게 농담처럼 다음 생에는 저의 딸로 태어나고 싶다고 입버릇처럼 말씀하셨답니다. 거기다 하야시 님과 이렇게 만나다니 이거야말로 생과 사를 뛰어넘는 인연이 아니겠습니까?"

"어찌 이런 일이 있을 수 있는지 기가 막힐 따름입니다."

"어쩌면 오늘의 만남 역시 예정된 인연인지 모릅니다. 속세를 떠나 출가하신 몸이라는 것은 알고 있지만 환속을 하셔서 전생의 인연을 이어 가심이 어떠신지요?"

그녀의 부탁을 들은 하야시는 난색을 표했다.

"하지만 저는 이제 사십이 가까운 몸이고 따님은 이제 꽃다운 나이입니다. 청을 거두어 주소서."

"아닙니다. 나이가 무슨 소용이 있겠습니까? 돌아가신 부군께서 부지런하신 탓에 땅이 제법 됩니다. 우리 셋이 열심히 일하면 굶지는 않을 것이니 부디 저의 부탁을 들어주십시오. 마침 제 딸도 하야시 님이 위기에서 구해 주신 은혜에 깊이 감격해서 기꺼이 부부의 연을 맺기로 했답니다."

그녀의 간곡한 설득에 하야시는 마침내 환속을 하고 다마와 부부의 연을 맺었다. 그리고 예전처럼 데라코야를 열어서 아이들을 가르치는 한편, 열심히 농사를 지었다. 비록 나이 차가 많이 나는 부부였지만 둘은 너무나 잘 어울렸다. 그래서 사람들이 부부가 너무 다정하다고 물으면 하야시는 쑥스러운 표정으로 이렇게 대답했다고 한다.

"우리 부부는 전생부터 이어진 운명이었거든요."

영화 〈번지 점프를 하다〉에서 서로의 마음을 확인한 두 사람은 다음 생에서 만날 것을 약속하며 번지 점프를 한다. 사랑하는 연인이 생애를 뛰어넘어 서로를 알아보고 만난다는 기담은 신분 차별에 묶여 맺어지지 못했던 세상 모든 연인들의 갈망을 담고 있다.

요괴

요괴와 맞선 칼

눈먼 스님의 요괴 퇴치

활의 조선, 창의 중국, 칼의 일본이라는 말이 있습니다. 루스 베네딕트가 일본에 관한 책을 쓸 때 지은 제목이 바로 '국화와 칼'이라는 점도 그런 사실을 뒷받침합니다. 이렇게 칼은 일본을 상징하는 무기이자 문화입니다. 잘 만들어진 칼은 단순한 도구가 아니라 그것을 소지하고 있는 사람을 상징하는 동시에 신으로 숭배되기도 했습니다. 좋은 칼은 주인을 지켜 준다고 믿었고, 악한 칼은 주인을 해치고 지배하려 든다고 믿었던 것이죠. 이 이야기는 위기에 빠진 주인을 구한 칼 이야기입니다.

조선 시대의 맹인들이 점을 치거나 악기를 연주하여 연명했던 것처럼 일본의 맹인들도 침이나 안마, 혹은 비파를 연주하는 것으로 생계를 이어 갔다. 이들은 대부분 사찰에 의지했기 때문에 머리를 깎고 승복을 입었다. 아무래도 이곳저곳을 떠돌기에는 승려가 되는 것이 편했기 때문이다.

이 이야기의 주인공인 스님 역시 어린 시절에 시력을 잃고 비파를 연주하는 것으로 생계를 이어 갔는데, 제법 실력이 있는 탓에 제자까지 두게 되었다. 주로 교토에서 활동하던 그는 낙향한 귀족의 부름을 받고 제자와 함께 길을 떠났다. 그러다 길을 잘못 들고 말았다. 날은 어두워지는데 여관은 고사하고 인적조차 드문 산골짜기에서 길을 잃은 것이다. 스님은 겁에 질린 제자를 다독여 길가의 낡은 불당에서 하룻밤을 보내기로 했다. 처마에는 거미줄이 슬었고 문도 모두 없어졌지만, 그럭저럭 묵을 만한 곳이었다. 제자가 불당 안에 잠자리를 마련하자 스님은 주머니에서 꺼낸 부적을 문가에 올려놓고 안으로 들어갔다. 눈이 보이지는 않지만 밤과 낮 정도는 구분할 수 있었기 때문에 해가 떨어진 것을 알았다.

제자가 불당 앞에 피워 놓은 모닥불이 거의 꺼질 무렵, 어둠 속에서 발자국 소리가 들렸다. 스님은 비파를 끌어안은 채 막 잠들려는 제자를 깨웠다. 이윽고 어둠 속에서 모습을 드러낸 것은 인근 마을의 아낙네였다. 수수한 기모노 차림에 어린아이를 등에 업은 여인은 공손하게 합장을 하고는 스님에게 말했다.

"불빛이 있어서 와봤더니 길을 잃은 모양이군요. 여기는 밤이 되면 맹수들이 많이 다니는 곳입니다. 누추하지만 저희 집으로 모시고 싶습니다."

여인의 얘기에 제자는 반색을 했지만 스님은 수상하다는 느낌이 들었다. 눈이 보이지 않는 대신 다른 감각기관이 발달한 덕분이었다. 특히 스님의 신경이 쓰인 것은 냄새였다. 시골 특유의 거름이나 흙냄새 대신 기이한 냄새가 풍겨 온 것이다. 스님은 정중하게 거절했다.

"말씀은 고맙습니다만 여기도 불편하지 않습니다. 괜히 폐를 끼치고 싶지 않으니까 이만 돌아가시지요."

여인은 몇 번이고 집으로 모시겠다고 했지만 스님은 완강하게 거절했다. 여인이 부처님을 모신 불당으로 들어오지 않는 점도 수상적었다. 그러자 여인은 할 수 없다는 듯 한숨을 쉬고는 등에 업고 있던 아이를 품에 안은 채 말했다.

"그렇다면 제 아이에게 부처님의 좋은 말씀을 들려주실 수는 있겠습니까?"

"그건 어렵지 않지요. 아이를 안고 불당 안으로 들어오십시오."

"아무리 스님이라고는 하지만 아녀자가 어찌 외간 남자가 있는 곳에 들어갈 수 있겠습니까? 죄송한데 나와서 받아주시면 안되겠습니까?"

"제가 눈이 보이지 않아서 나갈 수가 없습니다. 안으로 들어오시지요."

스님과 여인이 끝없이 옥신각신하자 지켜보고 있던 제자가 나섰다.

"그럼 제가 아이를 안고 불당 안으로 들어가겠습니다."

"하지 말거라."

스님이 제자를 말렸지만 소용없었다. 제자가 포대기에 쌓인 아이를 안자마자 여인이 홀연히 사라져 버렸다. 놀란 제자가 그 사실을 스님에게 말했다.

"아이를 놓고 얼른 불당 안으로 들어오너라."

"하지만 어찌 아이를 놓고……."

제자가 어찌할 바를 모르고 있는 사이 포대기 안의 아이는 갑자기 무럭무럭 자라났다. 하지만 얼굴은 인간이 아닌 요괴의 얼굴이었다. 놀란 제자가 스님에게 도움을 요청하려고 했지만, 요괴에게 물리고 말았다. 제자의 비명을 들은 스님은 움찔했지만 눈이 보이지 않아서 도와줄 수 없었다. 제자의 피가 문 위에 놓은 부적에 튀면서 글씨를 지우고 말았다. 그러자 제자를 물어 죽인 요괴는 기이한 소리를 내면서 불당 안으로 들어오려고 했다.

그 순간 스님이 품에 지니고 있던 짧은 칼이 저절로 빛을 내더니 칼집에서 빠져나갔다. 그러고는 불당 안으로 들어오려던 요괴를 단숨에 두 동강 내고 말았다. 요괴는 비명을 지르면서 불당 앞에 넘어졌다. 스님은 요괴를 베고 돌아온 칼을 손에 쥐었다. 밖에서 기이한 소리가 나면서 무언가가 불당 안으로 들어오려고 했지만, 그때마다 요괴를 벤 칼이 손을 박차고 나가서 쫓아냈다. 그러는 사이 날이 밝아오면서 요괴들도 물러났다.

한숨을 돌린 스님은 더듬거리며 밖으로 나와서 지팡이에 의지하여 길을 걸어갔다. 일단 마을로 가서 이 사실을 알리고 제자의 시신을 수습해야겠다 생각하고는 부지런히 걸었다. 얼마쯤 걸었을까? 갑자기 발소리가 나더니 낯선 남자의 목소리가 들렸다.

"스님! 온몸에 피가 묻어 있는데 무슨 일이 있었던 겁니까?"

스님은 지팡이를 짚은 채 어젯밤에 겪은 일들을 얘기했다. 그러자 남자가 무릎을 쳤다.

"아이고, 거기는 요괴들이 나온다고 해서 마을 사람들도 가지 않는 곳입니다. 제자분은 안타깝지만 스님이라도 무사하셨으니 다행입니다. 조금만 가면 제가 사는 마을이니까 일단 가서 좀 쉬시지요."

"감사합니다."

지칠 대로 지쳐 있던 스님은 남자를 따라 다리를 건너 마을로 들어섰다. 시끌벅적하고 사람들이 오가는 소리가 들리는 것을 봐서는 제법 규모가 큰 마을인 것 같았다. 마을 사람들은 걸음을 멈추고 스님에게 인사를 했다. 자신을 촌장이라고 소개한 남자는 스님을 자신의 집으로 데려가 안채에 모셨다. 소문을 듣고 마을 사람들이 제법 몰려왔는지 주변이 왁자지껄했다. 촌장이 스님에게 물었다.

"요괴한테 당하지 않은 게 그 칼 덕분이라고 하셨죠? 구경 한 번 해도 되겠습니까?"

"그거야 어렵지 않죠."

촌장과 마을 사람들의 친절에 감동한 스님이 선선히 대답하면서 칼을 건네주려고 했다. 그러다 문득 이상한 생각이 들었다. 험하고 외진 산속에 사람들이 이렇게 많은 마을이 있다는 점이 의심스러웠고, 무엇보다 아이들의 목소리가 들리지 않는 것이 수상했다. 칼을 도로 움켜잡은 스님이 말했다.

"미안하지만 보여 줄 수 없소이다."

그러자 촌장이 아까와는 다른 험악한 목소리로 말했다.

"순순히 내놓지 않으면 죽이고 나서 뺏겠다."

다른 목소리까지 합세하여 죽이라는 외침이 들렸는데 개중에는 어젯밤에 불당에 찾아왔던 여인의 목소리도 끼어 있었다. 스님이 못 본다는 점을 이용해서 자신들을 해치는 칼을 빼앗으려고 한 게 분명했다.

자리를 박차고 일어난 스님은 품속에 넣었던 칼을 꺼냈다. 그러자 칼은 이번에도 칼집을 박차고 날아가더니 주변의 요괴들을 무찔렀다. 스님을 해치려던 요괴들은 칼에 베이고 찔린 채 하나둘씩 쓰러졌다. 결국 견디지 못한 요괴들이 사방으로 흩어졌지만, 칼은 하나도 남김없이 죽이고 나서야 도로 칼집에 꽂혔다. 정신을 차린 스님은 손으로 주변을 더듬거렸다. 그러자 기둥과 벽 대신 무덤과 비석들이 잡혔다. 그리고 차츰 해가 뜨는 것이 느껴졌다.

'이것들이 아직 밤인데도 낮인 것처럼 나를 속였구나. 이 칼이 아니었다면 목숨을 부지하지 못했을 것이다.'

안도의 한숨을 쉰 스님은 지팡이를 이용해서 요괴들의 근거지인 묘지를 빠져나갔다. 스님이 가지고 있던 짧은 칼은 헤이안 시대 이름난 장인인 산조 고카지 무네치카가 만든 것으로, 요괴를 쫓아내는 힘을 가지고 있었다.

창과 도끼가 아닌 유독 칼에 불가사의한 힘이 들어가 있다는 믿음은 어디에서 온 것일까? 조선 시대에도 사인검이라 하여 호랑이의 간지가 겹치는 시간대에 만드는 검이 악귀를 물리친다고 했다. 사실 전쟁터에서 칼은 그다지 쓸모 있는 무기가 아니다. 하지만 지휘관이 주로 사용했기 때문에 사람들의 눈에 특별하게 비쳤을 것이다. 검이 원령이나 요괴를 퇴치한다는 기담들 역시 칼에 특별한 힘이 있다는 믿음이 만들어 낸 산물일 것이다.

귀신들의 행진

백귀야행 이야기

한밤중에 떠들썩한 행렬이 지나가는데 그들이 사람이 아니라 요괴들이라면 목격자들은 어떤 기분이 들까요? 백귀야행에 관한 기담들을 읽으면 '공포의 집결판'이라는 생각이 듭니다. 중국이나 우리나라에서도 귀신들이 무리를 짓는 일이 종종 있지만, 이렇게 도시 한복판을 당당하게 걷는 일은 드뭅니다. 오직 일본에서만 이런 귀신들의 행진을 볼 수 있답니다. 일본의 기담들은 중국과 우리나라에서 많은 영향을 받았지만, 백귀야행같이 다른 나라에서는 볼 수 없는 독특한 기담들도 많습니다. 이것은 아마도 일본인이 가지고 있는 공포에 대한 감성이 우리나라나 중국과는 다른 측면이 있기 때문이 아닐까 합니다. 백귀야행은 귀족 문화가 절정에 달했던 헤이안 시대에 탄생해 무사들의 전쟁으로 혼란스러웠던 시대를 거쳐 에도 시대에 전해집니다. 평화가 전쟁으로 바뀌면서 사람들은 내면의 공포를 소화시킬 존재를 찾게 되었고, 이로써 백귀야행의 기담이 탄생하고 전래된 것이 아닌가 추측합니다. 일본의 기담, 나아가 일본의 공포를 이해하는 데 백귀야행 만큼 좋은 소재는 없습니다.

일본에서 백귀야행 기담이 나타난 것은 오늘날의 교토를 중심으로 귀족 문화가 꽃을 피웠던 헤이안 시대이다. 헤이안쿄라고 불리던 교토는 넓은 길과 궁궐, 큰 기와집들이 들어선 도시였다.

하지만 헤이안쿄의 거주민들은 백성이나 귀족 가릴 것 없이 특정한 날짜와 시간이 되면 바깥출입을 하지 않고 문을 잠갔다. 바로 도심지를 활보하는 원령들의 무리를 피하기 위해서였다. 구체적으로 정월과 2월의 첫 번째 자일子日, 3월과 4월의 오일吾日, 5월과 6월의 사일巳日, 7월 8월의 술일戌日, 9월과 10월의 미일未日, 마지막으로 11월과 12월의 진일辰日은 백귀야행일이라고 해서 해가 떨어지면 밖으로 나가지 않았다. 만약 밖에 나갔다가 백귀야행 무리와 만나면 죽음을 면치 못한다는 공포 때문이었다. 특히 사람들의 왕래가 잦은 길이나 다리, 교차로에 출몰하기 때문에 이곳은 반드시 피해야 한다고 전해진다.

그렇다면 불가피하게 백귀야행의 무리와 마주친다면 살아날 방법은 없었을까? 물론 있었다. 불경을 암송하거나 특별한 주문을 외우면 살아날 수 있다는 얘기가 전해진다. 이것은 우리나라에서와 마찬가지로 외부에서 들어온 불교가 토착 신앙보다 우위에 서는 과정을 은유적으로 보여 주고 있다고 추측된다.

일본의 제60대 천황인 다이고 천황이 다스리던 시대, 헤이안쿄에 쓰네모리라는 젊은이가 살고 있었다. 귀족 집안에 태어난 그는 다이나곤이라는 관직을 맡고 있었다. 오늘날의 차관급에 해당되는 이 직책은 천황을 보좌하고 간언을 올리며, 명령을 전달하는 역할을 맡았다.

세상에 부러울 게 없는 그에게도 비밀이 하나 있었으니 바로 은밀히 정을 통하는 여인이 있다는 것이다. 하지만 쓰네모리의 부모가 그녀를 만나는 것을 탐탁지 않게 여겨 밤중에 몰래 찾아가야만 했다. 일본에서는 남자가 사랑하는 여인의 집에 몰래 찾아가 밤을 보내는 풍습이 있는데, 이를 요바이라고 불렀다. 지금처럼 카페나 노래방, 모텔이 없던 시대이니 이런 방식의 연애가 가장 합리적일지도 모르겠다. 여류 작가인 무라사키 시키부가 이 시대를 배경으로 쓴 《겐지 모노가타리》라는 소설에도 요바이 풍습이 자세하게 나와 있다.

조정의 중신이긴 했어도 혈기왕성한 젊은이였던 그는 그날 밤에도 연인을 만나러 갈 준비를 했다. 아버지 몰래 가야 했기에 떠들썩하게 사람을 대동할 수 없어서 어린 시동 한 명과 말을 끄는 마부 한 명만 데리고 갔다. 출발 직전 마부가 걱정스러운 표정으로 말했다.

"오늘은 백귀야행일입니다. 내일로 미루시는 게 어떻겠습니까?"

하지만 사랑에 눈이 멀어 있던 쓰네모리는 오히려 큰 소리를 쳤다.

"기껏 귀신 따위가 무서워서 약속을 취소할 수는 없다."

그리고 시동에게 등불을 들게 하고 마부에게는 고삐를 잡게 하고 길을 떠났다.

하지만 백귀야행일이어서 그런지 평소에는 등불을 밝히고 떠들썩하게 장사를 하던 술집들은 모두 문을 굳게 닫았고, 길을 오가던 행인들도 보이지 않았다. 불길한 기분이 들었지만 오기가 생긴 쓰네모리는 길을 재촉했다. 궁궐의 문 중 하나인 비후쿠몬을 지난 쓰네모리는 빨리 연인을 만나고 싶은 생각에 마부와 시동을 거듭 재촉했다.

얼마쯤 갔을까? 갑자기 스산한 바람이 불더니 길 저편에서 횃불들이 오는 게 보였다. 횃불을 든 사람들이 웅성대는 소리가 가까이 들리자 덜컥 겁이 난 쓰네모리는 마부를 채근해서 말머리를 돌리게 했다. 하지만 횃불을 든 행렬은 금방 따라붙었다. 겁에 질린 쓰네모리에게 마부가 말했다.

"이대로 가다가는 붙잡히고 말 겁니다. 저쪽에 신센엔이 있으니 그곳으로 가서 몸을 숨기십시오."

"너희들은?"

"저희같이 천한 것들이 어찌 신센엔에 들어갈 수 있겠습니까? 골목길에 숨어 있다가 지나가면 모시러 오겠습니다."

그렇게 해서 마부 및 시동과 헤어진 쓰네모리는 신센엔으로 들어섰다. 신센엔은 간무 천황이 헤이안쿄를 만들 때 관청 남쪽에 있는 늪지를 개간해서 만든 정원으로, 천황과 귀족들이 종종 들려서 호수에 배를 띄우고 뱃놀이를 즐기거나 잔치를 벌이는 곳이었다. 신센엔의 북쪽 문으로 들어간 쓰네모리는 문을 굳게 닫고 숨을 죽였다.

그렇게 한숨 돌리자 슬슬 호기심이 생긴 쓰네모리는 문틈으로 바깥을 내다봤다. 횃불을 든 행렬이 지나가는데 하나같이 사람들이 아니었다. 눈이 하나만 있는 놈, 개의 머리를 한 놈, 커다란 원숭이같이 생긴 놈, 거기다가 입이 귀까지 찢어지고 뿔이 난 놈까지 다들 흉악한 귀신의 형상을 하고 있었다. 쓰네모리는 잘못 본 게 아닌가 싶어서 눈을 비비고 다시 봤다. 하지만 분명 사람이 아닌 귀신의 무리들이었다.

'저들은 사람이 아니라 오니의 무리구나.'

기껏해야 간 큰 도적떼나 불한당 정도로만 생각했던 쓰네모리는 그때야 오늘이 마부가 얘기한 백귀야행일이라는 사실을 떠올리고는 저도 모르게 다리를 떨었다.

본래 오니는 신처럼 떠받들어졌지만 언제부터인가 요괴로 인식되었다. 커다란 방망이를 들고 사람들을 해치거나 괴롭히는 오니는 본래 사람이었다가 어떤 원한 때문에 변한 것이라고 믿어졌다. 어릴 때부터 길러 준 유모로부터 오니 이야기를 들었던 쓰네모리는 어찌할 바를 몰랐다. 설상가상으로 백귀야행의 행렬을 이끌던 우두머리 오니가 문 앞에서 걸음을 멈추는 게 아닌가. 다른 오니들보다 월등하게 큰 덩치에 쇠뿔같이 큰 뿔을 머리에 달고 허리에는 호랑이 가죽을 걸친 놈이었다. 코를 쿵쿵거리던 우두머리 오니가 말했다.

"이 근처에서 인간의 냄새가 나는 것 같아. 어떤 멍청한 놈이 오늘이 우리의 날이라는 것을 잊은 모양이구나. 누가 가서 그놈을 잡아오너라. 갈기갈기 찢어서 나눠 먹자꾸나."

그러자 오니 중 발이 하나밖에 없는 놈이 "네." 하고 대답하더니 쏜살같이 달려왔다. 겁에 질린 쓰네모리는 허둥지둥하다가 정원의 나무 사이에 납작 엎드려서 벌벌 떨었다. 쿵쿵대며 하나밖에 없는 발로 뛰어온 오니는 신센엔의 북쪽 문을 활짝 열고 안으로 들어왔다. 그러고는 쓰네모리가 숨어 있는 바로 앞까지 왔다. 당장이라도 들킬 것 같아서 심장이 터질 것 같고 숨이 막혀 왔지만, 다행히 외발 오니는 다시 무리로 돌아갔다.

"아무것도 없습니다. 대장."

"그럴 리가 없다. 어이! 네가 가봐라."

"네."

간드러진 목소리가 대답하는 소리가 들렸다. 고개를 살짝 든 쓰네모리는 다가오는 요괴를 보고는 입을 다물지 못했다. 붉은색 기모노를 입고 오비(허리띠)를 단정하게 맨 모습에 사람인가 했는데 얼굴이 없었다. 아니, 얼굴은 있는데 눈과 코가 없었다. 길게 찢어진 입만 있었는데 치아를 검게 물들인 탓에 두드러져 보였다.

"저건 오하구로 벳타리 아닌가."

검은 치아를 드러낸 채 히죽거리며 다가온 오하구로 벳타리는 쓰네모리가 엎드려 있는 곳 주변을 빙빙 돌았다.

"분명 이 근처인 것 같은데 도통 보이지 않네."

몇 번이고 중얼거린 오하구로 벳타리도 결국 그를 찾지 못하고 행렬로 돌아갔다. 한숨 돌리려는 찰나 우두머리 오니의 목소리가 들렸다.

"바보 같은 것들. 내가 직접 가서 잡아오겠다."

잠시 후 커다란 덩치의 우두머리 오니의 모습이 보였다. 시퍼런 안광을 번뜩이는 두 눈과 이빨 사이로 보이는 시뻘건 혓바닥까지 꿈에 볼까 무서운 모습이었다. 신센엔으로 들어온 우두머리 오니는 짐승 같은 소리를 내면서 주변을 두리번거렸다. 그러다 쓰네모리가 있는 곳까지 곧장 다가왔다. 이제는 진짜 끝이라고 생각한 쓰네모리는 저도 모르게 불경을 외웠다. 그가 숨어 있는 곳 코앞까지 다가온 우두머리 오니가 갑자기 겁을 먹은 목소리로 중얼거렸다.

"존승다라니의 가호를 받고 있는 놈이군. 그래서 보이지 않았던 거야."

그러고는 뒤도 돌아보지 않고 무리들에게 돌아갔다. 존승다라니는 일본 진언종의 경문으로, 이것을 외우면 수명이 길어지고 병을 물리친다고 믿어졌다. 쓰네모리 역시 진언종을 믿는 유모를 통해 알고 있었다. 그러는 사이 날이 밝았는지 희뿌연 빛이 보였다. 그러자 오니들은 우왕좌왕하다가 하나둘씩 사라졌다. 우두머리 오니 역시 온데간데없이 모습을 감췄다.

간신히 위기를 넘긴 쓰네모리에게 마부와 시동이 찾아왔다. 두 사람의 도움으로 집으로 돌아온 쓰네모리는 고열에 시달리면서 그대로 드러눕고 말았다. 며칠 동안 끙끙 앓던 쓰네모리는 병문안을 온 늙은 유모에게 그날 밤에 겪은 일들을 이야기했다. 그러자 유모가 놀란 표정으로 말했다.

"실은 큰 스님이신 제 오라버니께서 지난번에 집에 놀러오셨다가 도련님을 보더니 제게 존승다라니경을 써서 옷깃에 꿰매어 놓으라고 하셨습니다. 연유를 물어봐도 대꾸를 안 하셨는데 아마 이번 일을 예견한 게 아닌가 싶습니다."

유모의 얘기를 들은 쓰네모리는 그날 입었던 옷을 살펴봤다. 과연 옷깃 안에 존승다라니경을 적은 쪽지가 꿰매어 있는 게 보였다. 큰 스님 덕분에 위기를 넘긴 쓰네모리는 며칠 동안 앓아누웠지만, 유모의 정성 어린 간호 덕분에 곧 회복할 수 있었다.

위의 얘기는 비교적 이른 시기에 남겨진 백귀야행 관련 기담이다. 시간이 흐르면서 전혀 다른 성격의 기담들도 탄생했다. 전국을 떠돌면서 불법을 닦는 행각승이 셋쓰노쿠니에서 겪은 일이다.

길을 잃은 행각승은 머물 곳을 찾다가 류센지라는 낡은 절을 발견했다. 한때는 번창했지만 어떤 이유에선가 지금은 스님들이 전혀 살지 않는 곳이었다. 낡은 대문을 열고 안으로 들어선 행각승은 불상을 모시는 본당으로 들어갔다. 불상은 어디론가 사라지고 좌대만 덩그러니 남아 있었다. 행각승은 처마 밑의 거미줄을 걷어내고 대충 청소를 했다. 그리고 우메보시를 넣은 주먹밥으로 배를 채우고 잘 준비를 했다.

막 눈을 감으려는 찰나 밖에서 웅성대는 소리가 들리더니 횃불이 가득했다. 눈을 뜬 행각승은 도적떼가 나타난 줄 알고 서둘러 피하려고 했다. 하지만 사찰 안으로 들어온 자들은 눈이 하나밖에 없거나 얼굴이 아예 없는 등 평범한 인간이 아니었다. 바로 오니, 즉 요괴들이었다.

놀란 행각승은 백귀야행의 무리들이 나타났다는 사실을 깨닫고 숨을 만한 장소를 찾았지만 마땅한 곳이 없었다. 설상가상으로 오니들은 곧장 본당 쪽으로 다가왔다. 최후를 직감한 행각승은 좌대 위에 올라가 가부좌를 튼 다음 부동명왕의 염불을 외웠다. 밀교에서 섬기는 부동명왕은 수행자들을 보호하고 악을 처단하는 역할을 한다.

이윽고 본당의 문이 열리고 백여 마리에 달하는 오니들이 안으로 들어섰다. 하나같이 흉측하고 괴이해 보였는데, 개중 우두머리로 보이는 오니는 뿔이 하나에, 눈도 하나밖에 없어서 특히 무서운 모습이었다. 본당을 차지한 오니들은 떠들썩하게 지껄이면서 자기네끼리 놀았다. 하지만 좌대 위에서 부동명왕의 염불을 외우는 행각승은 보지 못하는 듯했다. 행각승이 안심하려는 찰나, 우두머리 오니가 하나밖에 없는 눈동자를 굴리면서 행각승을 똑바로 바라봤다.

"내 자리에 누가 앉아 있나 했더니 새로운 부동명왕상이 오셨나 보군. 미안하지만 여긴 내 자리라서 실례해야겠습니다."

그러더니 행각승을 한 팔로 번쩍 들어 본당의 처마 밑으로 옮겨 놨다. 행각승은 두려움에 온몸을 떨었지만 침착함을 유지했다. 본당 안에서는 여전히 오니들이 웃고 떠들었다. 도망치고 싶었지만 그랬다가는 무슨 일이 일어날지 몰라서 꾹 참고 부동명왕의 염불만 외웠다. 식은땀으로 온몸이 젖어오는데 어느 틈엔가 해가 떠올랐다. 날이 밝자 오니들도 사라졌는지 떠드는 소리가 더 이상 들리지 않았다.

간신히 한숨을 돌린 행각승은 주변을 둘러보다가 깜짝 놀랐다. 분명히 류센지 본당의 처마 밑에 있었는데 전혀 엉뚱한 장소에 있었던 것이다. 류센지는 물론이고, 주변 풍경도 낯설었다. 간신히 정신을 가다듬은 행각승은 말을 타고 지나가는 행인에게 물었다.

"여기가 대체 어딥니까?"

"어디긴요. 히젠노쿠니죠."

행인은 별 걸 다 물어본다는 투로 대꾸하고는 가던 길을 갔다. 셋쓰노쿠니는 오늘날 오사카 지역에 있었던 곳이고 히젠노쿠니는 사가 현이었으니 떨어져도 한참 떨어진 곳이었다. 어안이 벙벙해진 행각승은 그나마 부동명왕 덕분에 살아날 수 있었다며 조용히 합장을 했다.

이렇듯 백귀야행 무리와 관련된 기담들은 수도 없이 많다. 그렇다면 이들은 왜 깊은 산속이나 폐가, 혹은 자신이 살던 장소가 아닌 큰길을 활보하고 다녔을까? 그것은 길가의 돌과 나무, 다리에도 영혼이 있을 것이라는 일본인 특유의 믿음이 구체화된 것이 아닐까 싶다.

아울러 관련 학자들은 이들이 오니가 아니라 도적떼가 아닐까 하는 추측을 내놓는다. 즉 평범한 백성들이 약탈을 하고 살인을 저지르는 도적떼를 오니처럼 나쁜 귀신으로 여겼던 것이 점차 기담으로 발전했다는 것이다. 이런 추측이 가능한 이유는 오니들이 횃불을 들었다는 점이다. 그렇다면 쓰네모리가 이들을 보고 피한 이유 역시 오니가 아니라 도적떼라고 생각했기 때문은 아닐까? 물론 도적떼건 백귀야행의 무리건 모두 위험하기는 마찬가지였지만 말이다.

하지만 두 번째 백귀야행 기담처럼 이들을 단순하게 도적으로만 보기에는 어려운 측면이 있다. 따라서 백귀야행은 오랜 세월 축적된 것들이 다양한 방식으로 풀어지고 재창조되면서 수많은 기담으로 탄생되었다고 보는 게 정확할 것 같다.

목이 자유자재로 늘어나는 요괴

로쿠로쿠비 이야기

일본에는 목이 길게 늘어나거나 혹은 목이 몸통과 분리되는 요괴가 등장하는
기담이 많이 있습니다. 목이 도르래처럼 길게 늘어나는 요괴를 로쿠로쿠비라
고 합니다. 여기서 로쿠로는 일본어로 도르래를 뜻합니다. 그리고 로쿠로쿠비
중 몸통과 분리되는 요괴는 누케쿠비라고 부릅니다. 로쿠로쿠비의 경우 대부
분은 자신의 목이 늘어나는지 모르는 경우가 많습니다. 로쿠로쿠비에 대한 목
격담을 보면 당사자가 깊은 잠에 빠져 있을 때 수증기가 피어오른 상태에서 목
이 늘어나고 잠에서 깨어날 기미를 보이면 정상으로 돌아온다고 합니다. 이것
을 다른 사람이 목격하는 것이 대부분이고, 직접적인 위협을 가하는 경우는 없
습니다. 반면 목이 떨어져 나가는 누케쿠비는 인간을 위협하는 일이 종종 있
었다고 합니다. 그렇다면 어떤 연유로 이들은 목이 늘어나고 떨어져 나가게 된
걸까요? 로쿠로쿠비로 변신하는 경우는 전생에 어떤 잘못을 저질렀거나 혹은
억울한 사연이 있는 경우가 대부분입니다. 이번에 소개할 기담 역시 그런 사연
을 담고 있습니다.

깊은 밤, 남녀가 바쁘게 계곡의 산길을 걸어가고 있었다. 횃불을 들고 앞장선 남자는 머리를 깎고 승복을 입은 승려였고, 뒤따르는 여성은 화장을 곱게 하고 기모노를 잘 차려입었다. 인적이 끊긴 산길에는 두 사람의 게다 소리만 들렸다. 먼저 지친 쪽은 여인이었다. 보따리를 품에 안은 채 걷던 여인이 길가의 바위를 보자 그곳에 주저앉았다.

"조금만 쉬었다가요."

"그럴 시간 없어. 얼른 일어나!"

횃불을 든 스님이 무뚝뚝하게 대꾸하자 여인이 신경질적으로 쏘아붙였다.

"다리가 아파서 못 걷겠다고요."

그러자 스님도 할 수 없이 근처의 바위에 앉았다. 스님의 이름은 가이진, 동행하는 여인의 이름은 오요쓰였다.

마을의 부잣집 며느리였던 오요쓰는 불공을 드리기 위해 절에 갔다가 가이진 스님을 만났다. 비록 머리를 깎았지만 잘생긴 가이진 스님에게 오요쓰는 한눈에 빠졌다. 그 이후 오요쓰는 갖은 핑계를 대고 절을 드나들면서 스님을 유혹했다. 가이진 스님 역시 출가를 했다고는 하지만, 남자였기 때문에 그녀의 유혹에 넘어가고 말았다. 두 사람은 유부녀와 출가한 승려라는 각자의 신분을 잊고 정을 통했다.

하지만 길면 꼬리가 잡히는 법. 아내의 불륜을 눈치챈 남편의 추궁이 이어지자 오요쓰는 집안의 패물을 훔쳐 가이진 스님과 함께 야반도주를 했다. 처음에는 에도나 교토 같은 대도시로 가서 함께 살려고 했지만, 남편과 시아버지의 추격이 이어지자 처음 계획을 포기하고 멀리 도망쳐야만 했다. 그러면서 두 사람 사이에서 갈등도 조금씩 커졌다. 남들의 눈을 피해 잠깐씩 만났을 때와는 달리 하루 종일 붙어 있으면서 서로의 단점이 보이기 시작한 것이다. 거기에 추격당하고 있다는 불안감까지 겹치면서 두 사람 사이는 차츰 멀어져 갔다.

가이진 스님은 숨을 몰아쉬면서 앉아 있는 오요쓰를 노려봤다. 분명 가지고 있는 재물이 더 있는 것 같은데 돈이 다 떨어졌다고 거짓말을 하는 게 틀림없었다. 그러다가 적당한 틈을 타서 홀로 도망칠 게 뻔했다. 그렇게 되면 자기만 추격자에게 잡혀 곤욕을 치루는 일이 벌어질 것 같았다. 짜증과 의심이 머리끝까지 차오른 가이진 스님은 벌떡 일어나서 그녀에게 다가갔다.

"이렇게 도망 다니다가는 끝이 없겠어."

"그럼 어떡해요?"

"가진 돈 있지? 그걸로 가마꾼을 사서 북쪽으로 가자."

"돈 없다고 했잖아요."

앙칼진 그녀의 대답에 가이진 스님은 이성을 잃고 말았다. 그녀

의 멱살을 움켜잡은 가이진 스님은 산길 옆의 낭떠러지로 그녀를
끌고 갔다.

"네년 때문에 내 인생이 이 모양이 됐는데 뭐가 어쩌고 어째?"

스님은 공포에 질린 그녀를 절벽으로 힘껏 떠밀어 버렸다. 그녀
는 두 팔을 허우적거리며 어둠속으로 떨어졌다. 바닥에 부딪혔는
지 부서지는 소리가 들렸지만, 곧 어둠에 파묻혔다. 땀에 젖은 이
마를 손등으로 훔친 가이진 스님은 땅에 떨어진 횃불을 집어 들
고 길을 걸어갔다.

그로부터 17년 후, 본의 아니게 속세로 나왔던 가이진 스님은
머리를 기르고 일반인처럼 살았다. 그리고 상점 점원부터 행상까
지 닥치는 대로 일을 하면서 연명했다. 그러다 우연찮게 길을 나
서게 되었는데, 하필이면 오요쓰를 떠민 계곡을 지나게 되었다.
감회에 젖은 그는 걸음을 늦추었고, 결국 해가 떨어지면서 근처의
하타고야(에도 시대의 여관)에 머물게 되었다.

등을 환하게 밝히고 있던 여관에 들어서자 여종업원과 주인이
공손하게 인사를 했다. 방을 잡은 그가 잠깐 쉬고 있자 여종업원
이 세숫물을 가지고 왔다. 얼굴과 손발을 씻자 다른 종업원이 간
단한 식사를 가지고 왔다. 허기가 진 그는 정신없이 젓가락질을
하다가 문득 식사를 가져온 여종업원을 쳐다봤다. 10대 중반쯤
되어 보이는 그녀는 뽀얀 살결을 가진 미녀였다. 흑심을 품은 그
가 계속 바라보자 여종업원도 배시시 웃었다. 그는 일부러 식사

를 늦게 하면서 그녀에게 이것저것 물었다. 그녀는 종업원이 아니라 여관 주인의 딸이었고, 올해 나이가 열여섯 살이라고 대답했다. 그녀도 그의 관심이 싫지 않은지 자리를 뜨지 않고 이야기를 나눴다. 그러는 사이 여관 주인이 인사를 하러 오자 그녀는 양말을 빤다며 일어섰다. 자리를 뜨기 전 그녀는 밤에 찾아오겠다고 은밀히 속삭였다. 이후 그는 주인과 잠깐 대화를 나눴다.

"예전에 제가 여길 지났을 때는 이런 여관이 없었던 것 같은데 언제 세우신 겁니까?"

"가만 있자. 제 딸이 태어났을 때 즈음이니까 16년 정도 되었습니다."

"그러면 그전에는 어떤 일을 하셨는지요?"

"나무꾼이었습니다. 부지런히 일해서 모은 돈으로 여관을 차린 것이지요."

밤이 깊어지자 여관 주인이 자리를 떴다. 벽장에서 꺼낸 이불을 펴고 눕자 잠시 후 미닫이문이 열리는 소리가 들렸다. 여관 주인의 열여섯 살 난 딸이 찾아온 것이다. 가이진은 이불로 파고든 그녀를 힘껏 끌어안았다. 격렬한 정사가 끝나고 기분 좋게 잠든 그는 이상한 기분에 눈을 떴다. 방 안이 온통 연기로 가득 차 있었다. 그리고 천장에는 목이 길게 늘어난 채 자신을 내려다보는 오요쓰의 얼굴이 있었다. 옛날 기억이 떠오른 그가 깜짝 놀라자 오요쓰가 원망 어린 표정으로 말했다.

"나를 절벽으로 밀어 놓고도 잘못을 뉘우치지 않다니 참으로 뻔뻔합니다."

"미, 미안하오."

가이진 스님은 손이 발이 되도록 빌었다. 그러자 분노가 누그러졌는지 오요쓰의 얼굴은 스르륵 사라져 버렸다. 그런데 그녀의 머리가 들어간 곳은 다름 아닌 옆에 누워 있던 여관 주인 딸의 몸이었다. 길게 늘어난 머리가 도로 붙자 오요쓰의 얼굴은 딸의 얼굴로 변했다.

놀란 가이진 스님은 날이 밝자마자 주인에게 이 사실을 알렸다. 그러자 주인은 뜻밖의 사실을 털어놨다.

"사실은 17년 전에 계곡 아래로 나무를 하러 갔다가 어떤 여인이 피를 흘리면서 쓰러져 있는 걸 발견했습니다. 그 여인은 저를 보더니 살려 달라고 애원했는데 가만히 살펴보니까 돈을 제법 가지고 있었답니다. 그래서 여인의 목을 졸라 죽인 다음에 파묻고 돈만 챙겼습지요. 그리고 그 돈으로 이 여관을 차린 겁니다."

주인의 이야기를 들은 가이진 스님은 그 여인이 다름 아닌 오요쓰였다는 사실을 깨닫고 크게 놀랐다.

"하지만 그 업보 탓인지 이듬해 태어난 딸이 저렇게 목이 늘어나는 로쿠로쿠비로 변신을 합니다. 놀라게 해서 죄송합니다."

미안하다고 사과하며 연신 머리를 조아리는 주인의 앞에서 가이진 스님은 망연자실했다. 자신의 잘못이 오랜 세월 동안 또 다른 죄악을 불러오고, 그것이 기나긴 고통으로 이어졌다는 사실이 믿어지지 않은 것이다.

여관을 나온 그는 주인이 오요쓰를 발견했다는 곳으로 가서 작은 무덤을 하나 만들었다. 그리고 다시 출가하여 평생 오요쓰의 명복을 빌면서 살았다고 한다.

이 기담에 나오는 로쿠로쿠비는 일본의 다른 요괴나 원령들과는 달리 원한을 직접 해결하지 않고, 억울함만을 호소했다. 상대방이 잘못을 깨닫고 회개하리라는 믿음 때문이었을까? 어쨌든 목이 뱀처럼 길게 늘어난다는 로쿠로쿠비는 대체로 난폭하지 않았다. 뒤에 이야기할 누케쿠비가 귀신이라면, 로쿠로쿠비는 대부분 인간이거나 혹은 인간의 환생이었기 때문에 조금 착했던 것이 아닐까 한다.

목이 날아다니는 요괴

누케쿠비 이야기

본래 목이 몸통에서 분리되는 요괴들도 로쿠로쿠비라고 불리지만, 엄밀하게 말하면 다른 존재들입니다. 중국에서는 비두만이라고 불리는 머리가 날아다니는 요괴에 관한 기담들이 있습니다. 비두만은 귀를 날개처럼 움직여 하늘을 날면서 벌레 같은 것들을 잡아먹었다고 합니다. 로쿠로쿠비가 비교적 온순했던 반면, 누케쿠비는 난폭하고 잔인한 편이었죠. 가만히 상상해 보면 허공에 사람 머리가 날아다니는 것만큼 무서운 일도 없을 겁니다. 하지만 이들에게도 치명적인 약점이 있었으니 몸통과 다시 결합하지 못하면 죽는다는 것입니다. 이번 이야기는 잔인한 누케쿠비와 그에 맞선 한 스님의 이야기입니다.

사람은 누구나 사연을 품고 살아간다. 평범한 행각승처럼 보이는 가이료 스님에게도 남다른 사연이 있다. 그는 한때 규슈 지역의 다이묘를 모시고 있던 이소가이 헤이다자에몬 다케쓰라라고 불렸던 용맹한 사무라이였다. 그는 활과 창, 칼을 모두 잘 다뤘고, 담력과 용기도 뛰어났다. 당연히 난세에서도 주군을 모시고 전쟁터를 누비며 용맹을 떨쳤다.

하지만 전란에 휩쓸린 주군이 몰락하게 되었다. 그 정도의 용기와 능력이라면 다른 주군을 찾을 수 있었다. 또한 대부분은 그렇게 했지만, 그는 거듭되는 살육과 정쟁에 지친 상태였기 때문에 미련 없이 속세를 떠났다.

머리를 깎고 승복을 입은 그는 세상을 떠돌면서 불법을 전했다. 전란의 여파로 사방에서 도적들이 날뛰었기 때문에 전국을 여행한다는 것은 몹시 어렵고 위험한 일이었다. 하지만 가이료 스님은 개의치 않고 시냇물로 목을 축이고, 하늘을 이불 삼아 잠을 자면서 여행을 멈추지 않았다.

스님이 어느 깊은 산골을 지나던 때의 일이었다. 해가 떨어졌지만 마을이 보이지 않자 스님은 보따리에 넣어 온 주먹밥으로 배를 채우고 나뭇잎을 바닥에 깔아 놓고 나무뿌리를 베개 삼아 누웠다. 잠이 막 들려는 찰나, 부스럭대는 소리와 함께 나무를 가득 짊어진 젊은 나무꾼의 모습이 보였다. 걸음을 멈춘 나무꾼이 가이료 스님에게 말했다.

"맙소사 여긴 한낮에도 사람들이 오기를 꺼리는 곳입니다. 어디로 가시는 길입니까?"

"불법을 구하는 길에 어찌 목적지가 있겠소이까? 그저 바람 따라 떠돌 뿐이지요."

가이료 스님의 대답을 들은 나무꾼이 어처구니없다는 표정으로 고개를 절레절레 흔들었다.

"여긴 사람을 해치는 요괴들이 득실대는 곳입니다. 저를 따라오십시오. 비록 누추하긴 하지만 하룻밤 주무실 수 있을 겁니다."

"고맙소이다."

가이료 스님은 나무꾼을 따라갔다. 깊은 산속으로 한참 들어가고 험한 고갯길을 넘자 초가집이 보였다. 비록 집은 작고 허름했지만 주변에는 온갖 꽃과 나무들이 자라고 있었고, 뒤뜰로는 대나무 관을 이용해 계곡에서 흐르는 물을 끌어왔다. 대나무 관에서 흐르는 물로 손과 발을 씻은 가이료 스님이 나무꾼을 따라 집 안으로 들어가자 코다츠(일본의 전통 난방 기구)에 둘러앉아 불을 쬐고 있는 네 명의 남녀가 보였다. 인사를 나눈 가이료 스님이 몇 마디 이야기를 나눠 보니 하나같이 박학다식하고 예의범절에 밝았다. 이에 가이료 스님이 그들에게 물었다.

"실례를 무릅쓰고 여쭤 보겠습니다. 말씀하시는 것이나 몸가짐 모두 예사 분들이 아닌 듯 보입니다. 무슨 사연이 있기에 이렇게 험한 산속에 모여 사시는 겁니까?"

그러자 아까 그를 안내한 나무꾼이 슬픈 표정으로 말했다.

"그리 말씀하시니 사실대로 말씀드리겠습니다. 사실은 우리 모두 다이묘를 모시던 가신들이었습니다. 그러나 권세를 믿고 아랫사람들에게 함부로 대하고 심지어는 죽이기까지 하면서 인심을 잃었습니다. 그 후 어떤 사건이 나서 모시던 다이묘께서 몰락하시는 바람에 이렇게 산속으로 들어와 은거하게 되었죠."

"음, 그런 사연이 있었군요. 살다 보면 실수를 하는 법입니다. 뉘우치면 반드시 좋은 날이 올 겁니다."

남의 일 같지 않던 가이료 스님이 위로의 말을 건네자 나무꾼을 포함한 다섯 명의 남녀가 모두 고개를 조아렸다.

이야기가 끝나고 밤이 깊어지자 가이료 스님은 방에서 자라는 권유를 물리치고 집안 구석의 도마에 자리를 잡았다. 누워서 잠을 청하려던 가이료 스님은 문득 생각했다.

'이 사람들이 생면부지인 나에게 이렇게 친절을 베푼 이유는 아마도 자신들의 업보를 씻기 위해서일 것이다. 그러니 저들 손에 죽은 자들을 위해 경문을 읊어서 조금이나마 도움을 주는 게 좋겠다.'

가부좌를 틀고 앉은 가이료 스님은 반야심경을 외우면서 불쌍하게 죽은 영혼들의 넋을 위로했다. 그러는 사이 문득 목이 말라

왔다. 뒤뜰의 대나무 관에서 물이 흐르는 것을 기억한 그는 잠든 이들을 깨우지 않기 위해 조용히 방 밖으로 나섰다. 산속이라 그런지 어둠에 젖은 풍경이 너무나 아름다웠다. 산 너머에서 뿌연 빛이 솟아올라 오는 걸 보니 이제 곧 해가 뜰 것 같았다.

아름다운 풍경을 잠시 바라본 뒤 가이료 스님은 물을 마시고 돌아오는 길에 그들이 있는 방 앞을 지나게 되었다. 널빤지로 만든 덧창이 반쯤 열려 있었다. 제법 쌀쌀한 가을 날씨라 안에 있는 사람들이 감기라도 들까 걱정된 스님은 걸음을 멈추고 덧창을 닫아 주려고 했다. 그러다 무심코 안을 보고 입을 딱 벌렸다. 방 안에 널브러진 다섯 명의 남녀 모두 목이 없어진 상태였기 때문이다. 도적이라도 쳐들어와서 목을 잘라 갔나 했지만 방 안에는 피도 없었고, 아무 소리도 들리지 않았다. 오랫동안 전쟁터를 누볐던 가이료 스님은 이들이 칼에 맞아 목이 떨어진 상태가 아니라는 것을 금방 눈치챘다.

'이들은 평범한 사람들이 아니라 요괴였어. 중국의 《수신기》를 보면 목이 날아다니는 요괴 이야기가 있던데 이들이 바로 그런 존재들이었군.'

보통 사람이었다면 당장 기절해도 이상하지 않았을 상황이지만, 가이료 스님은 침착함을 유지했다. 아마도 덧창을 열어 놓은 것은 머리가 밖으로 나가기 위해서였던 것 같았다. 이리저리 생각해 보던 스님은 무릎을 쳤다.

'목이 떨어져 나간 요괴들은 몸통이 없어지면 결국은 죽는다고

본 것 같아.'

문을 열고 안으로 들어간 그는 나무꾼의 몸통을 질질 끌고 나와 뒤뜰 풀숲에 숨겼다. 목이 없는 몸통을 숨긴 뒤 가이료 스님은 방으로 돌아가지 않고 마당 구석에 숨어서 동태를 살폈다. 잠시 후 붕붕 대는 소리가 들리더니 목들이 집으로 돌아왔다. 가이료 스님은 얼른 큰 나무 뒤에 숨었다. 목들은 허공을 날아다니면서 날벌레들을 잡아먹었다. 그러다가 나무꾼의 목이 다른 목에게 말했다.

"저녁 끼니로 그 행각승을 먹어 치우려고 했는데 불경을 외우는 바람에 차마 잡아먹질 못했다. 괜히 우리가 잘못을 뉘우쳤다고 거짓말을 한 내 잘못이지. 아무튼 지금쯤 잠이 깊이 들었을 것이니 이 틈을 노려야겠다. 누가 가서 그 중놈의 동정을 살펴보고 오너라."

나무꾼의 목이 지시하자 여자의 목이 초가집 쪽으로 날아갔다. 그리고 잠시 후 허겁지겁 날아온 여자의 목이 말했다.

"큰일 났어요. 두목의 몸통이 감쪽같이 사라져 버렸어요."

"뭐라고! 그 중놈은?"

"도마에 가 봤는데 그자도 자취를 감췄어요."

"이거 큰일이구나. 분명 우리 정체를 눈치챈 게 분명해. 이제 곧 해가 뜰 텐데 그때까지 몸통을 찾지 못하면 나는 죽고 말거야. 뭣들 해! 어서 그놈이랑 내 몸통을 찾아!"

목들이 흩어져서 집 안팎을 뒤졌다. 그 와중에 나무 뒤에 숨어 있던 가이료 스님은 그만 나무꾼의 목에게 들키고 말았다. 그를 발견한 나무꾼의 목이 호통을 쳤다.

"감히 내 몸통을 숨기다니, 가만 놔두지 않겠다."

곧 다른 목들도 합세해서 덤벼들었다. 가이료 스님은 바닥에 떨어진 나뭇가지를 집어 들어 덤벼드는 목들을 후려쳤다. 한때 용맹했던 무사답게 정확하고 매섭게 휘둘렀다.

결국 다른 목들은 견디지 못하고 도망쳤고, 나무꾼의 목만 남게 되었다. 몇 번이고 얻어맞은 나무꾼의 목은 스님의 왼쪽 소매를 물었다. 스님은 쥐고 있던 나뭇가지로 힘껏 내리쳤지만 소매를 물고 있던 나무꾼의 목은 떨어지지 않고 그대로 숨을 거뒀다. 나뭇가지를 내려놓고 힘을 줘서 뽑아내려고 했지만 어찌나 세게 물었는지 꿈쩍도 하지 않았다. 결국 포기한 스님은 소매에 목을 매단 채 집으로 돌아왔다. 어느 틈엔가 해가 떠서 사방이 환했다. 방에서는 몸통과 결합한 목들이 숨을 몰아쉬고 있다가 그를 보더니 비명을 지르며 사방으로 흩어졌다. 가이료 스님은 서둘러 짐을 챙겨 집을 떠났다.

그때까지 나무꾼의 목은 여전히 왼쪽 소매에 매달려 있었다. 스님은 이것도 인연이라고 생각하고는 목을 매단 채 걸어갔다. 얼마쯤 걸어 제법 큰 촌락에 도착하게 되었다. 쉴 곳을 찾던 스님을 본 마을 사람들은 대경실색했다. 왼쪽 소매에 매달린 목 때문이었다. 아이들은 겁에 질려서 울었고, 아녀자들도 손으로 얼굴을 가렸다. 큰 소동이 벌어지자 도신(同心, 행정과 경찰권을 행사하는 마치부교 휘하에 있는 하급 관리)이 오캇피시 및 메아카시(도신에 의해 고용된 일반인)

를 거느리고 나타났다. 이들은 왼쪽 소매에 사람 목을 매달고 있
는 스님을 살인자로 오해해서 그 자리에서 체포했다. 감옥에 갇힌
스님은 자초지종을 얘기했지만 아무도 믿지 않았다. 결국 스님은
살인범으로 오인당하고 포승에 묶인 채 마치부교에게 끌려갔다.
마치부교 역시 그의 말을 믿지 않아 엄중하게 심문했다. 그런 와
중에 늙은 도신이 조심스럽게 말했다.

"자고로 사람 목숨을 다룰 때는 엄격하고 신중해야 한다고 했
습니다. 비록 저 행각승의 말을 믿기가 어렵지만 속는 셈치고 저
목을 확인해 보는 게 어떻겠습니까?"

결국 오캇피시와 메아카시가 힘을 합해 승복의 소매에 붙은 목
을 떼어 내려고 했지만 결국 실패하고 옷을 벗겨냈다. 늙은 도신
은 옷소매를 물고 있는 잘린 목을 면밀히 살펴보고는 마치부교에
게 말했다.

"저 스님의 말대로 이건 요괴의 목이 틀림없습니다."

"그 말이 사실이냐?"

마치부교가 미심쩍다는 표정으로 묻자 늙은 도신이 고개를 끄
덕거렸다.

"소인은 젊은 시절에 전쟁터에 나가서 잘린 목들을 많이 봤습
니다. 목이 이렇게 깨끗하게 떨어져 나가려면 칼에 잘린 흔적이
있어야 합니다. 그런데 아무런 흔적이 없습니다."

"그것만 가지고 어찌 무죄라고 하는 것이냐?"

마치부교가 믿지 않자 늙은 도신은 잘린 목을 높이 쳐들고 목덜

미를 가리켰다.

"여기 붉은 반점들이 보이십니까? 《남방이물지》라는 책에 보면 이런 요괴의 목에는 붉은 반점들이 있다고 나와 있습니다."

늙은 도신의 설명을 들은 마치부교는 비로소 가이료 스님이 죄가 없음을 깨닫고 풀어 주라고 명령했다. 포승을 풀어 주던 늙은 도신이 물었다.

"아무리 봐도 보통 스님은 아닌 것 같은데 속세에서의 이름이 어찌 되십니까?"

"말씀드리기 창피합니다만, 이소가이 헤이다자에몬 다케쓰라였습니다."

"오오, 규슈 제일의 사무라이 다케쓰라 님이 바로 당신이었군요."

가이료 스님의 입에서 본명이 나오자 마치부교는 물론, 주변 사람들이 모두 감탄사를 날렸다. 그의 명성을 익히 들어서 알고 있었던 것이다. 마치부교가 당장 그를 집으로 데리고 가서 융숭하게 대접했다. 가이료 스님은 좋은 음식을 먹고 편안한 잠자리에서 며칠 동안 쉬고 난 후 다시 여행길을 떠났다. 떠나면서 머리가 붙은 승복을 달라고 요청했다.

"그 목을 어찌하시려고요?"

마치부교의 물음에 가이료 스님은 너털웃음을 지었다.

"이것도 인연 아니겠습니까?"

그리하여 목이 달린 승복을 입은 채 가이료 스님은 다시 길을 떠났다. 그런데 으쓱한 산길을 걸어가는 도중 갑자기 칼을 든 도적이 앞을 가로막았다.

"가진 돈을 모두 내놓으면 목숨만은 살려 주겠다."

"소승은 떠돌이 행각승이라 가진 재물이 없소이다."

공손하게 합장을 한 가이료 스님의 말에 도적이 소리쳤다.

"그럼 입고 있는 옷이라도 벗어라!"

가이료 스님이 승복을 벗어서 건네 주자 왼쪽 소매에 붙은 목을 본 도적이 기겁했다.

"아니, 스님이 목을 가지고 다니다니, 살다 살다 이런 미친놈은 처음 봤네. 가만 있자. 그 목이 달린 옷을 입고 있으면 일일이 협박하지 않아도 알아서 겁을 먹겠군. 그 목을 내게 넘겨 주면 내 옷이랑 다섯 냥을 주겠다."

가이료 스님이 목에 얽힌 사연을 얘기했지만 도적은 들은 척도 하지 않았다. 그렇게 가이료 스님과 목은 헤어지게 되었다.

도적은 가이료 스님이 떠나고 나서야 목에 대한 소문을 들었다. 겁이 난 도적은 고민 끝에 사람들에게 물어 물어서 목이 살던 산골 마을을 찾아갔다. 하지만 몸통이 어디에 있는지 찾을 수가 없었다. 한참을 헤매던 도적은 결국 양지 바른 곳에 머리를 묻고 비석을 세운 뒤 명복을 빌었다.

목이 늘어나는 로쿠로쿠비의 경우는 비교적 덜 흉포하지만, 목이 날아다니는 누케쿠비는 인간을 속이거나 해치는 존재로 인식된다. 이것은 목이 떨어지면 죽는다는 일반적인 관념을 뛰어넘는 존재가 있다는 두려움과 그런 것들은 엄청난 힘과 흉악함을 가지고 있다는 공상 때문일 것이다.

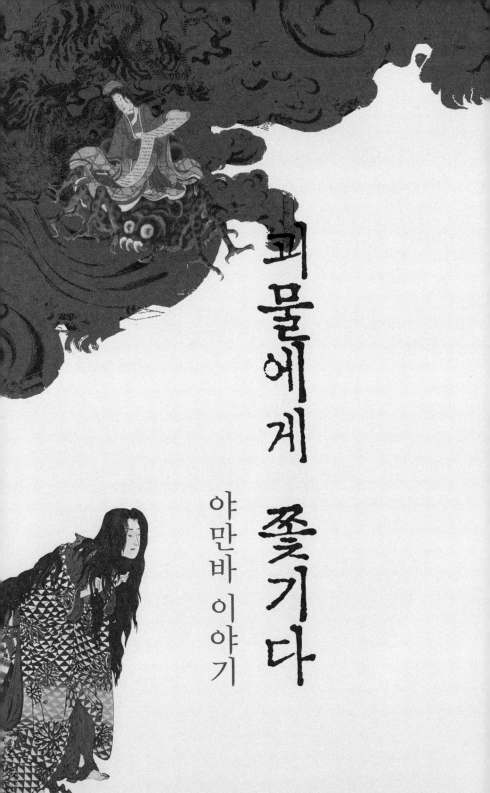

괴물에게 쫓기다

야만바 이야기

일본에서는 인간이 어떤 원한이나 분노 때문에 요괴로 변신하는 경우가 많습니다. 이것이 우리나라와 일본의 차이점입니다. 우리나라에서는 죽은 다음 귀신이 돼서 나타나지 일본처럼 살아 있는 채로 요괴로 변신하는 경우가 없습니다. 도노 지방에서 전래되어 오는 야만바는 인간이 요괴로 변신한 대표적인 경우입니다. 야마하하, 혹은 야마우바라고도 불리는 이 요괴는 늙고 못생긴 여인의 모습을 하고 있으며, 옷 대신 나무껍질을 몸에 두른다고 전해집니다. 이 요괴는 산에 살면서 신을 섬기던 무녀들이 변신했다는 설과 산속을 떠돌던 사람들이 변했다는 설로 나뉩니다. 야만바는 보통 깊은 산속에 살면서 지나가는 나그네에게 업어 달라고 했다가 긴 머리카락으로 목을 졸라 죽이기도 하고, 마을로 내려와 아이들을 잡아먹기도 하는 등 흉포한 짓을 저지릅니다. 때로는 예쁜 여성으로 변신해 나그네들을 유혹하여 하룻밤 머물게 한 후 먹어 치우기도 합니다.

먼 길을 떠나게 된 아버지와 어머니는 홀로 남은 딸에게 신신당
부했다.

"일이 끝나는 대로 빨리 돌아올 테니까 그전에는 누가 오더라
도 절대 문을 열어 줘선 안 된다."

딸에게 거듭 주의를 준 부모는 집을 떠났다. 홀로 남은 딸은 코
다츠에 발을 집어넣고 불을 쬐며 시간을 보냈다. 제일 가까운 집
도 고개를 넘어 한참을 가야 하고, 산기슭에 위치한 탓에 한낮에
도 인적이 드물었다. 코다츠의 온기를 쬐면서 시간을 보내고 있던
딸의 귀에 거칠고 탁한 목소리가 들렸다.

"어서 문 열어!"

와락 겁이 난 딸은 이불을 뒤집어쓰고 엎드렸지만, 문밖에서 들
려오는 소리는 한층 위협적이었다.

"당장 열지 않으면 문을 부수고 말겠다!"

이러다가 당장이라도 문이 부서지지 않을까 걱정이 된 그녀는
할 수 없이 빗장을 풀고 문을 열었다. 문밖에는 허리까지 드리워
진 긴 머리카락에 주름투성이 얼굴의 노파가 서 있었다. 몸에는
옷 대신 나무껍질을 두르고 있었는데 도무지 사람처럼 보이지 않
았다. 바짝 겁을 집어먹은 그녀는 속으로 생각했다.

'이 노파가 바로 부모님이 얘기한 야만바로구나.'

그녀는 일단 침착하게 야만바를 맞이했다. 집 안으로 들어온 야만바는 이로리 옆에 쭈그리고 앉아 밥상을 차려 오라고 말했다. 야만바는 보통 희생자에게 밥을 먹인 다음에 잡아먹는다는 사실을 알고 있던 그녀는 일부러 늦게 밥을 차리면서 야만바의 몫만 차렸다. 그리고 일부러 짜고 신 우메보시를 밥 위에 잔뜩 올렸다.

그녀가 밥과 반찬이 담긴 쟁반을 들고 나타나자 야만바가 쏘아붙였다.

"왜 네 건 없어?"

"먹을 게 이거밖에 없어요."

먹을 것을 받은 야만바는 단숨에 밥그릇을 비웠다. 그러면서 짜고 신 우메보시를 너무 많이 먹는 바람에 물을 찾았다. 물을 가지러 간다며 부엌으로 간 그녀는 틈을 봐서 덧문을 열고 밖으로 도망쳤다.

얼마나 달렸을까? 숨이 턱까지 차오른 그녀는 걸음을 멈추고 뒤를 돌아봤다. 그러자 그녀가 도망친 것을 눈치챈 야만바가 문을 박차고 뒤쫓아 오는 것이 보였다. 놀란 그녀는 다시 뜀박질을 했지만, 야만바가 금방 거리를 좁히면서 당장이라도 잡힐 것만 같았다.

숨을 곳을 찾아 산속을 헤매던 그녀는 늙은 나무꾼을 만났다. 나무를 한 짐 해 놓고 쉬고 있던 나무꾼을 만난 그녀는 숨을 헐떡거리면서 말했다.

"할아버지! 저 좀 살려주세요. 야만바에게 쫓기고 있어요."

그러자 할아버지는 그녀를 잘라 놓은 나뭇단 아래 숨겼다. 잠시 후 야만바가 나타나서 할아버지에게 물었다.

"영감! 방금 젊고 통통한 처녀가 여기로 오지 않았어?"

"아니, 못 봤는데?"

나무꾼 할아버지는 딱 잡아뗐지만 야만바는 코를 킁킁대면서 나뭇단 주변을 왔다 갔다 했다.

"냄새가 나. 이 근처에서 냄새가 난다고."

그러다가 갑자기 나뭇단 하나를 확 뒤집었지만, 다행히 그녀가 숨어 있던 나뭇단이 아니었다. 나뭇단을 뒤집느라 발을 헛디딘 야만바는 산 아래로 굴러떨어졌다.

그 틈을 이용해 딸은 도망쳤지만, 이번에도 금방 따라잡히고 말았다. 그녀는 허둥지둥 숨을 곳을 찾다가 억새풀을 베고 있던 노인을 발견했다. 이번에도 사정을 얘기하고 숨겨 달라고 하자 노인은 그녀를 억새풀 속에 숨겼다. 잠시 후 나타난 야만바는 태연하게 억새풀을 베고 있던 노인에게 물었다.

"이봐! 여기로 젊은 계집이 지나가지 않았어?"

"아무도 안 왔어."

억새풀을 베던 노인은 손사래를 쳤지만, 야만바는 이번에도 믿지 않고 억새풀 사이를 돌아다니면서 그녀를 찾았다. 그러다가 움푹 파인 곳에 빠지고 말았다.

그 틈을 타서 그녀는 또 도망을 쳤다. 하지만 이번에도 야만바가 쫓아오면서 거의 따라잡히게 되었다. 다급해진 그녀의 앞에 연못이 나타났다. 잘못하면 빠질 수도 있었기에 걸음을 멈춘 그녀는 얼른 근처의 나무 위로 올라갔다. 나뭇가지를 붙잡고 숨을 죽이고 있는데 야만바가 연못가에 나타났다. 그녀를 찾아 이리저리 헤매던 야만바는 마침내 숨어 있던 그녀를 발견했다.

"그렇게 숨어 있다고 내가 모를 줄 알았느냐!"

이빨을 드러낸 야만바는 그녀를 향해 덤벼들었다. 하지만 야만바가 본 것은 연못에 비친 그녀의 모습이었다. 풍덩 하고 연못에 빠진 야만바가 허우적거리는 사이, 나무에서 내려온 그녀는 숲 속으로 도망쳤다.

그렇게 해서 마침내 야만바의 추격을 따돌렸지만, 정신없이 도망치느라 산속에서 길을 잃고 말았다. 배고프고 지친 그녀는 산속을 헤매다가 움막을 하나 발견했다. 안으로 들어가자 또래의 젊은 여인이 있었다. 그녀가 야만바에게 쫓기던 일을 얘기하고 도와 달라고 하자 젊은 여인은 갑자기 눈물을 흘렸다.

"사실 저도 당신처럼 야만바에게 쫓기다가 잡혀 온 신세입니다. 어서 도망치세요."

그 말을 듣고 놀란 그녀가 움막을 빠져나가려고 했지만, 이미 밖에서 야만바의 소리가 들려왔다. 젊은 여인은 그녀를 얼른 돌로 된 관에 숨기고 뚜껑을 닫았다. 잠시 후 물에 젖은 야만바가 투덜거리면서 들어왔다.

"살이 통통하게 오른 계집애를 잡을 뻔했는데 아깝게 놓치고 말았지 뭐야."

돌로 된 관 안에서 그 얘기를 듣던 그녀는 겁에 질린 채 숨소리도 내지 못했다. 화롯가에 앉아서 몸을 말리고 있던 야만바가 갑자기 코를 킁킁거렸다.

"이게 무슨 냄새야? 누가 있는 거 아냐?"

관 속에 숨어 있던 그녀는 숨이 멎을 것같이 두려웠다. 하지만 젊은 여인이 재치 있게 둘러댔다.

"냄새는 무슨 냄새요. 아까 배고파서 참새를 구워 먹은 냄새겠죠."

"그래? 피곤해서 예민해진 모양이군. 하룻밤 푹 자고 내일 또 사냥하러 나가야지. 돌로 된 관에서 잘까? 아니면 나무로 만든 관에서 잘까?"

만약 돌로 된 관에서 잠을 자기로 결정한다면 그 안에 숨어 있는 그녀는 들킬 수밖에 없었다. 이번에도 젊은 여인이 그녀를 구해 줬다.

"날씨도 추운데 차가운 돌 관 말고 따뜻한 나무 관에서 주무시는 게 좋겠어요."

"그럴까?"

나무 관에 누운 야만바는 피곤한지 곧 눈을 감고 코를 골았다. 깊이 잠든 것을 확인한 젊은 여인이 돌로 된 관 안에 숨어 있던 그녀에게 말했다.

"야만바가 잠들었어요. 이때까지 탈출하려고 했는데 혼자 힘으로는 역부족이라서 때를 기다리고 있었죠. 나와 함께 야만바를 해치우고 여길 벗어나요."

두 사람은 힘을 합하여 행동에 나섰다. 일단 나무로 된 관의 뚜껑을 돌로 된 관 뚜껑으로 눌러 놓은 다음 송곳으로 나무 관에 구멍을 뚫었다. 그리고 뜨겁게 끓인 물을 구멍 안으로 부었다. 잠들어 있던 야만바는 뜨거운 물이 들어오는 것에 놀라서 빠져나오려고 했다. 하지만 돌로 된 관 뚜껑이 덮여 있었고, 두 여인이 힘껏 누르고 있어서 빠져나오지 못하고 말았다. 결국 야만바는 나무로 된 관 속에서 최후를 맞이했다. 야만바가 죽은 것을 확인한 두 여인은 움막에 불을 지르고 산을 내려와서 집으로 돌아갔다.

비슷한 이야기지만 다른 결론을 가진 기담도 존재한다. 역시 부모님과 딸이 살고 있는 어느 외딴 집이 배경이다.

애지중지 기르던 외동딸이 혼례를 치를 날짜가 다가오자 부모님은 혼수를 사러 마을로 내려가야만 했다. 문단속을 잘하라고 이른 부모님이 떠나고 외동딸이 혼자 남아 있는데 갑자기 야만바가 들이닥쳤다. 그러고는 딸을 잡아먹은 다음, 창고에 뼈를 버리고 가죽을 뒤집어쓴 뒤 그녀인 척했다. 아무것도 모르고 혼수를 장만해서 집으로 돌아온 부모가 물었다.

"별일 없었지?"

"네. 아무 일도 없었어요."

안심한 부모는 마을에서 사온 혼숫감들을 딸에게 보여 주고는 일찍 잠자리에 들었다. 그리고 다음 날 아침이 밝자 그녀를 시댁으로 보낼 준비를 했다. 그때 마당 구석에 있던 닭이 날갯짓을 하면서 이상하게 울었다.

"창고를 뒤져 보세요. 꼬끼오."

하지만 딸을 시집보내는 일에 정신이 팔려 있었던 부모는 장닭이 우는 소리를 귀담아 듣지 않았다. 곱게 화장을 한 딸을 마구간에서 끌고 온 말에 태우고 집을 막 떠나려는 찰나, 장닭이 다시 울었다.

"딸이 아니라 야만바를 시집보내는구나. 꼬끼오."

뭔가 이상하다고 느낀 부모는 딸을 자세히 살펴봤다. 그제야 부모는 진짜 딸이 아니라 야만바라는 사실을 깨닫고는 말에서 끌어내려서 그녀를 죽여 버렸다. 그런 다음 장닭이 알려준 대로 창고를 살펴봤다. 과연 장닭이 이른 대로 딸의 유골이 여기저기 흩어져 있는 걸 발견했다.

이 두 가지 기담은 아마 같은 시작점에서 출발했을 것이다. 그러나 하나는 그나마 해피엔딩으로 끝났고, 다른 하나는 배드엔딩으로 끝났다. 후자가 더 현실적이겠지만, 이 역시 요괴라고 할 수 있는 야만바를 부모가 죽였다는 점에서 비현실적인 측면이 보인다.

기담들 자체가 비현실적이고 잔혹한 측면들이 보이긴 하지만, 유독 야만바가 등장하는 기담들이 잔혹한 이유는 무엇일까? 그것은 아마도 산속의 삶이 가혹했기 때문은 아닐까 한다.

아이를 부탁해요

우부메 이야기

우부메는 본래 임산부를 뜻하는 일본어입니다. 동시에 아이를 낳다가 죽은 여자 요괴를 뜻하기도 합니다. 이는 임산부가 아이를 낳다가 죽는 것이 몹시 일반적이었으며, 그렇게 죽은 여인들이 저승으로 가지 못하고 요괴가 된다는 굴건한 믿음이 있다는 뜻이죠. 예전에는 아이를 낳던 임산부가 죽으면 그대로 장례를 치렀습니다. 죽어서도 서로 떨어지지 못하는 아이와 임산부는 태어나지 못했다는 원망과, 너 때문에 내가 죽었다는 분노가 탯줄처럼 서로 이어지지 않았을까요? 덕분에 일본에서는 한밤중 길가에 서성거리는 여인을 조심하라는 얘기가 전해집니다. 특히 그녀의 하복부가 피로 젖어 있으면 절대 가까이 가지 말라고 합니다. 만약 무심코 가까이 접근한다면, 그녀는 당신에게 우는 아이를 잠깐만 받아 달라고 합니다. 넘겨받은 아이는 처음에는 가볍지만, 차츰 감당하지 못할 정도로 무거워집니다. 이때 당신이 끝까지 참고 아이를 들면 우부메는 원한을 잊고 저승으로 돌아가고, 아이는 나뭇잎으로 변한다고 전해집니다. 그래서 오늘도 우부메는 자신을 저승으로 돌려보내 줄 사람을 찾기 위해 아이를 안고 돌아다닌다고 합니다.

천하 통일을 위한 전란이 한참이던 시절, 현재의 야마가타와 아키타 현에 해당되는 데와 지방의 다이묘를 모시던 젊은 사무라이가 있었다. 우메즈 주베에라고 불리는 그는 전쟁터를 누비면서 공을 세운 덕분에 주군이 머무는 성을 지키는 임무를 맡았다.

당시 다이묘들은 산 위의 성에 살았고, 백성과 무사들은 산 중턱과 아래에 마을을 이루고 살았다. 다른 다이묘들이 쳐들어오면 마을 사람들은 집에 머물고, 무사들만 성안으로 들어가서 싸웠다. 전쟁이 길어지면서 백성은 차츰 세금을 내는 존재로만 전락했다.

주베에는 주어진 임무를 충실히 수행했다. 그러다 야간에 성의 뒷문을 지키는 임무를 맡게 되었다. 절벽 끝에 위치한 작은 문에서 혼자 보초를 서는 몹시 따분한 임무였지만, 그는 게으름을 피우지 않고 충실하게 수행했다. 주베에는 다다미요로이(일본 전국 시대 갑옷의 한 종류로 철판을 쇠사슬로 연결해서 만들었다)를 착용한 뒤 창을 들고 문 앞을 지켰다.

원래 왕래가 적었던 곳이라 해가 떨어지자 인적이 뚝 끊겼다. 정문과 제법 떨어져 있는 곳이라 다른 동료들도 보이지 않았다. 설상가상으로 후문과 이어지는 산 중턱에는 오래된 묘지들이 있었다. 이 묘지에는 가끔 장례를 치를 여력이 없는 집안에서 죽은 가족들을 그냥 버리고 가는 경우도 많았다. 겁이 날만도 하지만 전쟁터에서 잔뼈가 굵은 그는 태연하게 자리를 지켰다.

그러다가 버스럭거리는 소리가 들려왔다. 주베에는 들고 있던 창으로 소리가 들린 곳을 겨눈 채 호각을 입에 물었다. 침입자가 나타나면 호각을 불어서 동료들을 부를 생각이었던 것이다. 하지만 어둠을 헤치고 그의 앞에 나타난 것은 아이를 품에 안은 젊은 여인이었다.

'이런 밤중에 혼자 돌아다니다니 길을 잃었나?'

경계심을 누그러뜨린 주베에가 헛기침을 크게 하고는 호통을 쳤다.

"어디에 사는 누구냐? 여긴 성주님께서 계시는 성이라 잡인들의 출입을 금하는 곳이다! 썩 물러가라."

하지만 여인은 당장이라도 쓰러질 것처럼 비틀거리면서 다가왔다. 풀어헤쳐진 머리를 하고 집에서나 입는 유카타 차림이었다. 주베에 앞으로 다가온 여인이 당장이라도 울 것 같은 표정으로 말했다.

"주베에 님이시군요. 저는 아랫마을에 사는 여인입니다. 남편과 함께 친정에 갔다가 돌아오는데 길을 잘못 들어서 헤어지고 말았습니다."

"저런."

너무나 애절하게 이야기한 탓에 주베에는 의심을 거뒀다. 그녀는 울먹거리는 목소리로 말했다.

"남편 목소리를 저 아래에서 들었습니다. 죄송한데 아이를 잠깐만 맡아 주시면 얼른 가서 찾아보겠습니다. 부탁드립니다."

코가 땅에 닿도록 고개를 숙이면서 거듭 부탁하자 주베에는 얼떨결에 아이를 받았다. 그러자 여인은 신신당부했다.

"곧 돌아올 테니까 아이를 절대 놓치시면 안 됩니다."

"걱정 말고 얼른 남편이나 찾아와라."

주베에는 아이를 안은 채 큰 소리를 쳤다. 여인은 곧 어둠 속으로 사라졌고 다시 적막이 찾아왔다.

다행히도 여인이 맡긴 아이는 깊이 잠들었는지 울거나 보채지 않았다. 엉거주춤 서서 여인이 돌아오기를 기다리던 주베에는 무언가 잘못되어 가고 있음을 느꼈다. 처음에는 거의 느끼지 못할 정도로 가볍던 아이가 계속 무거워지는 것이었다. 생전 듣도 보도 못한 상황에 어리둥절할 사이도 없이 아이의 몸무게는 점차 늘어났다. 수십 근이나 되는 쇳덩이를 들고 있는 것 같은 기분이 들었다. 당장이라도 이 이상한 아이를 내려놓고 싶었지만, 여인의 신신당부를 기억해 낸 주베에는 어금니를 깨물고 참았다. 그러는 사이에도 아이의 몸무게는 계속 늘어나서 마치 수백 근을 넘는 것 같았다. 팔이 떨어져 나갈 것처럼 아팠지만 여인과의 약속을 지키기 위해 이를 악물고 버텼다. 그러다 더 이상 견딜 수 없을 지경이 되자 주베에는 저도 모르게 부처님을 찾았다.

"나무아미타불."

연거푸 나무아미타불을 외치자 아픔이 조금 가시는 것 같았다.

이제 마지막이라고 생각하는 순간 갑자기 아이의 몸무게가 차츰 가벼워지기 시작했다. 그러다가 마침내 솜털처럼 가벼워졌다. 어리둥절해하던 주베에 앞에 아이를 맡긴 여인이 홀연히 나타났다.

"주베에 님이라면 해내실 줄 알았습니다."

"해낼 줄 알다니 그게 무슨 소리요?"

그의 물음에 여인은 살포시 웃으면서 사연을 설명했다.

"사실 저는 마을 앞을 흐르는 강에 놓인 다리를 지키는 하시히메(다리를 지키는 요괴. 마을을 지키는 역할을 하지만, 때로는 다리를 지나가는 행인을 해치기도 한다)입니다. 그러던 어느 날 다리 위를 지나가는 여인으로부터 아이를 잠깐 맡아 달라는 부탁을 받아서 안고 봤더니 우부메였던 것입니다. 아이를 받은 저도 우부메가 되어 그때부터 오늘까지 정처 없이 떠돌면서 아이를 받아 줄 사람을 찾아다닌 겁니다."

"그럼 아이가 계속 무거워진 것도…….."

"그렇습니다. 무거워진 아이를 놓치지 않고 계속 들고 있으면 우부메는 저승으로 돌아갈 수 있답니다. 저 역시 이제 저주에서 풀려나서 다리를 지키는 원래 역할로 돌아갈 수 있게 되었고요."

여인이 화사하게 웃으면서 사연을 설명하자 주베에는 저도 모르게 고개를 끄덕거렸다. 그러다 문득 품에 안고 있던 아이가 생각나서 물었다.

"그럼 이 아이는?"

하지만 여인은 온데간데없이 사라졌다. 놀란 주베에가 품에 안은 아이를 바라보자 나뭇잎으로 변해 버리고 말았다. 그 일이 있은 이후 주베에가 마을 앞의 다리를 지나갈 때마다 다리 밑에서 마치 인사를 하는 것처럼 물이 찰랑거렸다고 한다.

우리에게도 우부메는 익숙한 존재다. 일본의 소설가 교고쿠 나츠히코가 쓴 소설《우부메의 여름》때문이다. 출산 예정일이 지나도록 아이를 낳지 못하는 여인을 둘러싼 미스터리를 다룬 이 소설은 우부메라는 소재를 현대적으로 잘 소화했다.

원통함을 남긴 사람이 요괴 혹은 원령으로 변한다는 상상은 기담의 원천이 되었으며, 과학이 발달한 현대에도 살아남아서 또 다른 이야기로 재창조되었다.

동물

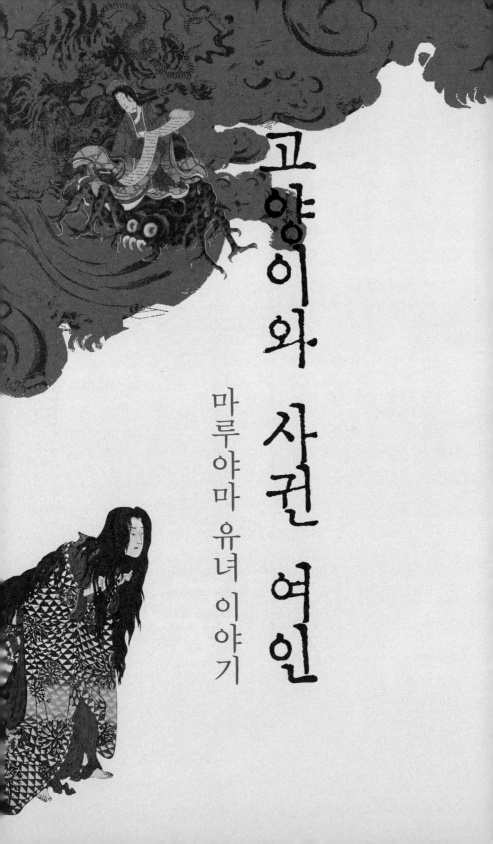

고양이와 사귄 여인

마루야마 유녀 이야기

구미호같이 여우가 사람으로 변신한다는 이야기는 일본에도 많이 있습니다.

일본에서는 주로 너구리나 고양이 등의 동물이 오래 살면 신기한 능력이 생겨

사람으로 변신한다고 알려져 있죠. 고양이의 경우 원한을 가진 요괴라는 이미

지도 있지만, 마네키네코라고 불리며 부자로 만들어 주는 상징으로 여겨지기

도 했습니다. 일본에는 유독 고양이와 너구리에 대한 기이한 이야기들이 많이

전해지고 있습니다.

나가사키 항구는 예로부터 중국이나 서양의 배들이 자주 드나드
는 곳이었다. 따라서 상인과 선원들이 많았고, 자연스럽게 이들을
상대하는 유녀들도 많았다. 유녀들이 있는 유곽들은 에도의 요시
와라처럼 사방이 담장으로 막혀 있었다. 에도의 유녀들처럼 등급
이 정해지지는 않았지만, 손님들을 끌기 위해 곱게 화장을 하고
예쁜 기모노를 입은 채 당시 여성들이 갖추기 힘든 애교로 무장
했다. 따라서 에도처럼 외지에서 온 남성들이 많았던 나가사키의
유곽들도 크게 번성했고, 그중 마루야마라는 곳이 가장 컸다.

　원체 유명해지다 보니 유녀와 즐기기 위한 손님들뿐만 아니라
구경꾼들도 적지 않게 드나들었다. 화려하게 차려입은 유녀들이
손님을 맞이하기 위해 앞뒤로 어린 하녀들을 거느리고 걸어가는
모습은 진귀한 구경거리였다. 거기다 유곽 출입이 금지된 사무라
이들이 신분을 숨기기 위해 삿갓과 도롱이를 쓰고 어정쩡하게 걷
는 모습 역시 다른 데서는 볼 수 없는 눈요깃거리였다.

　그런 마루야마 유곽에 한 소년이 나타났다. 얼굴을 가리기 위해
삿갓을 쓰고 있었지만, 머리 앞부분을 밀고 뒷부분의 머리를 모아
서 상투를 튼 것이 보였다. 유곽 출입이 금지된 사무라이 계급의

젊은 사내가 은밀히 구경을 온 것으로 보였다. 하카마와 하오리는 모두 비단이었고, 오비 역시 검정색 비단이었다. 값비싼 옷에 어울리는 단정한 차림새였고, 하얀 얼굴과 반짝거리는 눈빛에 사람들은 넋을 놓고 소년을 바라봤다. 소년은 자신을 쳐다보는 사람들에게 수줍게 웃어 보이면서 유곽을 거닐었다. 옷깃에 반쯤 가려진 왼쪽 목덜미에 제법 큰 점이 보였지만 큰 흉은 아니었다. 수행원이 한 명도 없다는 게 이상했지만 사람들은 점잖은 사무라이가 유곽에 오느라 일부러 혼자 왔을 것이라고 넘겨짚었다.

젊은 미남 사무라이는 며칠 동안 해가 떨어지면 유곽에 혼자 나타나서 돌아다녔다. 유녀들과 드나들던 손님들이 몇 번 말을 건넸지만 웃기만 할 뿐이었다. 그래서 사람들은 그가 번주를 모시는 낭사나 시동일 것이라고 지레짐작했다.

그러던 어느 날, 먼발치에서 그를 지켜보고 있던 사마노스케라는 제법 잘 나가던 유녀가 여종을 시켜 만나고 싶다는 편지를 보냈다. 편지를 받은 젊은 사무라이는 내일 저녁 가겠다는 말을 여종에게 남기고 사라졌다. 그리고 다음 날 저녁에 사마노스케를 만나러 왔다.

망신이나 당하지 않을까 조마조마해하던 그녀는 얼른 그를 맞이할 준비를 했다. 깨끗하게 목욕하고 사향주머니를 찬 그녀는 향을 뿌린 기모노를 입고 호화로운 음식상을 차려 냈다. 그리고 여흥을 돋울 악공들도 불렀다. 유녀가 손님을 위해 돈을 쓴 셈이었지만, 그녀는 하나도 아깝지 않다고 생각했다.

그녀를 찾아온 젊은 사무라이는 정중하고 예의바르게 그녀를 대했고, 준비한 음식도 맛있게 먹었다. 단 채소는 입에도 대지 않고 사시미를 주로 먹었다. 그걸 본 악공들은 입맛이 독특하다며 소곤거렸지만, 그녀의 귀에는 들리지 않았다.

잔치가 끝나자 두 사람은 잠자리에 들었다. 다음 날 아침, 함께 목욕을 하고 아침을 먹은 후 미남 사무라이는 5냥을 내놨다.

"이럴 필요 없습니다."

"내 마음이니 받아두시구려."

웃으며 이야기한 그가 떠나려고 하자 사마노스케가 물었다.

"존함이라도 알려주십시오."

"묘헤이라고 하오. 남의 눈이 있어서 자세한 집안 내력을 밝히지 못하는 점, 용서해 주시구려."

사마노스케의 손을 꼭 잡은 묘헤이가 말했다.

"앞으로 가끔 들리겠소. 그때까지 잘 지내도록 하시오."

그 후로 묘헤이는 약속대로 가끔 들려 사마노스케와 하룻밤을 보내고 돌아갔다. 갈 때마다 몇 냥씩 돈을 내 성의를 표시했지만, 어느 집안 출신인지는 끝끝내 밝히지 않았다. 사랑이 깊어 갈수록 그 점이 서운해진 사마노스케는 똑똑한 어린 심부름꾼을 시켜 아침이 되어 돌아가는 묘헤이의 뒤를 밟게 했다. 점심 무렵 돌아온 심부름꾼은 뜻밖의 얘기를 털어놨다.

"시장통에 있는 생선가게로 들어가시던데요?"

"번듯한 저택이나 성이 아니라 생선가게라고?"

심부름 값을 건네며 떨떠름해진 사마노스케는 다음에 묘헤이가 돌아갈 때에도 다른 심부름꾼으로 하여금 뒤를 따르게 했다. 이번에도 심부름꾼 아이는 묘헤이가 같은 생선가게에 들어갔다고 알려왔다.

이상하다고 느낀 사마노스케는 부랴부랴 외출 준비를 하고 심부름꾼 아이를 앞세워서 그곳으로 갔다. 심부름꾼 아이가 그녀를 데려간 곳은 나가사키 앞바다에서 잡은 생선들을 파는 상점들이 줄지어 있는 시장통의 한 군데였다. 바지를 걷어올린 차림에 험상궂게 생긴 주인이 의아한 눈으로 그녀를 바라봤다.

"설마 생선을 사러 온 건 아닐 테고 여긴 무슨 일이요?"

"사람을 찾습니다. 나이는 열여덟 살 정도 되신 것 같은데, 키가 작고 얼굴이 하얀 편입니다. 왼쪽 목덜미에 점이 있고요. 혹시 이 집에 머무는 손님들 중에 그런 분이 있습니까?"

사마노스케의 물음에 주인은 고개를 저었다.

"마누라는 작년에 병으로 죽고, 딸들도 모두 출가한 상태요. 데릴사위 놈은 나랑 똑같이 생겼고 말이오. 그리고 우리 집에는 손님이 없소. 잘못 찾아온 것 같으니 다른 데로 가 보시구려."

얘기를 들은 사마노스케는 주인에게 자신이 겪은 이야기를 모두 털어놨다. 그러자 얼굴을 찡그린 주인이 대답했다.

"믿을지 모르겠지만 짐작 가는 구석이 있소."

"정말입니까?"

"따라오시구려."

대나무로 만든 몽둥이를 든 주인이 그녀를 데리고 가게 안에 있는 창고로 들어갔다. 소금에 절인 생선이 주렁주렁 매달려 있었는데, 주인이 구석의 작은 집을 가리키면서 말했다.

"생선 가게다 보니까 쥐들이 많아서 옛날부터 고양이를 길렀다오. 지금 데리고 있는 고양이는 우리 아버지 때부터 있었는데 얼추 20년 가까이 되었소. 동네 사람들이 오래된 고양이는 사람으로 변한다고 했지만 말도 안 되는 소리라서 안 믿었지. 근데 최근에 이놈이 자꾸만 자기 집으로 생선을 팔고 모은 돈을 가져가는 거 아니겠소."

말을 마친 주인은 대나무 몽둥이로 집을 두드렸다. 그러자 늙은 고양이가 쓱 고개를 내밀었다. 고양이를 내려다본 사마노스케는 비명을 질렀다. 하얀색 털을 가진 고양이의 왼쪽 목덜미에 검은 점이 있었기 때문이다.

사마노스케를 본 고양이는 몸을 날려 창고를 빠져나갔다. 그리고 사마노스케는 그 자리에서 혼절하고 말았다. 소문을 들은 시장 사람들이 도망치는 고양이를 잡으려고 했지만, 요리조리 빠져나가는 통에 잡지 못했다. 고양이는 그날로 사라졌다. 고양이가 떠난 자리에는 주인의 말대로 동전들이 숨겨져 있었다.

젊은 미남 사무라이로 변신한 고양이가 주인의 돈을 훔쳐서 사마노스케와 하룻밤을 보낸 것이다. 이 소문이 마루야마 일대에 퍼지면서 그녀에게는 '고양이와 사귄 여인'이라는 별명이 생겼다. 이것은 점잖은 사람들끼리 주고받은 얘기고, 짓궂은 쪽은 '고양이가 먹다 버린 유녀'라고 불렀다. 덕분에 그녀의 인기는 크게 떨어지고 말았다.

일본에는 마네키네코에 관한 여러 기담이 존재한다. 유녀와 얽힌 또 다른 이야기도 있다.

18세기 에도의 우수구모라는 유녀는 애완동물로 키우는 고양이를 몹시 애지중지했다. 어느 날, 그녀가 화장실에 가려고 하자 고양이가 갑자기 덤벼들어 옷자락을 물고 늘어졌다. 그러자 옆에서 지켜보던 주인이 고양이가 혹시나 그녀의 얼굴에 상처라도 낼까 봐 가지고 있던 칼로 목을 베어 버렸다. 잘려진 고양이 머리는 데굴데굴 굴러 화장실 안으로 떨어졌는데, 마치 살아 있는 것처럼 울부짖으며 안에 있던 독사를 물어뜯었다. 그때야 주인은 고양이가 덤벼든 것이 그녀를 구하기 위해서였다는 사실을 알아차렸다. 아끼는 고양이가 죽은 것을 안 우수구모는 슬픔에 못 이겨 실신할 지경에 이르렀다. 사정을 들은 손님 한 명이 나무를 깎아 고양이 목상을 만들어 선물했고, 그녀는 고양이 목상을 애지중지하면서 슬픔을 달랬다고 한다. 이 이야기는 마네키네코 전설의 여러 기원 중 하나이다.

이처럼 마네키네코에는 다양한 유래가 있지만, 공통적인 것은 행운과 부를 상징한다는 것이다. 불행을 쫓는 의미로 사용되는 검은색 마네키네코는 특히 스토커 때문에 괴로워하는 젊은 여성에게 인기가 있다고 한다.

고양이는 영물

변신하는 네코마타

'고양이는 영물'이라는 이야기가 있습니다. 개와 더불어 인간이 오랫동안 기른 애완동물인 고양이는 충성의 상징인 개와는 달리 거리감이 있습니다. 그것은 주인이라고 쉽게 안기지 않고 거리를 두는 고양이 특유의 성격이 한몫을 한 것으로 보입니다. 비교적 고양이를 친숙한 존재로 받아들이는 일본에서도 고양이에 관한 기이한 이야기들이 많은 편이죠. 특히 일본에 널리 퍼진 네코마타 이야기는 인간이 고양이라는 존재에 대해 근본적으로 가지고 있는 복잡한 마음을 드러내는 사례라고 할 수 있겠습니다. 네코마타는 크게 두 가지로 나눠집니다. 하나는 산속에 살면서 인간을 위협하는 것이고, 다른 하나는 인간과 함께 살면서 해를 끼치는 것입니다. 네코마타 이야기는 비교적 이른 시기부터 등장하며, 다양한 지역에서 각기 다른 형태로 전승되었습니다. 인간과 함께 살던 고양이가 네코마타로 변신했다는 이야기는 일본 곳곳에 퍼졌으며, 이와 관련된 지명들도 많이 있습니다.

우에스기 겐신이라는 걸출한 영웅이 다스리던 에치고 지방, 그러니까 오늘날의 니가타 지방에서 전해져 내려오는 이야기다.

땅을 제법 가지고 있어 부자라는 소리를 듣는 남자의 집에 낯선 여인이 찾아온 것은 해질 무렵이었다. 대문을 두드린 여인은 문을 연 하인을 통해 주인에게 전갈을 전했다.

"저는 교토 출신의 다쓰메라고 합니다. 사연이 있어서 부모님을 모시고 이곳 에치고까지 왔으나 전염병으로 가족들을 모두 잃고 혼자가 되었습니다. 부디 불쌍히 여기시고 하녀로 거둬 주소서."

애기를 들은 주인은 밖으로 나와서 그녀를 직접 봤다. 장례를 치른 지 얼마 되지 않았는지 검정색 기모노 차림의 여인은 30대 정도의 나이에 기품이 있어 보였다. 안으로 불러들여 몇 마디 물어보자 아는 것도 제법 많아 보였고, 특히 교토 귀족들이 사용하는 예의범절에 대해 아주 자세히 알고 있었다. 주인은 일단 하룻밤을 재우고 아내와 상의하기로 결정했다. 남편의 이야기를 들은 아내도 반색했다.

"마침 두 딸이 시집갈 때가 다 되었는데 잘 되었네요. 딸들에게 예의범절을 가르치면 되잖아요."

그렇게 해서 다쓰메는 그 집 하녀로 일하게 되었다. 그녀는 주인 부부가 기대했던 대로 딸들에게 교토의 예의범절을 잘 가르쳐 주었다. 그뿐만 아니라 다림질과 바느질도 잘해서 한 사람 몫을 너끈히 해냈다. 단 하나, 고양이 가죽으로 만든 악기인 샤미센은 가까이하지 않았다. 왜 그런지 주인이 묻자 다쓰메는 어두운 얼굴로 대답했다.

"저 악기는 게이샤들이나 다루는 악기입니다."

그 정도만 빼고는 흠 잡을 데가 없었기 때문에 주인 부부는 흡족해했다.

그러던 어느 날이었다. 측간에 갔다가 돌아오던 주인의 아내는 다쓰메의 방에 등불이 켜져 있는 것을 봤다. 무슨 일인가 호기심이 든 아내는 발뒤꿈치를 들고 살금살금 다가가서 미닫이문을 살짝 열고 방 안을 살폈다. 등불 앞에 앉은 다쓰메 옆에 놓인 치아를 검게 물들이는 가루를 보고 아내가 중얼거렸다.

"오하구로(일본의 여인들이 치아를 검게 물들이던 풍습. 메이지 시대까지 이어졌다가 현재는 사라졌다)를 하는 모양이군."

그런데 그다음에 기절초풍할 모습이 보였다. 다쓰메가 두 손을 머리에 갖다 대더니 힘을 줘서 뽑아내 버린 것이다. 그리고 아무렇지도 않게 바로 앞의 화장대에 머리를 올려놓고 붓으로 치아를 검게 칠했다. 아내는 너무나 놀란 나머지 비명을 지를 뻔했지만 겨우 참고 방으로 돌아왔다. 그리고 다음 날 아침이 되자마자 다쓰메를 불렀다.

"그동안 수고했다. 일한 비용은 넉넉히 쳐 줄 테니까 오늘까지만 일하거라."

그러자 평소에는 온화하던 다쓰메의 얼굴이 굳어졌다.

"어제까지만 해도 평생 일하라고 말씀하시더니 대체 무슨 연유로 생각이 바뀌신 겁니까?"

아내는 애써 침착한 얼굴로 대답했다.

"아니다. 이제 딸들이 혼례를 치를 때가 되어 이것저것 들어갈 비용이 많아서 그러느니라. 여유가 생기면 꼭 다시 부를 터이니 너무 서운하게 생각하지 말거라."

이야기를 마친 아내는 돈이 든 주머니를 건넸다. 하지만 다쓰메는 주머니를 챙기는 대신 괴성을 지르며 아내에게 덤벼들어 목덜미를 물어뜯었다. 놀란 아내가 비명을 지르자 주인이 뛰어들어왔다가 이 광경을 보고 말았다. 당장 칼을 뽑아들고 아내를 공격하는 다쓰메를 베었다. 그러자 다쓰메는 짐승 같은 비명을 지르며 바닥을 뒹굴었다. 쓰러진 다쓰메에게서 어금니가 돋아나고 얼굴에서 털이 삐죽삐죽 튀어나왔다. 젊은 시절 전쟁터에서 제법 공을 세운 적이 있던 주인은 한쪽 발로 다쓰메를 밟고 칼로 머리부터 발끝까지 단칼에 베어 버렸다. 다다미와 장지문에 피가 튀면서 다쓰메는 두 동강이 났다. 칼을 거둔 남편이 벌벌 떨고 있는 아내에게 물었다.

"대체 이게 무슨 일이요?"

아내가 자초지종을 털어놓자 주인은 믿기지 않는 표정으로 다쓰메를 바라봤다. 그러자 아름다웠던 여인은 꼬리가 두 개 달린 늙은 고양이로 변했다. 그 모습을 보고 깜짝 놀란 주인이 소리쳤다.

"우리집에서 오랫동안 살다가 올 봄에 없어진 고양이잖아."

정신을 차린 아내가 살펴보니 과연 아버지 대부터 이 집에 살던 얼룩 고양이와 닮아 있었다. 나이가 들면서 늘 창고 구석에서 잠만 자던 얼룩 고양이는 언제부터인가 집에서 사라졌는데, 네코마타로 변해서 다시 찾아온 것이다. 한숨 돌린 주인은 아랫것들을 불러 늙은 고양이의 시신을 불태워 버리라고 지시했다. 죽을 고비를 넘긴 아내는 한동안 드러누웠다가 겨우 일어났다.

고양이는 무엇을 얻기 위해 다쓰메로 변했을까? 아마 오랫동안 무관심과 홀대를 받으며 쌓아온 원망을 풀기 위해 여인으로 변해서 찾아왔던 것이 아닐까 싶다.

후쿠시마 현의 아이즈 지방에서도 네코마타에 관한 이야기가 전해진다. 아나자와라는 이름을 가진 용맹한 사무라이가 있었는데, 전쟁터에서 공을 세우자 주군인 아이즈의 다이묘가 성문을 지키는 새로운 임무를 맡겼다. 갓 결혼한 그는 아직 눈썹에 새파란 흔적이 남아 있는(일본 여인들은 결혼을 하면 치아를 검게 물들이고 눈썹을 미는 풍습이 있었다. 아직 눈썹이 새파랗다는 것은 신혼이라는 의미다) 아내와 함께 아이즈 성으로 들어왔다.

전쟁터와는 달리 한가로운 일상이 계속되자 아나자와는 낚시에 취미를 붙였다. 그래서 종종 집을 떠나 강 옆에 있는 오두막에 머물면서 물고기를 잡기도 했다. 휴가를 얻은 아나자와는 낚싯대와 바구니를 챙기고 빨리 오라는 아내의 잔소리를 뒤로 한 채 오두막으로 향했다. 낚시로 잡은 물고기들을 불에 굽고 있는데 바깥에서 인기척이 들렸다. 전쟁터에서 오랫동안 지내온 아나자와는 본능적으로 칼을 집은 채 밖으로 나왔다가 깜짝 놀랐다.

"아니? 당신은⋯⋯."

등이 굽고 쭈글쭈글한 주름살로 가득 뒤덮여 있긴 했지만, 어린 시절 그의 유모가 분명했다. 부모님이 모두 돌아가시고 가산을 정리할 때 유모도 집을 떠났고, 그 후로는 얼굴을 보지 못했다. 하지만 어린 그를 도맡아 길렀던 유모에 대한 추억은 남달랐다. 너무나 기쁜 나머지 아나자와는 늙은 유모의 두 손을 꼭 움켜잡았다.

"그동안 어떻게 지냈소?"

"이곳저곳을 떠돌면서 하녀 일을 했지요. 그러다 나이가 들고 더 이상 일을 못하게 되면서 주인집을 나와서 절에 몸을 맡기러 가는 길이었습니다. 이 근처를 지나다가 아나자와 님의 소식을 듣고 죽기 전에 한 번 뵙고 가려고 들렀습니다."

"잘 왔소. 어서 들어오시구려."

아나자와는 늙은 유모를 데리고 오두막으로 들어왔다. 유모는 이로리에서 굽고 있던 생선을 보고는 군침을 삼켰다. 아나자와는 구운 생선을 몇 개 접시에 담아 줬다. 그러자 늙은 유모는 손가락으로 생선을 집어 허겁지겁 삼켰다. 아무리 배가 고파도 예의범절을 잊지 않았던 유모의 모습을 기억하고 있던 아나자와는 고개를 갸우뚱했다.

그렇게 식사를 마친 유모와 마주 앉아 아나자와는 지난 얘기들을 했다. 그러다 밤이 깊어지자 이야기를 더 나누기 위해 등잔에 불을 밝히려고 했지만 유모는 피곤하다며 구석에 누웠다. 역시 뭔가 이상하다는 생각이 든 아나자와는 칼을 품에 안고 벽에 기댄 채 앉아서 졸았다.

밤이 깊어지고 달이 떠오르면서 오두막 안에 달빛만 남았다. 그러자 잠시 후 늙은 유모가 일어나는 기척이 느껴졌다. 실눈을 뜬 아나자와는 늙은 유모가 등잔의 기름을 혀로 핥아 먹는 모습을 목격했다. 기름을 핥아 먹은 늙은 유모는 아나자와 쪽을 쳐다보더니 낮은 목소리로 중얼거렸다.

"자고 있는 중에 잡아먹으려고 했더니 사무라이라서 그런지 칼을 품고 자는구나. 사무라이의 고기 맛을 보고 싶었는데 애석하다. 아침까지 동태를 살펴봐야겠다."

그러고는 다시 자리로 돌아가서 눈을 붙였다. 한참 후에 눈을 뜬 아나자와는 속으로 생각했다.

'유모로 변신한 요괴가 틀림없다. 이대로 있다가는 내가 당하고 말겠어.'

하지만 아무리 요괴로 변했다고 해도 자신을 길러 준 유모를 해칠 수는 없었다. 머뭇거리던 아나자와는 어린 시절 유모가 들려준 이야기를 기억해 냈다.

'털을 거꾸로 쓰다듬으면 네코마타인지 아닌지 알 수 있다고 했지.'

일부러 코를 골면서 자는 척하던 아나자와는 밤이 더 깊어지자 살금살금 유모 곁으로 다가갔다. 그리고 기모노 밖으로 삐져나와 있던 종아리를 거꾸로 쓰다듬었다. 그러자 유모의 몸에서 광채가 나면서 두 개의 꼬리가 기모노 밖으로 삐져나왔다. 눈을 뜬 유모가 기이한 소리를 내면서 덤벼들었다. 훌쩍 뒤로 피한 아나자와는 단숨에 유모를 베어 버렸다. 목덜미부터 가슴팍까지 베인 유모는 고통스러운 신음과 함께 몸을 뒤틀면서 바닥을 뒹굴었다. 그리고 마침내 움직임을 멈췄다. 부싯돌로 등잔불을 켜고 살펴보자 거대한 고양이였다. 오랜 세월을 산 고양이가 요괴인 네코마타로 변했던 것이다.

하마터면 봉변을 당할 뻔했던 아나자와는 날이 밝자마자 집으로 돌아왔다. 하지만 집에서 기다리고 있어야 할 아내가 사라지고 없었다. 불길한 느낌이 든 아나자와는 하인과 마을 사람들을 이끌고 아내를 찾아 나섰다. 마을을 뒤지던 아나자와는 아내의 흔적을 찾지 못하자 근처의 산으로 향했다.

정신없이 헤매던 그는 허름한 차림의 나무꾼을 발견하고 아내의 행방을 물었다. 고개를 갸웃거리던 나무꾼이 대답했다.

"아까 산에서 내려오는 길에 벼랑 끝 낭떠러지에 있는 나무에 뭔가 걸려 있는 걸 봤습니다."

정신이 번쩍 든 아나자와가 나무꾼을 앞세워 벼랑으로 향했다. 과연 그의 말대로 벼랑 끝에 자란 나무에 아내의 시신이 걸쳐 있었다. 슬픔이 복받쳐 오른 아나자와는 아내의 시신을 끌어올리려고 했다. 하지만 낭떠러지에 있는 나무라 쉽사리 접근할 수 없었다. 아나자와는 물론, 따라온 마을 사람들 모두 발을 동동 구르고 있는데 나무꾼이 나섰다.

"소인에게 칼을 빌려 주시면 절벽으로 내려가서 시신을 가져오겠습니다."

"오, 그래 주겠는가?"

반가운 마음에 아나자와는 선뜻 칼을 빌려 주려고 하다가 나무꾼의 눈동자가 이상한 것을 보고는 손을 멈췄다. 거듭 칼을 달라고 간청하던 나무꾼에게 아나자와가 호통을 쳤다.

"괴이한 것, 정체를 밝혀라!"

그러자 나무꾼은 갑자기 몸을 뒤틀더니 온몸에서 털이 돋아나고 눈이 찢어졌다. 그리고 두 개의 꼬리가 돋아났다. 고양이처럼 가르릉 거리는 소리를 낸 나무꾼이 말했다.

"내 아내를 죽인 복수를 하려고 했는데 안타깝도다."

그러고는 절벽으로 몸을 날렸다. 날렵하게 몸을 움직인 네코마타는 절벽의 나무에 걸린 아내의 시신을 입에 물고는 어디론가 사라졌다. 그때야 비로소 네코마타가 한 쌍이었다는 사실을 알아차린 아나자와는 모골이 송연했다. 하지만 어떻게든 아내의 시신을 찾아야만 했다. 마을 사람들에게 방책을 묻자 늙은 촌장이 말했다.

"예로부터 이 산에는 민가에 살던 늙은 고양이들이 요괴로 변해서 올라와 살고 있다고 전해집니다. 산 중턱의 동굴에 그들의 거처가 있다고 하니 그곳으로 갔을지 모릅니다."

이야기를 들은 아나자와는 서둘러 그곳으로 향했다. 과연 촌장의 말대로 산 중턱에 동굴이 있었는데 주변에는 물고기와 사람의 뼈가 가득했다. 마을 사람들이 켠 횃불을 들고 동굴 안으로 들어간 아나자와는 깊숙한 곳에서 아내의 시신을 지키고 있던 네코마타를 발견했다. 이빨을 드러낸 네코마타는 아나자와에게 덤벼들었다. 아나자와는 횃불을 던진 뒤 가지고 있던 칼로 네코마타를 베었다. 숨통이 끊긴 네코마타는 바닥에 쓰러졌다. 아나자와는 아내의 시신을 들춰 매고 동굴 밖으로 나왔다.

이 사건 이후 네코마타가 출몰했던 산은 네코마가타케, 즉 네코마타의 산이라는 이름이 붙었고, 아나자와의 칼은 네코마타를 베었다는 뜻의 네코기리마루라고 불렸다.

일본 음식점에 가면 한쪽 발을 든 고양이 인형을 볼 수 있다. 마네키네코라고 불리는 이 고양이 인형은 복과 재물을 부른다는 믿음을 준다. 이렇게 좋은 일을 가져다 주는 신으로 섬겨지는 동시에 요괴라는 이면도 가지고 있던 고양이는 그만큼 일본인에게 친숙하면서도 두려운 존재였다. 다른 문화권에서도 고양이는 흔히 비밀을 가지고 있는 존재로 비춰진다.

한편 일본의 고양이 요괴 이야기는 80년대 크게 유행했던 홍콩 할매 귀신과 연관이 있는 것으로 추측된다. 고양이와 함께 비행기를 타고 홍콩에서 서울로 오던 할머니가 비행기 사고로 죽은 후 절반은 고양이 모습을 한 귀신으로 변했다는 이야기는 고양이를 모티브로 했다는 점에서 유사성을 보인다.

이런 사례를 통해 두려움은 시대와 사람을 가리지 않으며, 그것이 들려주는 기이한 이야기는 모두를 흠뻑 빠지게 만든다는 것을 알 수 있다.

원수를 갚다

바케네코의 복수

전국 시대의 혼란은 도쿠가와 이에야스가 세키가하라 전투에서 반대파들을 제압하고 오사카성에 은거하고 있던 도요토미 히데요시의 잔존 세력들을 물리치면서 끝이 났습니다. 오다 노부나가의 죽음 이후 이어진 혼란을 끝내고 일본을 통일한 것이죠. 하지만 이 통일은 세력 균형의 성격이 강합니다. 즉 도쿠가와 집안에서 대대로 쇼군직을 계승하면서 집권하고, 각지의 다이묘들은 반독립적인 상태로 통치하는 형태입니다. 천황이 아닌 특정 집안이 막부를 통해 통치하며 각지의 다이묘들을 완벽하게 제압할 수 없었기 때문에 일어난 현상입니다. 도쿠가와 이에야스는 전후 논공행상을 하면서 자신의 집안이나 측근들을 에도 근처에 배치하고, 반목했던 다이묘들은 멀리 지방으로 보냈습니다. 그리고 한 지역에 하나의 성만을 남겨 놓고 모두 철거할 것을 지시하는 등 반역을 막기 위해 여러 가지 조치를 취했습니다. 그중에서 가장 핵심적인 정책이 바로 산킨코다이(참근교대)입니다. 3대 쇼군인 도쿠가와 이에미쓰 때부터 시행된 이 제도

는 전국 각지의 다이묘들이 에도로 상경해서 일정 기간 머무르는 것을 말합니다. 당사자가 에도에 없을 때는 후계자나 직계 가족, 혹은 정실부인이 머물러야만 했습니다. 일종의 인질인 것이죠. 다이묘가 고향에서 에도로 오가기 위해서는 막대한 인원을 끌고 움직여야 했으며, 이 와중에 막대한 비용을 써야만 했습니다. 심지어는 자신들이 오가는 길을 직접 정비해야 하는 책임도 주어졌습니다. 이렇게 다이묘들은 에도와 고향을 오가면서 적지 않은 재정 지출을 했는데, 그러면서 자연히 다이묘들의 세력을 약화시키는 효과도 가져왔다고 합니다. 이번 기담은 신킨코다이 때문에 에도에 올라와 있던 사가 번의 다이묘 나베시마 미쓰시게를 둘러싸고 벌어진 이야기입니다.

시작은 바둑 때문이었다. 에도에 올라온 이후 할 일이 없어서 심심했던 나베시마 미쓰시게는 휘하의 가신인 류조지 마타하치로와 바둑을 두었다. 마타하치로가 몇 판이나 이겨 버리자 슬슬 약이 오른 미쓰시게는 마지막으로 한 판 더 두자고 했다. 만약 마타하치로가 조금이라도 눈치가 있었다면 한 판 정도는 졌을 것이다. 하지만 이번에도 그가 이기고 말았다. 화가 머리끝까지 난 미쓰시게는 사소한 것을 트집 잡아서 화를 냈다. 이에 마타하치로가 지지 않고 말대꾸를 하자 격분한 미쓰시게는 이성을 잃은 채 칼을 뽑아서 내리치고 말았다. 뜻밖의 공격을 받은 마타하치로는 그 자리에서 숨졌다.

뒤늦게 정신을 차린 미쓰시게는 가신인 고모리 한자에몬에게 마타하치로의 시신을 비밀리에 치우라고 명령했다. 주군은 부하의 생살여탈권을 쥐고 있기 때문에 처벌을 받지는 않았다. 하지만 바둑을 두다가 칼을 휘둘러서 죽였다는 소문이 퍼지면 체면을 깎일 것을 두려워했던 것이다.

명령을 받은 한자에몬은 마타하치로의 시신을 은밀히 저택 밖으로 빼돌려 조용히 화장했다. 얼마 후 한자에몬은 사가 번으로 먼저 돌아왔다. 주군은 계속 에도에 머무른다고 해도 휘하의 가신

들은 일을 처리하기 위해 종종 왕래하곤 했다.

한편 고향인 사가 번에서는 마타하치로의 아내 오마사가 남편을 기다리는 중이었다. 하지만 아무리 기다려도 남편은 돌아오지 않았다. 오마사는 에도에 사람을 보내 남편의 소식을 수소문하기도 하고, 먼저 돌아온 가신들에게 행방을 묻기도 했다. 그러다 우연찮게 남편이 미쓰시게의 손에 목숨을 잃었다는 사실을 알았다. 아무리 은밀하게 처리했다고 한들, 보는 눈이 한둘이 아니었던 것이다. 어렵게 사실을 전해 들은 오마사는 절망에 빠졌다.

'내 남편이 무슨 잘못을 저질렀다고 이렇게 억울하게 죽는단 말인가.'

그녀는 죽은 남편을 위해 복수하고 싶었다. 하지만 가신은 주군의 말 한마디에 죽고 사는 것이 결정되는 세상이었다. 무엇보다도 화가 난 것은 주군이 남편을 죽이고 나서도 잘못을 뉘우치거나 실수를 인정하지 않았다는 점이다. 남편의 명예를 되찾을 길이 없던 오마사는 집안에 틀어박혀 눈물로 세월을 보냈다. 그런 그녀의 옆을 지켜 주는 것은 오직 검은 고양이 한 마리뿐이었다. 슬픔이 깊어질수록 원한도 계속됐다. 복수할 방법을 찾던 그녀는 반쯤 미친 채 품속의 고양이에게 말했다.

"내가 힘이 없어서 억울하게 죽은 남편의 복수도 할 수 없구나. 너라도 내 복수를 도와주려무나."

몇 번이고 같은 얘기를 반복하던 그녀는 손에 쥐고 있던 단검으로 목을 깊게 찔렀다. 시뻘건 피가 뿜어져 나오는 가운데 그녀의 숨이 끊어졌다. 주인의 피를 뒤집어쓴 검은 고양이는 다다미를 적신 피를 몇 번 핥더니 창문 밖으로 나가서 어디론가 사라졌다. 오마사의 시신은 뒤늦게 발견되었고, 가족들에 의해 조촐하게 장례가 치러졌다.

마타하치로의 시신을 처리한 한자에몬의 집에서 기이한 일이 벌어진 것은 오마사가 스스로 목숨을 끊은 직후였다. 늙었지만 정정하던 어머니가 어느 날부터 이상하게 변한 것이다. 좋아하던 밥 대신 생선, 그것도 날생선만 먹기 시작했다. 그것도 모자라 밤에 몰래 부엌으로 가서 생선을 훔쳐 먹었다. 그뿐만이 아니었다. 그녀의 잠자리를 돌보던 하녀는 한자에몬에게 이상한 얘기를 했다.

"주인마님께서 등잔의 기름을 핥아 드셨습니다."

또한 예전에는 목욕을 좋아해서 하루가 멀다 하고 씻었는데 요즘에는 세수조차 하려고 들지 않는다는 것이었다. 부쩍 걱정이 된 그는 잠을 자지 않고 한밤중이 되기를 기다렸다.

깊은 밤중, 한자에몬은 장지문이 스르륵 열리는 소리를 들었다. 마루를 지나가는 발자국 소리가 부엌으로 향하는 것을 확인한 그는 칼을 들고 조용히 문을 열었다. 살며시 부엌으로 다가가자 부스럭거리는 소리가 들려왔다. 이번에도 어머니가 생선을 몰래 훔쳐 먹는 것 같았다. 한자에몬은 조심스럽게 부엌을 살펴봤다가 바닥에 쪼그리고 앉아 생선을 뜯어 먹고 있는 어머니를 보고 깜짝 놀라고 말았다. 괴이한 자세도 그렇지만, 온통 털로 뒤덮인 얼굴은 사람이 아니라 고양이였다. 부엌에 있는 것이 말로만 듣던 바케네코(고양이 요괴)라는 것을 확인한 한자에몬은 문을 박차고 부엌으로 들어가서 칼을 휘둘렀다. 하지만 고양이는 훌쩍 몸을 날려 칼을 피하더니 부뚜막 위에 걸터앉았다.

"정체를 밝혀라! 내 어머닌 어쩐 것이냐?"

한자에몬의 호통에 고양이는 음산한 웃음소리를 냈다.

"나는 류조지 마타하치로의 아내 오마사의 영혼이 깃든 바케네코다. 첫 번째 복수를 하기 위해 이 집에 와서 너의 어머니를 제물로 삼았다."

"우리 어머니가 무슨 죄가 있다고!"

한자에몬의 항변에 바케네코는 쓴웃음을 지었다.

"마타하치로를 몰래 묻은 것은 죄가 아니더냐? 한솥밥을 먹던 동료가 그렇게 비참하게 죽었는데 명복을 빌어 주지도 않고 아무 죄도 없다고 하다니 참으로 어이가 없구나."

"어머니의 원수!"

진상을 듣게 된 한자에몬은 닥치는 대로 칼을 휘둘렀다. 하지만 바케네코가 한발 빨랐다. 다른 장지문을 부수고 부엌을 빠져나간 바케네코는 뜰로 나간 다음 담장을 훌쩍 뛰어넘어서 어디론가 사라져 버렸다. 한자에몬은 하인들에게 집안을 샅샅이 뒤지도록 했다. 그러자 어머니의 방 다다미 아래에서 목이 물어뜯긴 채 죽어 있는 시신이 발견되었다. 다름 아닌 어머니였다. 바케네코가 죽이고 어머니로 변신했던 것이다.

한자에몬은 서둘러 어머니의 장례를 치르는 한편, 아직 에도에 머물고 있던 주군에게 편지를 써서 이 사실을 알렸다. 편지를 받은 미쓰시게는 그때야 자신의 잘못을 뉘우쳤지만 이미 늦고 말았다. 그러는 사이 교대 기간이 끝났고, 미쓰시게는 서둘러 사가 번으로 내려갔다. 그리고 내려가기 전에 성안의 방비를 단단히 하라고 일렀다.

하지만 바케네코는 교묘하게 성안으로 들어가서 미쓰시게가 총애하던 애첩 오토요를 물어 죽이고 그녀로 변신했다. 그리고 주변 하녀들도 한 명씩 없애고 다른 바케네코들을 불러들여 변신시켰다. 이렇게 바케네코들이 오토요는 물론, 주변을 지키던 하녀들로 변신하는 바람에 아무도 가짜라는 걸 눈치채지 못했다.

오토요로 변신한 바케네코는 고향으로 돌아온 미쓰시게를 따뜻하게 맞이했다. 그리고 심신이 지치고 번뇌에 빠져 있던 미쓰시게를 위로하면서 차츰 그의 기를 빼앗았다. 결국 기력을 모두 빼앗긴 미쓰시게는 드러눕고 말았다. 오토요는 그 틈을 타서 그의 자리를 차지했다. 오토요가 사실상 미쓰시게를 대신하자 곧 가신들은 두 패로 나눠졌다. 갈등이 심해지면서 긴장감이 높아져 갔다. 이렇게 갈등과 분열이 이어지자 성안의 분위기는 계속 어두워졌다.

한편 어머니의 장례를 치른 한자에몬은 성안의 일이 묘하게 돌아가는 것을 보고는 바케네코의 음모가 진행되고 있다고 짐작했다. 하지만 바케네코가 누구로 변신했는지 알아볼 도리가 없었다.

오토요가 제일 의심이 가긴 했지만 함부로 살펴보거나 추궁할 수 없는 노릇이었다. 고민하던 한자에몬은 창의 고수이며 미쓰시게의 호위를 맡고 있던 모토에몬에게 은밀히 부탁했다.

"오토요의 행동에 수상쩍은 점이 많네. 자네는 주군을 곁에서 지키는 몸이니 그녀의 일거수일투족을 잘 감시하게."

다행히도 모토에몬은 오토요를 싫어했기 때문에 기꺼이 승낙했다. 평소에 아끼던 창을 든 모토에몬은 은밀하게 미쓰시게의 곁을 지켰다.

그러던 어느 날 밤의 일이었다. 미쓰시게가 자는 곳의 바로 옆 방에서 숨을 죽인 채 동태를 살피던 모토에몬의 귀에 고통에 찬 신음이 들려왔다. 소리가 난 곳은 다름 아닌 미쓰시게의 방이었다. 슬그머니 움직인 모토에몬은 미닫이문을 살짝 열고 방 안을 들여다봤다. 그러자 커다란 바케네코가 누워 있는 미쓰시게 주변을 돌면서 주술을 걸고 있는 게 보였다.

모토에몬은 즉시 장지문을 박차고 들어갔다. 그러자 주술을 걸고 있던 바케네코는 반대쪽 장지문을 뚫고 도망치려고 했다. 하지만 이번에는 모토에몬이 한발 빨랐다. 번개같이 날아간 창은 바케네코의 몸통을 꿰뚫어 버렸다. 하녀로 변신했던 다른 바케네코들이 덤벼들었지만, 때마침 소리를 듣고 달려온 한자에몬이 칼을 휘둘러 모조리 목을 베었다.

다음 날, 성안의 정원 한구석에서 한자에몬의 어머니처럼 목이 물린 채 죽어 있는 오토요의 시신이 발견되었다. 자신의 잘못이 어떤 결과를 가져왔는지 똑똑히 깨달은 미쓰시게는 깊이 반성했다고 한다.

이 사건은 가부키에서 주요 소재로 다뤄지는 매우 유명한 기담이다. 억울하게 죽은 남편의 복수를 다짐하며 자살하는 여인과 그 여인의 영혼을 받아들여 바케네코가 된 고양이. 그리고 영문도 모른 채 죽은 한자에몬의 어머니와 오토요와 그 하녀들까지, 처절한 복수의 희생자들이 수놓은 비극은 아마 수많은 관객들을 전율하게 만들었을 것이다. 또한 일본에서는 고양이가 오래 살면 바케네코로 변한다고 믿었다. 이것은 오래 산 고양이는 특별한 능력을 가진다는 오랜 믿음이 있었기 때문이다. 아울러 현실적으로 억울함을 풀 수 없었던 일본의 여인들이 최후에 기댄 보루이기도 하다.

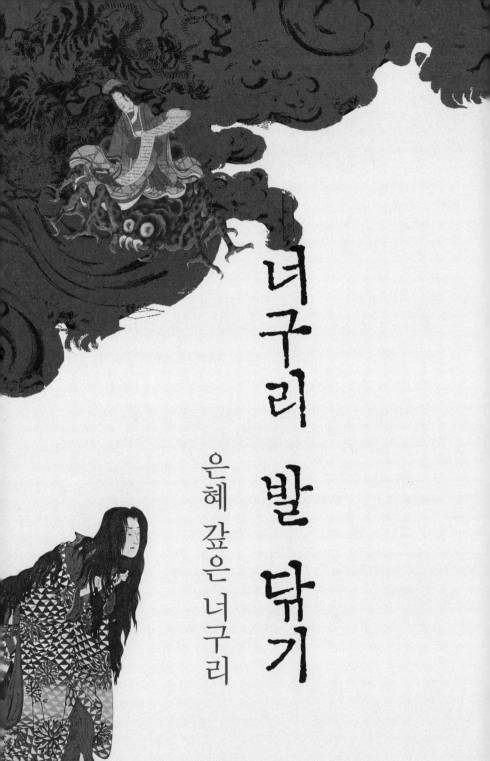

너구리 발 닦기

은혜 갚은 너구리

일본의 동물 관련 기담에는 유독 너구리가 많이 등장합니다. 일본 기담 속 너구리들은 우리나라 설화에서처럼 음흉하고, 능청스러운 모습을 보이고 있습니다. 하지만 이번 이야기처럼 은혜를 갚거나 자신들만의 세계를 가지고 있다고 믿어지기도 하죠. 우리나라에서는 별로 환영을 받지 못하는 존재인 너구리가 많이 등장한 이유는 무엇일까요? 에도 시대에는 각종 출판물이 발간된 것은 물론, 가부키와 조루리 같은 연극과 인형극들이 활발하게 상영되었습니다. 자연스럽게 소재가 될 만한 이야깃거리를 찾거나 만들어 내야만 했고, 그 와중에 일본인과 친숙했던 너구리와 고양이가 발탁된 것으로 보입니다. 도쿄가 에도로 불리던 시절, 현재의 스미다 구 지역인 혼죠에서는 일곱 가지 불가사의한 일들이 전해져 내려옵니다. 그중 특히 미카사 지역에는 너구리와 관련된 재미있는 기담들이 전해지고 있죠.

에도의 혼죠 미카사, 그러니까 현재 도쿄 스미다 구의 카메자와 지역에 아지노 큐노스케라는 하타모토가 살고 있었다. 평화로웠던 시절이라 하타모토라고 해도 사실상 행정 관료나 다름없었기 때문에 큐노스케 역시 칼을 휘두르는 일은 적었다.

그렇게 평화로웠던 그의 집에 이상한 일이 생기기 시작했다. 밤만 되면 천장에서 쿵쿵대는 소리가 들리는 것이다. 한술 더 떠서 허공에서 '발을 씻기'라는 외침이 들리고, 뒤이어 천장을 뚫고 털이 달린 거대한 발이 불쑥 내려왔다. 만약 발을 씻겨 주지 않으면 화가 난 것처럼 천장을 마구 밟고 다녀서 당장이라도 집이 부서질 것 같았다. 덕분에 집안사람들은 밤마다 편안하게 잠을 자기는커녕 시도 때도 없이 울리는 발자국 소리에 잠을 설치기 일쑤였다. 참다못한 큐노스케가 동료와 이 문제를 상의했다. 얘기를 들은 동료가 물었다.

"정말인가?"

"그렇다니까. 덕분에 요즘 통 잠을 못 자겠어."

"그럼 나랑 집을 바꿔 보는 건 어떨까?"

큐노스케로서는 귀가 솔깃한 제안이 아닐 수 없었다. 당장 집을 바꾼 큐노스케는 새 집에서 편안하게 잠을 잘 수 있었다. 그렇다면 큐노스케의 집으로 옮겨 온 동료는 어떻게 되었을까? 이상하게 도 그가 이사 온 후로는 천장에서 발이 내려오지 않았다고 한다.

두 번째 이야기는 좀 더 잔혹하다. 에도 시대의 혼죠에는 개천 과 수로가 많았다고 한다. 어느 낚시꾼이 동굴이 있는 강가에서 낚싯대를 드리워 물고기를 잡았다. 바구니가 거의 다 찰 즈음에 근처 동굴에서 두고 가라는 외침이 들렸다. 놀란 낚시꾼은 바구니 를 챙길 틈도 없이 집으로 도망쳐 왔다. 그 이후 두고 가라는 외침 이 들린 동굴을 오이테케보리, 즉 '두고 가라 굴'이라고 불렀다.

이런 일이 반복되자 애써 잡은 물고기들을 잃은 사람들은 무리 를 지어 동굴로 쳐들어갔다. 그리고 마침내 숨어 있던 너구리를 잡았다. 너구리 주변에는 낚시꾼들이 놓고 간 물고기들의 뼈가 그 득했다. 사람들은 너구리가 요물이라고 욕하면서 몽둥이로 마구 때리고 발로 걷어찼다. 덕분에 너구리는 거의 죽을 지경에 이르렀 는데, 마침 지나가던 사무라이 코미야마 사젠이 이 광경을 봤다. 호기심이 생긴 그는 한걸음에 달려가서 사람들을 뜯어말렸다.

"무슨 일로 너구리를 괴롭히고 있는 것이냐?"

사람들에게 자초지종을 들은 그는 혀를 찼다.

"아무리 그렇다고 해도 너구리를 이리 괴롭히면 되겠느냐? 내 가 물고기 값을 줄 테니 너구리를 넘기게."

사람들에게 돈을 주고 너구리를 넘겨받은 코미야마 사젠은 근 처 숲으로 가서 너구리를 놓아줬다. 앞발을 모아서 절을 하는 것처럼 몇 번 고개를 숙인 너구리는 곧장 숲으로 사라졌다.

너구리를 놓아준 그는 혼죠 미카사에 있는 집으로 돌아왔다. 기다리고 있던 아내 오사와가 살갑게 맞이했다. 오사와가 떠온 대야의 물로 세수를 한 사젠이 물었다.

"젠이치는?"

"한코에서 아직 안 돌아왔어요."

공손하게 대답한 오사와가 대야를 가지고 종종걸음으로 물러났다. 마루에 앉아서 담배를 한 대 핀 사젠은 한코(藩校, 에도 시대 사무라이의 자제들을 가리키던 초등 교육기관)에서 돌아온 아들을 반갑게 맞이했다. 부엌에 있던 아내 오사와가 그 광경을 물끄러미 바라봤다. 일과를 마치고 잠자리에 든 사젠은 드르륵거리며 장지문이 열리는 소리에 눈을 떴다. 옆에 누워 있던 아내 오사와가 측간에 갔다가 돌아오는 줄 알았지만, 뜻밖에도 그의 눈앞에 나타난 것은 몇 년 전에 병으로 세상을 떠난 아내 오쿠리였다.

"다, 당신은?"

"저는 당신이 생각하는 그 사람은 아니랍니다."

"그게 무슨 소리요? 오쿠리!"

사젠은 전 부인을 향해 떨리는 목소리로 물었다.

"길게 설명할 틈이 없습니다. 지금 당신 주변에 나쁜 일을 꾸미고 있는 무리들이 있습니다. 조심, 또 조심하셔야 합니다."

"뭐라고?"

사젠은 무슨 일인지 캐물었지만 오쿠리는 스르륵 사라져 버렸다. 정신을 차리고 등불을 켠 사젠의 눈에 다다미 바닥에 떨어진 갈색 털이 보였다. 허리를 굽혀 집어 들고 자세히 살펴보자 틀림없는 너구리의 털이었다. 뒤늦게 잠에서 깬 오사와가 눈을 비비면서 무슨 일인가 물었다. 사젠은 너구리의 털을 이로리에 던져 넣었다.

다음 날, 사젠이 외출한 틈을 타서 오사와는 하녀도 대동하지 않고 밖으로 나왔다. 그녀가 향한 곳은 근처의 찻집인 다관이었다. 주변을 살피고 안으로 들어가자 미리 기다리고 있던 애인 호시아이 류노스케가 반갑게 맞이했다. 그는 낭사 집안 출신이었지만, 방탕하고 노름을 즐기는 바람에 집안에서 쫓겨나 로닌 신분이 되었다. 하지만 잘생기고 말도 잘하는 편이라 여성들에게 인기가 많았다. 오사와 역시 축제인 마쓰리에 나갔다가 그를 만나서 한눈에 반했다. 그래서 사젠과 혼인한 상태였음에도 거절하지 않고 애인이 되었다. 두툼한 방석에 앉은 오사와가 앉자마자 한숨을 쉬었다.

"어젯밤에 남편이 자다가 죽은 아내 이름을 불렀어."

"꿈에 나타났나 보지."

씩 웃은 류노스케의 말에 오사와가 주변을 살펴보고는 낮은 목소리로 말했다.

"내가 그 집에 들어간 지 5년이 넘었는데 아직도 부엌데기 취급이야. 거기다 전처가 낳은 자식인 젠이치만 애지중지하고 말이야."

오사와가 불만에 가득 찬 목소리로 말하자 류노스케는 은근슬쩍 옆자리로 다가왔다.

"이렇게 예쁜 여자를 옆에 두고도 만족하지 못하다니 욕심꾸러기구만."

"이러다가 우리 관계가 발각이라도 되는 날에는 둘 다 살아남지 못할 거야."

"어차피 인생 뭐 있겠어? 그냥 즐길 때까지 즐기는 거지."

"그러니까 제대로 즐기고 싶지 않아?"

오사와가 눈웃음을 치며 말하자 류노스케가 오비를 풀면서 물었다.

"좀 있다가 얘기해 줘."

간드러지게 웃은 오사와가 대답했다.

"알았어. 대신 내가 하자는 대로 해야 해."

며칠 후, 오후부터 비가 내리는 바람에 사젠은 등불을 든 종자를 앞세우고 우산을 쓴 채 집으로 돌아갔다. 스미다 강의 다리를 건너려는데, 맞은편에서 삿갓과 도롱이 차림의 남자가 다리 초입에 서서 비를 맞고 있었다. 대수롭지 않게 생각하고 지나가려는 찰나 삿갓을 쓴 남자가 그의 이름을 불렀다.

"코미야마 사젠!"

본능적으로 위험을 느낀 그는 칼집에 손을 댄 채 고개를 돌렸다. 하지만 미리 칼을 뽑아 도롱이 속에 숨겨 뒀던 남자가 한발 빨랐다. 단칼에 어깨부터 가슴까지 베인 사젠은 비명도 지르지 못하고 쓰러졌다. 사젠을 벤 남자는 뒤이어 종자를 베었다. 그리고 사젠의 몸을 뒤져 칼과 돈을 빼앗고, 종자의 시신을 스미다 강에 던져 버렸다.

다음 날, 해가 뜨고 사젠의 시신이 발견되었다. 에도의 경찰 업무를 담당하던 마치부교쇼町奉行所는 종자가 누군가와 짜고 주인을 살해한 후 칼과 돈을 가지고 도망친 것으로 판단했다. 하지만 사젠과 종자를 죽인 것은 호시아이 류노스케였고, 그를 사주한 것은 다름 아닌 오사와였다. 남편이 죽자 오사와는 혹시나 있을지 모를 위험에 대비한다는 명목으로 호위 무사를 데리고 들어왔는데 당연히 류노스케였다. 이제 홀가분해진 연인들은 당당하게 안채를 차지했다.

한편 아버지의 갑작스러운 죽음에 충격을 받은 아들 젠이치는 별채에서 홀로 지내는 시간이 많아졌다. 장례가 끝나자마자 낯선 남자를 데려온 계모를 보면서 무언가 잘못되어 가고 있다는 사실을 어렴풋이 알았지만, 열네 살의 젠이치가 할 수 있는 것은 없었다.

어느 날, 창밖을 우두커니 바라보고 있는데 너구리 한 마리가 보였다. 자세히 보니 입에 무언가를 물고 있었다. 겁도 없이 방 안으로 들어온 너구리는 입에 물고 있던 것을 젠이치의 발치에 놓고 사라졌다. 너구리가 놓고 간 것은 편지 묶음들이었다. 의아해진 젠이치는 편지들을 펼쳐 봤다. 편지에는 오사와와 류노스케가 사랑의 밀어를 속삭이고, 아버지인 코미야마 사젠을 해칠 음모를 꾸민 내용이 적혀 있었다. 비로소 사건의 진상을 눈치챈 젠이치는 편지를 물고 온 너구리를 찾았다. 하지만 어디로 사라졌는지 보이지 않았다.

며칠 동안 아버지의 복수를 할 기회를 노리던 젠이치는 류노스케와 오사와가 술에 잔뜩 취해 잠이 든 틈을 노렸다. 칼을 품고 안 채로 조심스럽게 들어간 젠이치는 베개를 나란히 하고 누워 있는 두 사람을 봤다. 순간 이성을 잃은 젠이치는 호통을 치면서 칼을 뽑아들고 류노스케를 내리쳤다. 하지만 오랜 로닌 생활을 하면서 잔뼈가 굵은 류노스케는 눈을 번쩍 뜨고 칼을 피했다. 그리고 머리맡에 놓아둔 칼을 집어 들었다.

"오호라. 네놈이 바로 사젠의 아들 녀석이구나."

분노가 치밀어 오른 젠이치는 앞뒤 가리지 않고 칼을 휘둘렀지만 류노스케는 능숙하게 피했다. 그리고 단번에 젠이치를 제압했다. 칼을 떨어뜨린 젠이치는 구석으로 몰렸고, 코웃음을 친 류노스케가 말했다.

"저승에 가서 아비나 만나거라."

젠이치가 최후를 각오하는 순간, 천장에서 쿵쿵대는 소리가 들려왔다. 흡사 거대한 발이 천장을 여기저기 밟고 다니는 것 같았다. 피해 있던 오사와가 비명을 질렀다.

"류노스케! 위에서 이상한 소리가 나!"

그녀의 말이 채 끝나기도 전에 천장을 뚫고 털이 잔뜩 달린 거대한 발이 불쑥 내려왔다. 그러고는 구석에 숨어 있던 오사와를 마구 짓밟았다. 거대한 발에 짓밟힌 오사와를 본 류노스케는 고함을 지르면서 칼을 휘둘렀다. 하지만 칼이 닿기도 전에 발은 천장으로 사라졌고, 피범벅이 된 오사와만 남았다. 연인의 죽음에 분노한 류노스케는 천장에 대고 소리쳤다.

"감히 내 연인을 죽이다니! 각오해라!"

잠시 후, 쿵쿵대는 소리와 함께 천장에서 또다시 발이 내려왔다. 기다리고 있던 류노스케는 힘껏 칼을 휘둘러 상처를 입혔다. 하지만 발은 아랑곳하지 않았다. 기세등등하던 류노스케는 발에게 쫓겨 오사와의 시신이 있는 곳으로 밀려났다. 그리고 그 역시 짓밟혀 숨이 끊어지고 말았다.

한숨 돌린 젠이치는 마치부교쇼에 이 사실을 알리기 위해 밖으로 나왔다. 그때 정원의 나무 사이로 사라지는 너구리의 뒷모습이 보였다. 자세히 보니 뒷발에 상처가 났는지 절뚝거리고 있었다. 너구리의 도움으로 아버지를 죽인 두 악인을 처벌한 젠이치는 그 집에서 계속 살 수 있었다. 그리고 집안에 안 좋은 일이 있을 때마다 거대한 발이 천장을 뚫고 나와 미리 암시했다고 한다.

세 번째 이야기의 무대는 현재의 치요다 구에 해당되는 로쿠반초다. 어느 날, 하타모토인 오테아라이 슈케이의 집 창고 문이 저절로 열리면서 시커멓고 커다란 오른쪽 발이 불쑥 나와 발을 씻기라고 호통을 쳤다. 시키는 대로 씻겨 주면 다시 왼쪽 발을 내밀었다. 그렇게 양쪽 발을 씻겨 주면 안으로 들어가면서 저절로 문이 닫혔다.

기이한 일이라고 생각한 슈케이는 문을 열고 나온 발을 칼로 베어 보기도 하고, 스님을 모셔 법회를 열어 쫓아내려고도 했다. 하지만 칼로 베면 다리는 연기처럼 사라졌다가 다시 나타났고, 법회를 열면 창고 안의 물건을 부수거나 쿵쿵거리면서 반항을 했다. 아무런 효과가 없자 슈케이는 창고를 불태울 결심을 했다.

그러던 어느 날, 도둑이 귀중품을 훔치기 위해 창고로 들어갔다가 거대한 발에게 짓밟혀 죽는 일이 벌어졌다. 그 이후 슈케이의 집에는 도둑이 들지 않았다. 슈케이와 집안사람들은 창고의 거대한 발이 쓸모가 있다며 무서워하거나 쫓아내지 않았다. 오히려 어른 대접을 하면서 아예 발을 닦아 주는 하녀를 고용했다. 남자가 씻겨 주면 발이 도로 들어가기 때문에 꼭 여자가 해야만 했다. 자주 보는 집안사람들이야 이상하게 생각하지 않았지만, 이 일을 위해 고용된 하녀에게는 끔찍한 일이 아닐 수 없었다. 그래서 값을 후하게 쳐 줘도 하녀들은 오래 버티지 못했다고 한다.

미국의 유명한 공포소설가인 스티븐 킹은 어린 시절은 물론, 나이가 들어서도 침대 밑에 숨어 있는 괴물을 두려워했다는 얘기가 있다. 그리고 서양에서는 벽장 속에 괴물이 살고 있다는 믿음이 오랫동안 전해져 이와 관련된 영화나 애니메이션이 만들어지기도 했다. 우리도 부뚜막에 신이 살고 있다고 믿었다.

이렇게 사람들은 친근한 공간에 자신을 해칠 존재가 있다고 믿어 왔다. 천장을 뚫고 나온 거대한 발이 사람을 도와주거나 혹은 놀렸다는 기담 역시 일본인이 친근하게 생각하는 집안 어딘가에 낯선 존재들이 살고 있다는 믿음, 혹은 두려움이 기담으로 이어진 것으로 보인다.

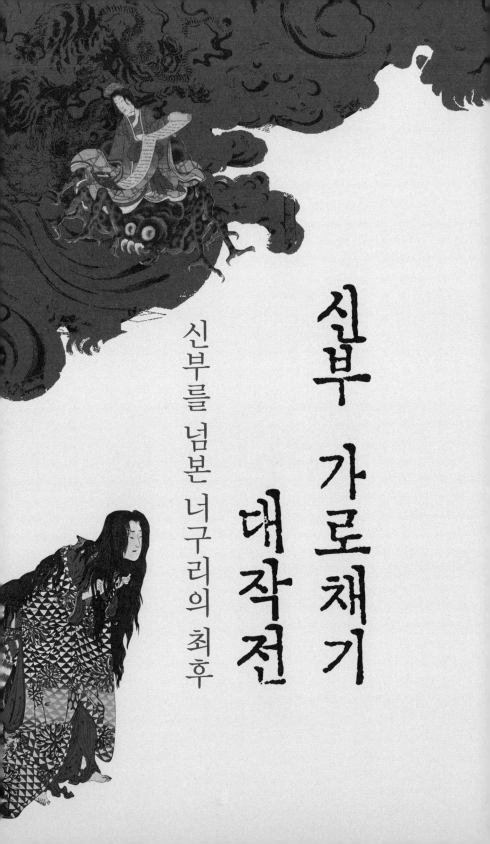

신부 가로채기 대작전

신부를 넘본 너구리의 최후

오다 노부나가, 도요토미 히데요시에 이어 혼란에 빠진 일본을 통일한 것은 도쿠가와 이에야스였습니다. 오랜 인내와 끈기로 때를 기다렸던 그는 마침내 결정적인 순간이 오자 그것을 놓치지 않고 거머쥐었죠. 이런 도쿠가와 이에야스의 별명이 '너구리'라는 점이 의미심장합니다. 일본에서 너구리는 능청스럽고, 속내를 알 수 없다는 부정적인 의미로 쓰이기 때문입니다. 너구리는 우리나라에서도 딱히 환영받는 존재가 아닙니다. 아울러 일본에서도 인간을 해치거나 조롱하는 존재로 비춰지기도 합니다. 일본인의 너구리에 대한 인식은 현대에도 이어져 미야자키 하야오 감독에 의해 애니메이션 주인공으로 재탄생되기도 했습니다. 이렇게 친근하면서도 무서운 너구리에 관한 이야기의 결정판이 바로 너구리가 인간과 결혼을 시도한 이야기입니다.

현재의 간사이 지역인 단바의 어느 한 마을에 우쓰노미야 고헤이라는 농부가 살고 있었다. 그에게는 네 딸이 있었는데, 그중 막내딸의 미모가 으뜸이었다. 고헤이는 딸들을 근처 마을로 시집보냈고, 이제 남은 건 막내딸뿐이었다. 막내딸의 나이가 열일곱 살이 되자 고헤이는 적당한 혼처를 수소문했다. 그런 와중에 전문 중매인이라고 자처하는 남자가 그의 집에 나타났다.

"이 집 막내따님이 혼처를 찾는다고 하셔서 왔습니다. 마침 적당한 혼처가 있습니다만."

"어딘가?"

흥미를 느낀 고헤이가 묻자 중매인이 대답했다.

"이웃 마을에 사는 오쿠시마 긴슈 님의 둘째 아드님입니다. 지금은 비록 농부지만 그분의 아버지 대까지는 사무라이 집안이었고, 제법 인망이 있으신 분이죠."

"긴슈 님이라면 나도 소문을 들었네. 허나 그분이 내 막내딸을 며느리로 맞아들이겠는가?"

미심쩍어진 고헤이의 반문에 중매인이 큰 소리를 쳤다.

"제가 비록 병이 나서 낙향한 신세이긴 하지만, 에도에서 한때 날리던 중매인이었답니다. 만약 소신의 말이 거짓이면 언제든지

배를 가르겠습니다."

생각해 보겠다고 하고 중매인을 돌려보낸 고헤이는 은밀히 사람을 보내 그의 말이 사실인지 알아봤다. 중매인의 말대로 긴슈에게는 올해 열일곱 살 난 아들이 한 명 있었다.

이렇게 해서 두 집안 사이에 혼담이 오갔다. 중매인이 큰소리친대로 이야기는 순조롭게 오갔고, 혼례를 치를 날짜가 정해졌다. 날짜가 정해지면서 고헤이 역시 딸을 시집보낼 준비에 한창이었다. 그런데 혼례를 며칠 앞두고 중매인이 찾아왔다.

"긴슈 님 댁에 사정이 생겨 혼례를 며칠 앞당겼으면 좋겠다고 하십니다. 긴슈 님께서 아드님과 함께 예물을 가지고 오신다고 하니 맞이하셨다가 따님을 떠나보내시면 됩니다."

"나야 상관없네."

긴슈 집안과 혼인을 한다는 사실에 기분이 좋아져 있던 고헤이는 선뜻 승낙했다. 이렇게 해서 원래 예정된 날짜보다 사흘 전에 신랑 일행이 집에 오게 되었다.

신랑을 맞이할 준비를 돕기 위해 인근 마을로 시집간 딸들과 사위들이 찾아오면서 고헤이의 집은 오랜만에 떠들썩해졌다. 제일먼저 시집을 갔던 첫째 딸은 멀리 떨어진 곳에 살아서 해가 질 무렵에야 남편과 함께 도착했다. 그녀는 먼 길을 걷다가 요괴들과 마주칠 것을 우려해 졸탑파(죽은 이의 명복을 빌고자 불경 등을 적어 묘지에 세우는것)로 만든 지팡이를 가지고 왔다.

그녀가 도착하고 잠시 후에 신랑 일행이 들이닥쳤다. 중매인을 앞세운 긴슈와 그의 둘째 아들, 이미 결혼한 큰아들과 하인들을 이끌고 온 것이다. 하인들이 짊어진 상자에는 비단과 고려인삼, 각종 예물들이 가득했다. 이를 본 고헤이는 혀를 내둘렀고, 일을 도와주기 위해 왔던 딸들도 부러운 눈길로 쳐다봤다.

기분이 좋아진 고헤이는 서둘러 잔칫상을 차렸다. 푸짐한 음식과 술이 차려졌다. 긴슈와 고헤이는 서로 술잔을 주거니 받거니 하면서 자식들이 인연을 맺는 것을 축하했다. 그리고 본격적인 예식이 치러지기 전에 잠시 신랑 가족들은 뒷마당의 별채에서 휴식을 취했다.

한편 잔치 음식을 만들던 큰딸은 막내 여동생의 남편이 어떻게 생겼는지 궁금했다. 그래서 몰래 신랑 가족들이 머무는 별채의 창문 쪽으로 다가갔다. 마침 창문에는 대나무로 만든 발이 쳐져 있어서 졸탑파로 만든 지팡이로 걷어내고 안을 들여다봤다. 그런데 방안에는 사람이 아니라 너구리만 있었다. 놀란 그녀가 눈을 비비고 봤지만 역시나 전부 너구리들뿐이었다. 하오리와 하카마를 차려입고 있었지만, 손과 발에는 털이 북슬북슬했고 얼굴도 분명 너구리였다. 그들은 술을 마시면서 얘기를 나누고 있었는데, 인간의 말이 아니라 짐승들이 내는 울음소리 같았다.

너무 놀란 큰딸은 얼른 몸을 숨기고 남편에게 돌아가서 이 사실을 알렸다. 그러자 남편은 어이없다는 표정으로 말도 안 된다고 얘기했다. 하지만 그녀가 워낙 난리를 피우자 슬쩍 가서 대나무 발을 손으로 걷어올리고 방 안을 살펴봤다. 그러고는 아내에게 말했다.

"멀쩡한 사람들이잖아. 잘못 본 거 아니야?"

남편의 말을 들은 아내는 손으로 대나무 발을 받쳐 든 채 방 안을 살펴봤다. 남편의 말대로 술잔을 주고받으면서 떠들썩하게 이야기를 나누는 건 분명 사람이었다. 남편은 아내를 타박하고 돌아갔다.

머쓱해진 아내는 부엌으로 가려다가 혹시나 하고 다시 돌아왔다. 그리고 아까처럼 졸탑파로 만든 지팡이로 대나무 발을 걷고 안을 들여다봤다. 그러자 이번에는 다시 너구리들이 보였다. 그들이 가져온 예물 역시 말과 소의 뼈들이었다. 그때야 제대로 볼 수 있었던 게 졸탑파로 만든 지팡이 때문이라는 사실을 깨달은 그녀는 얼른 남편에게 돌아갔다. 그리고 남편을 끌고 와서 졸탑파로 만든 지팡이로 대나무 발을 걷어올리고 안쪽을 들여다보게 했다. 그러자 남편은 입을 딱 벌렸다. 혼담이 오가던 것을 지켜보던 늙은 너구리들이 중매인과 신랑 쪽 가족과 하인으로 변신해서 신부 집으로 왔던 것이다.

"수백 년을 산 너구리들이 사람으로 변신할 수 있다더니 사실이었네."

"어떡하죠?"

그녀가 근심스러운 표정으로 묻자 남편은 자신에게 맡겨 두라고 얘기했다. 그리고 부인 여동생들의 남편, 그러니까 동서들을 한 명씩 불러 방 안의 너구리들을 보여 줬다. 그런 다음 일일이 지시를 내렸다.

"자네는 뒷문을 잠그고 창문의 덧창들을 닫아 버리게. 그리고 자네는 마루 밑을 판자로 막아 버려. 그런 다음에 내가 신호를 하면 일제히 놈들을 공격하게."

얘기를 끝낸 큰딸의 남편이 짐짓 모른 척을 하며 신랑 일행이 머물고 있는 방으로 들어갔다. 그리고 새신랑의 맞은편에 앉았다.

"자네가 막내 동서구만. 만나서 반갑네."

큰딸의 남편은 일부러 호탕하게 웃으며 술잔을 건넸다. 신랑으로 변신한 너구리가 쑥스럽게 웃으며 술잔을 받으려고 손을 내밀었다. 그 틈을 노려 큰딸의 남편이 팔을 움켜잡고 비틀어 버렸다. 그것을 신호로 삼아 다른 동서들이 칼과 몽둥이를 들고 우르르 몰려들었다. 놀란 신랑 측 손님들과 중매인이 소리쳤다.

"손님들에게 이게 무슨 짓들인가?"

하지만 이미 그들의 실체를 알고 있던 사람들은 아무런 망설임 없이 칼과 몽둥이를 휘둘렀다. 공격을 받고 손님들이 비명을 지르자 고헤이와 부인이 사위들을 뜯어말렸다.

"이게 무슨 짓들이야. 멈추게."

그러자 큰딸이 옆에서 자초지종을 설명했다. 실제로 칼과 몽둥이에 맞아 죽은 신랑 측 손님들이 모두 너구리로 변하자 고헤이와 부인도 비로소 사태를 깨달았다.

그러는 사이 뿔뿔이 흩어진 너구리들은 집 밖으로 도망치려고 했지만, 문은 굳게 잠겨 있었고 창문은 물론, 숨어들어 갈 마루도 이미 막아 놓은 상태였다. 궁지에 몰린 너구리들은 무릎을 꿇고 살려 달라고 용서를 빌었다. 하지만 집안사람들은 중매인과 새 신랑, 신랑 측 가족과 하인으로 변신한 너구리들을 한 마리도 남김없이 모두 죽였다.

며칠 후 진짜 신랑과 가족들이 와서 혼례를 치렀다. 눈에 넣어도 아프지 않을 막내딸을 졸탑파로 만든 지팡이의 영험함 덕분에 너구리들로부터 지켜 낸 것이다.

너구리들은 왜 이런 장난을 쳤을까? 일본 기담에 등장하는 너구리들은 사악하다기보다는 장난기가 많고 음험하다. 아마도 신부를 진짜로 납치할 생각보다는 신부 가족들을 골려 먹을 생각이었을 것이다. 하지만 고혜이 쪽 집안에서는 다른 일도 아니고 혼례에 관련된 일들을 웃고 넘길 수 없었다. 결국 과한 장난은 처참한 학살로 끝을 맺었다.

할머니의 원수를 갚다

토끼의 복수

오늘날 일본에서 너구리는 친근한 마스코트나 캐리커처로 자주 사용되는 동시에 속을 알 수 없는 사람, 혹은 믿을 수 없는 동료나 상사를 지칭할 때도 쓰입니다. 이런 이중적인 이미지는 너구리가 그만큼 오랫동안 일본인 곁에 존재했다는 것을 뜻합니다. 아울러 너구리가 등장하는 수많은 기담 역시 친근함과 그 친근함 속의 공포를 의미하죠. 너구리 관련 기담의 특징 중 하나는 너구리가 인간처럼 패를 지어 싸운다는 점입니다. 전쟁이라는 표현이 어울릴 정도로 큰 싸움을 벌이고, 인간처럼 속고 속이며, 은혜를 갚거나 배신을 하는 모습은 마치 너구리의 탈을 쓴 인간을 보는 것 같습니다. 아마도 너구리에게 인간의 모습을 투영시킨 것이 아닐까 합니다.

옛날, 어느 먼 옛날 어느 마을에 할머니와 할아버지가 사이좋게 살고 있었다. 자식이 모두 출가한 뒤 부부는 뒷산에 사는 토끼에 게 가끔 먹이를 주면서 무료함을 달랬다.

그러던 어느 날, 들에 사는 너구리가 창고로 몰래 들어와서 곡 식을 훔쳐 먹다가 할아버지에게 들키고 말았다. 애써 가꾼 곡식들 을 훔쳐 먹은 너구리의 짓에 화가 난 할아버지는 덫을 놔서 너구 리를 잡은 뒤 기둥에 밧줄로 묶어 놨다. 그리고 저녁을 준비하는 할머니에게 말했다.

"이놈 잘 보고 있어요. 저녁 때 이 너구리의 고기를 먹고 가죽 을 벗겨 시장에 내다 팔아 버립시다."

할아버지가 밭일을 마저 하러 간 사이 기둥에 묶여 있던 너구리 가 할머니에게 사정했다.

"할머니! 저 좀 풀어 주세요. 둥지에 새끼들이 기다리고 있어 요."

착한 할머니는 너구리의 애원을 듣자 마음이 흔들린 나머지 밧 줄을 풀어 주고 말았다. 그러자 너구리는 본색을 드러내고 할머니 에게 덤벼들었다. 할머니를 물어 죽인 너구리는 끔찍한 짓을 저질 렀다. 할머니로 변신한 다음 시신으로 고기 요리를 만들고 나머지는 부엌 아궁이 안에 숨겼다. 그리고 태연하게 할아버지를 기다린 것이다.

아무것도 모르는 할아버지가 일을 마치고 돌아왔다. 푸짐하게 차려진 저녁 식사를 본 할아버지는 입맛을 다셨다.

"너구리 고기로군. 얼른 먹읍시다."

"저는 요리를 하다가 이것저것 집어 먹어서 배가 불러요. 먼저 드세요."

할아버지는 무슨 일이 일어났는지 전혀 모른 채 젓가락으로 고기를 한 점 먹었다. 그러자 할머니로 변신했던 너구리가 본모습으로 돌아와서는 박수를 치고 조롱했다.

"멍청한 영감이 자기 부인의 고기인 줄도 모르고 먹어 버렸네. 어쩌면 좋아."

그러고는 쪼르르 도망쳤다. 그때야 할머니에게 무슨 일이 생겼다는 사실을 눈치챈 할아버지는 집안을 샅샅이 뒤졌다. 그리고 부엌 아궁이 안에서 할머니의 뼈를 발견했다. 평생을 함께 살아온 할머니의 죽음에 충격을 받은 할아버지는 망연자실했다. 멀리 숲속에서 너구리가 비웃는 소리가 여전히 들려왔다.

할아버지는 너구리에게 복수하기 위해 덫을 놓기도 하고, 사냥꾼을 시켜서 잡아 보게도 했지만 번번이 실패하고 말았다. 낙심한 할아버지가 우두커니 마루에 앉아 있자 토끼가 귀를 쫑긋거리면서 앞에 나타났다.

"할아버지, 왜 그렇게 슬퍼하세요?"

"할멈이 못된 너구리에게 죽었단다. 복수를 하고 싶은데 어찌해 볼 도리가 없어서 그렇단다."

사연을 들은 토끼가 한 발 앞으로 다가왔다.

"너무 슬퍼하지 마세요. 제가 도와드릴게요."

"네가 어떻게 도와준단 말이냐?"

할아버지의 물음에 토끼가 자신 있게 대답했다.

"저만 믿으세요. 저를 돌봐주신 할머니의 복수를 멋지게 해드릴게요. 우선 콩을 한 줌 볶아 주시고, 장작이랑 부싯돌도 주세요."

토끼의 부탁을 들은 할아버지는 부엌으로 가서 콩을 한 줌 볶아서 건넸다.

나무통에 볶은 콩을 넣은 토끼는 할아버지가 준 장작을 짊어지고 너구리가 사는 숲 속으로 향했다. 볶은 콩의 고소한 냄새가 숲속에 퍼지자 숨어 있던 너구리가 토끼의 앞을 가로막았다.

"뭘 짊어지고 있는 거니?"

"이거? 볶은 콩이야. 집에 가서 먹으려고."

토끼는 일부러 통에 넣은 콩을 너구리에게 보여 주면서 말했다. 그러자 코를 킁킁거린 너구리가 말했다.

"나도 좀 줘."

"싫어. 조금밖에 없단 말이야."

달라고 하는 너구리와 싫다고 하는 토끼의 실랑이는 계속되었다. 그러다가 토끼가 못 이기는 척 말했다.

"콩을 나눠 줄 테니까 대신 내 집까지 장작을 짊어다 줘."

"알았어."

맛있는 콩을 먹을 수 있다는 생각에 너구리는 별다른 의심 없이 장작을 넘겨받았다. 어깨에 장작을 둘러멘 너구리는 앞장서서 걸으며 콧노래를 흥얼거렸다. 뒤따라가던 토끼는 몰래 부싯돌을 켜서 장작에 불을 붙였다. 장작이 활활 타오르자 너구리가 토끼에게 물었다.

"무슨 소리 안 들려? 냄새도 나는 것 같은데?"

"여긴 가치카치 산이야."

토끼는 일부러 너구리의 말을 못 알아듣는 척하면서 엉뚱한 얘기를 둘러댔다. '가치카치'는 장작이 타들어 가는 소리를 그대로 따라한 것이다. 그러는 사이 장작의 불이 활활 타오르면서 너구리의 등으로 옮겨 붙었다. 그때야 아픔을 느낀 너구리는 불붙은 장작더미를 버리고 바닥을 데굴데굴 굴렀다. 하지만 이미 등가죽이 불에 타고 말았다.

너구리가 크게 다쳤다는 사실을 할아버지에게 알린 토끼는 또다시 부탁을 했다.

"낫또에 고추를 갈아 넣고 환약처럼 만들어 주세요."

"그걸 어디다 쓰게?"

"저만 믿고 얼른 만들어 주세요."

할아버지는 토끼의 부탁대로 낫또에 고추를 넣고 환약처럼 만들어 주었다. 그걸 받아든 토끼는 너구리굴로 찾아갔다. 그리고 등에 화상을 입은 너구리에게 말했다.

"지난번에는 미안했어. 사과의 의미로 화상에 좋다는 약을 가져왔는데 써 볼래?"

마침 등이 아파서 견딜 수가 없던 너구리가 고개를 끄덕거렸다.

"손이 안 닿으니까 네가 발라 줘."

화상을 입은 곳에 고추가 닿자 통증이 이루 말할 수 없었다. 너구리가 계속 비명을 지르자 토끼는 원래 좋은 약은 아픈 법이라고 말했다. 결국 참다못한 너구리는 밖으로 뛰쳐나갔고, 제대로 잠을 자거나 눕지도 못한 채 몇 날 며칠을 고생하게 되었다.

집으로 돌아온 토끼에게 그 이야기를 들은 할아버지는 손뼉을 치며 기뻐했다.

"아직 끝난 게 아니에요. 이제 할머니의 복수를 마무리 지어야지요."

토끼는 남은 계획을 할아버지에게 들려주고 자리를 떴다. 그리고 너구리의 등에 난 상처가 나을 때까지 기다렸다.

토끼는 너구리의 상처가 거의 나았을 무렵 아무렇지도 않게 찾아갔다.

"바다에 배를 타고 나가서 물고기를 잡을 건데 같이 갈래?"

"싫어. 또 무슨 수작을 부리려고."

두 번이나 당한 너구리는 이번에는 속지 않겠다는 듯 고개를 저었다. 그러자 토끼는 아무 말 없이 물러나 바닷가로 향했다. 토끼가 그렇게 나오자 아픔을 까맣게 잊어버린 너구리는 호기심에 못 이겨 뒤를 따라갔다.

바닷가로 간 토끼는 할아버지가 만들어 놓은 조각배를 타고 나가 낚시를 했다. 그리고 한나절 만에 바구니가 가득 찰 정도로 물고기를 잡아서 돌아왔다. 바닷가에서 그 광경을 지켜본 너구리가 부러운 표정으로 말했다.

"나도 배 타고 물고기 잡고 싶어."

"그래? 근데 이 배는 너무 작아서 너까지는 못 타. 너도 배를 따로 하나 만들렴."

토끼의 얘기를 들은 너구리가 고개를 끄덕거렸다.

"그럴까? 근데 이 근처에는 배를 만들 나무가 없잖아."

너구리가 허허벌판인 바닷가를 둘러보면서 말하자 토끼가 대답했다.

"흙으로 만들면 되지."

"그렇구나. 그럼 나는 흙으로 배를 만들겠어."

너구리는 그때부터 열심히 흙으로 배를 만들었다. 그리고 며칠 만에 조각배 한 척을 완성했다. 의기양양해진 너구리는 흙으로 만든 배를 바다에 띄웠다. 하지만 배는 금방 물에 녹고 말았다. 바다에 빠진 너구리는 허우적거리면서 살려 달라고 외쳤지만, 바닷가에 있던 토끼는 할아버지와 함께 무심하게 지켜보기만 했다. 결국 너구리는 물에 빠져 죽었고, 토끼는 복수에 성공했다.

이 기담 속에서 너구리는 할머니를 죽인 대가로 너무나 큰 고통을 당하다가 비참한 최후를 맞이하며, 내용들도 지극히 잔인하다. 여기에 정당한 방법으로 복수한 것이 아니라는 인식까지 겹쳐 후대로 가면서 내용이 조금씩 변하고 재창작되었다. 예를 들어 너구리가 할머니를 해치지 않고 상처만 입히고 도망치는 식으로 바뀌기도 했다.

아울러 이외에도 너구리에 순박한 남성상을 대입시키고, 토끼에 얌체 같은 여성상을 주입한 이야기도 전해진다. 이렇게 너구리에 관한 기담들은 오늘날까지 일본에서 많은 사랑을 받고 있다.

괴이

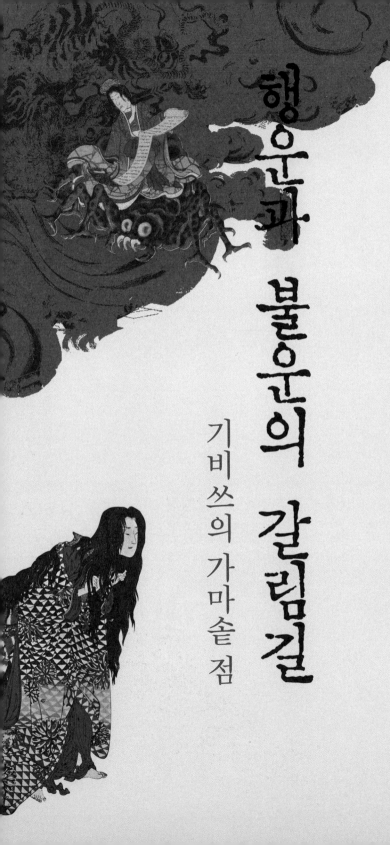

행운과 불운의 갈림길

기비쓰의 가마솥 점

기비쓰의 가마솥 점은 묘한 유래를 가지고 있습니다. 아주 먼 옛날, 기비국에 우라라는 이름의 악당이 살고 있었습니다. 그는 짐승같이 날카로운 이빨과 부리부리한 눈을 가지고 있었는데 여행객들의 물건을 빼앗는 등 행패를 부렸답니다. 이 소식을 들은 조정에서는 장수와 병사들을 보내 토벌하려고 했지만, 힘이 센 우라에게 모두 지고 말았습니다. 결국 황태자가 직접 토벌에 나서야 했습니다. 황태자는 주변의 도움을 받아 마침내 우라의 목을 베는 데 성공합니다. 하지만 잘려진 우라의 목이 계속 소리를 지르고 고함을 질러 대면서 인근 백성은 큰 고통을 받았습니다. 황태자는 우라의 목을 땅속 깊이 묻어 버렸지만 아무 소용이 없었답니다. 그러던 어느 날, 우라의 영혼이 황태자의 꿈에 나타났습니다. 우라의 영혼은 자신의 잘못을 반성하면서 아내인 아소메를 잘 돌봐달라고 부탁했습니다. 황태자가 아소메에게 기비쓰 신사의 아궁이를 지키는 일을

맑기자 비로소 파물은 우라의 목이 내던 고함이 그쳤다고 합니다. 그 후 아소메는 계속 기비쓰 신사의 아궁이를 지켰고, 그녀가 치는 점은 영험하다고 소문이 났습니다. 누군가 재물을 바치고 길흉을 물으면, 그녀는 아궁이에 올려진 솥에 물을 부었습니다. 이때 솥 안에서 우라가 그랬던 것처럼 크게 울부짖는 소리가 나면 길조, 그렇지 않으면 흉조였다고 합니다. 우라의 아내인 아소메가 죽은 뒤에도 그녀의 이름을 가진 여인이 가마솥 점을 쳤습니다. 이번 이야기는 이 신통한 가마솥 점과 관련한 이야기입니다.

기비국의 한 마을에 사는 이자와 슈다유는 농민 신분이었지만 제법 사는 축에 속했다. 이자와의 할아버지는 본래 아카마쓰 미쓰스게라는 다이묘를 섬기던 무사였다. 하지만 주군인 아카마쓰가 전란 중에 죽고, 그의 가문이 멸족되면서 멀리 도망쳐 지금의 마을에 자리를 잡았다. 비록 무사에서 농민의 신분으로 떨어졌지만, 전쟁 통에 목숨을 잃을 염려는 없어진 셈이다. 칼을 버린 이자와는 열심히 농사를 지었고, 그의 아들도 성실했다. 할아버지와 아버지 덕분에 이자와 대에 이르러 마을 제일의 부농으로 자리매김하였다.

그런 그의 유일한 고민은 아들 쇼타로였다. 농사일을 멀리하고 놀러 다니는 걸 좋아했을 뿐만 아니라 게이샤의 꽁무니를 쫓아다니거나 코가 삐뚤어질 정도로 술을 마시는 등 이래저래 골칫거리였다. 고민하던 이자와가 부인과 의논하다가 내린 결론은 다름 아닌 결혼이었다.

"아들 녀석이 장가를 가면 철이 들게야."

결론을 내린 이자와는 적당한 혼처를 찾았다. 욕심 같아서는 번주를 모시는 낭사의 집 처자나 예의범절을 제대로 배운 장사꾼의 여식을 며느리로 맞이하고 싶었지만, 내세울 것 없는 시골의 농사꾼 집안이라는 점이 걸렸다. 결국 많은 돈을 주고 혼인 중매인에게 부탁을 했다. 부지런하게 돌아다니던 중매인이 어느 날 활짝 웃는 얼굴로 이자와를 찾아왔다.

"적당한 혼처를 찾았습니다."

"그게 정말인가?"

이자와의 물음에 중매인은 무릎을 치면서 얘기했다.

"그렇고말고요. 바로 기비쓰 신사의 제사를 주관하는 신주의 여식인 이소라 님입니다. 올해 열일곱 살이 되어서 그 집안에서도 혼인을 서두르고 있답니다."

"오오, 신주의 여식이라니, 분명 예의범절이 몸에 배어 있지 않겠나?"

이자와가 환한 표정으로 묻자 중매인이 맞장구를 쳤다.

"어디 그것뿐이겠습니까? 서화면 서화, 비파면 비파까지 못하시는 게 없답니다. 외모도 아름답고 차분한 성격이라 이자와 님의 며느릿감으로는 손색이 없을 것입니다."

"그렇게만 된다면야 바랄 게 없지만 그쪽은 신사의 제사를 주관하는 신주의 따님 아니신가? 우리 같은 무지렁이 농부가 감히 청혼하기 어렵겠네."

이자와가 슬쩍 떠보자 중매인이 손사래를 쳤다.

"저를 믿고 맡겨 주신다면 힘껏 뛰어 보겠습니다. 만약 이소라 님이 이 집 며느리로 들어온다면 이자와 님은 물론, 이 마을의 경사 아니겠습니까?"

"그럼 자네만 믿겠네. 이 일만 성사되면 내 섭섭하지 않게 대접해 줄 터이니 힘써 주게."

중매인이 게다 바닥에 불이 날 정도로 양쪽을 오간 탓에 혼담은 급진전되었다. 처음에는 별 생각이 없던 신주와 그 부인도 중매인의 설득에 넘어가서 결국 혼례를 치를 날짜까지 잡았다.

혼례를 올리기 며칠 전, 신주와 부인은 관습대로 가마솥 점을 치기로 했다. 신녀 아소메가 축문을 외우고 조심스럽게 아궁이에 물을 부었다. 혹시나 몰라서 아궁이에 불을 지펴 놓은 상태였지만, 가마솥에서는 아무 소리도 나지 않았다. 흉조였던 것이다. 신주는 당황해서 어찌할 바를 몰랐지만 딸의 앞날을 걱정한 부인이 우겼다.

"이건 분명 신녀 아소메가 점을 치기 전에 부정한 짓을 하고 목욕재계를 하지 않은 탓이에요. 이자와 가문과의 혼사를 중단할 수는 없어요."

"하지만……."

"만약 우리 쪽에서 이걸 빌미로 혼사를 파기하면 우리 딸 혼처를 어디서 찾을 수 있겠어요?"

부인이 눈물로 호소하자 신주도 결국 점괘를 무시하고 혼례를 치르기로 결심했다. 그렇게 두 집안의 혼사가 치러졌고, 이소라는 신사를 떠나서 이자와의 집으로 들어갔다. 그리고 맏며느리 노릇을 훌륭하게 해냈다. 정성껏 이자와 부부를 모시는 것은 물론, 남편에게도 지극정성으로 대했다.

처음에는 아내 이소라를 존중해 주던 쇼타로는 신혼의 단꿈에서 벗어나자마자 옛날로 돌아갔다. 집안일을 도와주기는커녕 재물들을 몰래 전당포에 팔아치우고 술을 마시거나 게이샤들과 노닥거렸다.

그러다가 쇼타로는 오소데라는 이름의 게이샤와 눈이 맞았다. 아내 이소라는 착하기는 하지만 재미가 없었던 반면, 오소데는 게이샤다운 나긋나긋함에 애교까지 넘쳤다. 쇼타로는 부모와 이소라 몰래 집안의 돈을 훔쳐 그녀의 몸값을 치르고 풀어 주었다. 그리고 급기야 작은 방을 얻어 함께 살았다.

결혼을 하면 아들이 정신을 차릴 줄 알았던 이자와 부부는 속이 있는 대로 타들어 갔다. 아내 이소라는 마치 자기 탓인 양 고개를 들지 못했다. 이자와 부부는 집에 잘 들어오지 않는 아들을 찾아가 간곡하게 타이르고, 오소데를 따로 만나 적지 않은 돈을 주고 아들과 헤어져 달라고 간청했다. 하지만 집으로 돌아온 쇼타로는 바람기 많은 천성을 버리지 못하고 빈둥빈둥 놀다가 집에 있는 패물을 가지고 오소데에게로 도망쳤다.

이런 일이 반복되자 결국 이자와 부부는 아들을 잡아다가 집에 가둬 버렸다. 착한 이소라는 아들 때문에 화가 머리끝까지 난 이자와 부부를 잘 달래는 한편, 쇼타로가 사랑하는 오소데가 생활에 어려움이 없도록 잘 배려해 주었다. 하지만 쇼타로는 이런 착한 아내 이소라를 속여 빠져나갈 궁리를 했다.

어느 날, 식사를 마친 쇼타로가 이소라를 붙잡고 이런저런 얘기를 건넸다. 평소와는 다른 다정다감한 모습에 이소라는 드디어 남편이 마음을 고쳐먹은 줄 알고 기뻐했다. 아내의 눈치를 살피던 쇼타로가 말했다.

"당신이 내 부모님을 잘 모시고, 집안을 잘 이끌어 줘서 고맙게 생각하네. 나도 마음을 고쳐먹고 열심히 집안일을 돕겠네."

"그렇게 생각하시니 정말 다행입니다."

감격한 이소라가 눈물을 글썽이자 쇼타로는 아내의 손을 잡았다.

"그래서 말인데, 마음에 걸리는 게 하나 있소."

"그게 뭡니까?"

아내의 물음에 쇼타로가 머쓱한 표정으로 말했다.

"오소데라오. 비록 천한 게이샤이긴 하지만 내가 거둔 사람인데 이대로 놔두면 필경 다시 유녀 생활을 하게 될 것이오. 그렇게된다면 나만 믿은 사람을 버리게 되는 것 아니겠소? 그녀를 교토에 데려가서 공경대부댁 시녀로 들어가게 해 주고 싶은데 당신이좀 도와줬으면 좋겠소."

남편의 얘기를 들은 이소라가 물었다.

"어떻게 도와드릴까요?"

"지금 아버지에게 근신을 명받은 처지라 수중에 돈이 한 푼도없소. 당신이 여비를 융통해 줬으면 좋겠소."

이소라는 시집올 때 가지고 온 기모노를 팔고, 친정에 얘기해서여비를 마련했다. 여비를 건네받은 쇼타로는 한 달 후에 돌아오겠다며 부모님이 출타한 틈을 타서 몰래 집을 나갔다. 집안이 발칵 뒤집혔지만, 이소라는 남편이 약속을 지킬 것이라고 굳게 믿었다.

약속한 한 달이 지나고 두 달, 석 달이 지났지만 남편은 돌아오지 않았다. 그때야 남편에게 속았다는 사실을 안 이소라는 분노와 좌절감에 못 이겨 병에 걸리고 말았다. 이자와 부부는 아들 때문에 쓰러진 며느리에게 미안해서 비싼 인삼을 구해 먹이고 정성껏 치료했다. 하지만 믿었던 남편에게 배신당한 충격이 깊었는지 이소라의 병색은 날이 갈수록 깊어졌다.

한편 착한 아내를 속여서 돈을 마련한 쇼타로는 오소데와 함께 멀리 도망쳤다. 두 사람이 간 곳은 오소데의 먼 친척인 히코로쿠라는 남자가 사는 마을이었다. 그의 도움으로 거처를 마련한 쇼타로와 오소데는 손을 맞잡으면서 행복해했다.

하지만 행복도 잠시, 자리 잡은 지 얼마 지나지 않아 오소데가 덜컥 병에 걸렸다. 처음에는 대수롭지 않은 것처럼 보였지만 날이 갈수록 병이 깊어졌고, 고열에 시달리며 헛소리까지 했다. 쇼타로는 오소데 옆에서 정성껏 병간호를 했지만, 결국 그녀는 7일 만에 세상을 떠나고 말았다. 부모와 아내를 속이고 간신히 그녀와 도망쳐 행복하게 살려는 찰나에 닥친 불행이었다. 서럽게 우는 쇼타로를 위로해 준 것은 오소데의 먼 친척 히코로쿠였다.

"이것도 다 운명이라고 생각하게. 자네와 오소데의 인연이 여기까지라고 하늘이 정해 준 것 아니겠나."

정신을 차린 쇼타로는 히코로쿠와 함께 그녀의 시신을 화장하고 묘비를 세웠다. 그녀가 죽긴 했지만 아직 잊지 못한 쇼타로는 고향으로 돌아가지 않고 묘비를 지켰다. 그래서 일을 마치고 저녁이 되면 매일 그녀의 묘비가 있는 곳으로 가서 슬픔을 달랬다.

그러던 어느 날, 여느 때처럼 일을 마치고 오소데의 묘비가 있는 곳으로 간 쇼타로는 낯선 묘비가 하나 세워져 있는 것을 봤다. 그리고 잘 차려입은 여인이 슬픈 얼굴로 묘비 옆에 서 있는 모습을 목격했다. 여인 옆에는 몸종으로 보이는 여인이 서 있었다. 시녀를 대동한 여인은 슬픈 표정으로 묘비를 한참 응시했다. 그리고 다음 날도 계속 묘비 옆을 지켰다. 호기심이 동한 쇼타로는 오소데의 묘비를 도는 척하면서 그녀를 훔쳐봤다. 검게 물들인 치아며, 눈썹을 모두 뽑고 새로 눈썹을 그려 넣은 걸 보면 틀림없이 교토의 이름 있는 집안 여인인 것 같았다. 특유의 바람기에 못 이겨 여인을 지켜보던 쇼타로는 급기야 오소데가 아니라 그 여인을 훔쳐보기 위해 묘지에 가게 되었다.

그러던 어느 날, 여인은 보이지 않고 몸종만 묘비를 지키고 있었다. 다음 날도 마찬가지였다. 결국 호기심을 이기지 못한 쇼타로가 먼저 말을 건넸다.

"무슨 사연이 있기에 매일 이곳에 나오신 겁니까?"

쇼타로의 물음에 눈물을 머금고 있던 몸종이 대답했다.

"제 주인님의 무덤입니다. 주인님께서는 이 지방의 명망 있는 호족이셨고, 미인으로 명성이 자자한 부인을 얻으셨습니다. 두 분은 행복하게 잘 지내셨지만, 사람들의 모함으로 영지를 모두 잃고 이곳에 은거하셨습니다. 실의와 상심에 빠지신 주인님께서는 부인의 극진한 간호에도 얼마 전에 병으로 세상을 떠나셨습니다."

"저런……."

사연을 들은 쇼타로는 저도 모르게 혀를 찼다. 몸종은 소매로 눈물을 훔치고는 말을 이었다.

"부인께서는 주인님의 죽음이 자기 탓이라고 매일 슬퍼하며 이곳을 찾아오시다가 며칠 전부터 몸이 안 좋으셔서 저만 이렇게 오게 된 거랍니다."

사연을 들은 쇼타로는 고개를 끄덕이다 그녀를 만날 묘안을 떠올렸다.

"사실은 나도 사랑하는 여인을 잃고 매일 이곳에 오는 중일세. 서로 같은 상처를 가지고 있는 사람들끼리 위로를 해 주면 빨리 슬픔을 벗어날 수 있지 않겠느냐?"

"그렇긴 합니다."

몸종이 고개를 끄덕거리자 쇼타로는 은근슬쩍 얘기했다.

"내가 남편을 잃으신 분을 만나서 위로를 하고 싶은데 말일세."

"좋은 생각이세요. 마침 돌아가려는 길인데 함께 가시겠어요?"

몸종의 권유에 쇼타로는 기분 좋게 응했다. 참배를 마친 몸종이 그를 집으로 안내했다. 오솔길을 한참 따라가자 다 쓰러져 가는 허름한 집이 한 채 보였다. 대나무로 만든 대문을 열고 안으로 들어간 몸종을 따라 들어서자 한쪽에 우물이 보이는 뜰이 있었다. 반쯤 열린 안방에서는 은은한 불빛이 흘러나오고 있었다. 몸종이 쇼타로에게 말했다.

"방에 들어가서 아씨에게 말씀드리겠습니다. 여기서 잠깐만 기다려 주세요."

게다를 벗은 그녀가 안방의 장지문을 열고 들어갔다. 문이 활짝 열리면서 방 한구석에 앉아 있는 그녀의 모습이 얼핏 보이자 쇼타로의 가슴이 뛰었다. 잠시 후 안방 문을 열고 나온 몸종이 공손하게 말했다.

"아씨께서 허락하셨습니다. 안으로 드시지요."

쇼타로는 헛기침을 하면서 안방으로 들어갔다. 다다미가 깔린 방 가운데는 이로리가 있었고, 구석에는 비단으로 만든 병풍이 쳐져 있었다. 쇼타로가 왔다는 얘기를 들은 그녀는 구석에 세워진 병풍 뒤로 몸을 감췄는지 보이지 않았다. 헛기침을 하면서 자리에 앉은 쇼타로가 조심스럽게 말했다.

"안타까운 사연을 들었습니다. 저도 사랑하는 아내를 얼마 전에 잃고 크게 상심했다가 이제 겨우 추슬렀답니다. 자고로 기쁨을 나누면 커지고 슬픔을 나누면 작아진다고 들었습니다. 그래서 용기를 내서 이렇게 위로의 말씀을 드리고자 찾아왔답니다."

쇼타로의 말을 들은 여인은 병풍 뒤에서 한참을 울었다. 그러고는 고개를 들고 낭랑한 목소리로 말했다.

"정말 오랜만에 만나게 되었네요. 저를 속이고 상처를 준 죄의 대가를 치르게 해드리겠습니다."

그 목소리는 다름 아닌 아내 이소라의 목소리였다. 놀란 쇼타로가 입을 딱 벌리고 쳐다보자 병풍이 넘어지면서 그녀의 모습이 보였다. 달빛 아래에서 봤던 단아하고 아름다운 모습 대신 분노와 원한으로 가득한 귀신이 당장이라도 잡아먹을 것 같은 눈빛으로 노려보고 있었다. 쇼타로는 비명을 지르면서 장지문을 박차고 밖으로 도망치다가 정신을 잃고 말았다.

한참 만에 눈을 뜬 쇼타로는 자신이 누워 있는 곳이 오래된 공양당이라는 사실을 깨달았다. 담장이나 우물, 집은 온데간데없고, 오래된 불상 하나만 덩그러니 놓여 있었다.

정신을 차린 쇼타로는 공양당을 나와 살고 있던 마을까지 한걸음에 달려왔다. 그리고 히코로쿠에게 오늘 겪은 일들을 털어놨다. 처음에 믿지 않던 히코로쿠는 쇼타로가 거듭 얘기하자 한참을 고민하다가 말했다.

"아무래도 자네한테 원령이 들러붙은 모양이야. 자고로 사람의 마음이 약해질 때 원령이 기승을 부린다고 했네. 옆 마을에 용한 음양사가 있다고 하니까 날이 밝는 대로 나랑 같이 가 보세."

날이 밝자마자 쇼타로는 히코로쿠와 함께 이웃마을에 사는 용하다는 음양사(일본 헤이안 시대 궁중 관리로 천문과 주술을 관장했다. 가장 유명한 인물로는 영화나 소설, 만화에 여러 차례 등장하는 아베노 세이메이가 있다. 헤이안 시대가 끝나고 조정이 몰락하자 음양사들은 다이묘의 책사 역할을 하기도 했고, 백성에게 점을 쳐 주는 것으로 생계를 이어 갔다)를 찾아갔다. 두 사람의 얘기를 들은 음양사는 점을 쳐 보고는 얼굴을 찡그리며 말했다.

"당신 아내 이소라는 깊은 원망을 품고 7일 전에 세상을 떠났소. 복수하겠다는 일념이 강해서 모노노케가 되어 당신을 해치려고 한 것이오."

"방법이 없겠습니까?"

겁에 질린 쇼타로의 물음에 음양사가 대꾸했다.

"사람이 죽으면 이승에 49일 동안 머물다가 하늘나라로 올라가게 되어 있소. 당신 아내 이소라도 그동안은 원령으로 당신을 괴롭힐 수 있고 말이오. 남은 42일 동안 원령의 공격을 피할 수만 있다면 괜찮을 거요."

"어떻게 하면 원령의 해코지를 막을 수 있을까요?"

옆에서 듣고 있던 히코로쿠의 물음에 음양사가 말했다.

"내가 당신의 몸에 귀신을 피할 수 있는 반야심경의 경문을 써 주겠소. 하지만 이것만으로는 그녀의 원한을 이기기 어려우니 지금 당장 집으로 돌아가서 방에만 있어야 하오. 방의 문턱과 창문에 내가 써 준 부적들을 붙이시구려. 그리고 42일 동안 방문을 꼭 걸어 잠그고 무슨 일이 있어도 밖으로 나와서는 안 되오. 만약 어기면 당신 목숨은 위태로울 거요."

얘기를 마친 음양사는 쇼타로의 몸에 반야심경의 경문을 빼곡하게 적어 주고, 부적도 몇 장 써 주었다.

히코로쿠와 함께 집으로 돌아온 쇼타로는 방문과 창틀에 부적을 붙였다. 음식은 히코로쿠가 매일 와서 넣어 주고, 대소변은 요강을 통해 해결하기로 했다. 그날 밤, 잠을 청하던 쇼타로의 귀에 원한에 찬 이소라의 목소리가 들려왔다.

"아! 여기도 부적이 붙어 있어서 들어갈 수가 없구나."

이소라의 원령은 분하다는 듯이 벽을 쿵쿵 치고 지붕 위에 올라가서 날뛰었지만 부적의 힘 때문에 방으로 들어오지 못했다. 겁에 질린 쇼타로는 벌벌 떨면서 날이 밝기만을 기다렸다. 날이 밝고 원령이 물러나자 한숨 돌린 쇼타로는 음식을 가지고 온 히코로쿠에게 말했다.

"음양사가 아니었으면 나는 죽은 목숨이었네."

"이제 하루가 지났으니 41일 남았군. 기운을 내게."

쇼타로는 음식을 넣어 주고 요강을 비워 준 히코로쿠와 한참 동안 이야기를 나눴다.

히코로쿠가 돌아가고 다시 밤이 찾아왔다. 이번에도 이소라의 원령이 찾아왔지만, 부적 탓인지 들어오지 못했다. 그렇게 매일 밤 이소라의 원령은 쇼타로를 해치려고 했지만 부적 때문에 번번이 들어오지 못하고 실패하고 말았다. 잔뜩 긴장했던 쇼타로는 긴장이 풀어져서 음식을 가지고 온 히코로쿠에게 농담을 건넬 정도가 되었다.

마침내 41일이 지나고 하루만 남자 쇼타로는 히코로쿠에게 오늘 밤에는 돌아가지 말고 옆방에서 자라고 부탁했다. 그리고 벽을 사이에 두고 밤새도록 이야기를 나눴다. 쇼타로는 진지하게 말했다.

"오늘밤이 지나면 이소라의 원령으로부터 자유로워지겠지? 내

일부터는 새 삶을 살아야겠어."

"픽이나 그러겠다. 싹 잊어버리고 새 여자 꽁무니를 쫓아다니지 않을까?"

싱거운 농담부터 진지한 얘기까지 밤이 새도록 대화를 나누느라 피곤해진 히코로쿠가 벽에 기댄 채 잠이 들었다. 마지막 날이라 그런지 이소라의 원령도 나타나지 않았다. 얼마 남지 않았다는 생각에 긴장이 풀린 쇼타로는 널빤지로 만든 아마도(보온을 위해 일본 전통 가옥의 창문에 설치하는 덧창)를 열었다. 새벽이 다가오는지 사방이 환했다. 마침내 42일이 모두 지났다는 생각이 기쁜 나머지 쇼타로는 벽을 두드려 잠들어 있던 히코로쿠를 깨웠다.

"일어나 봐. 날이 밝았나 봐."

"벌써? 잠깐만."

눈을 비비고 일어난 히코로쿠가 창밖을 보자 과연 쇼타로의 말대로 날이 밝는 중이었다. 히코로쿠에게 날이 밝는다는 말을 들은 쇼타로는 신이 나서 말했다.

"드디어 끝났군. 방에 갇혀 지내느라 죽는 줄 알았어. 나가서 바람을 쐬고 싶어."

"그럼 문밖에서 만나자고, 산책이나 하지 뭐."

"그래도 조금만 참았다가 날이 밝으면 나오는 게 어떨까?"

걱정이 된 히코로쿠가 얘기했지만, 들뜬 쇼타로는 무시했다.

"해가 떴으니까 다 끝났잖아. 잔소리 말고 어서 나와."

할 수 없이 문을 열고 나오려던 히코로쿠는 옆방에서 들려오는 섬뜩한 비명에 그대로 주저앉았다. 틀림없이 쇼타로의 비명이었다. 허둥지둥 문밖으로 나온 히코로쿠는 또 한 번 놀라고 말았다. 창으로 내다봤을 때는 분명 새벽이었건만, 문밖은 달빛이 내리쬐는 한밤중이었던 것이다.

"이건 분명 원령이 쇼타로를 속이려고 한 거야. 나도 쇼타로도 모두 속고 말았군."

히코로쿠는 두려운 마음에 덜덜 떨면서 등불을 챙겨 쇼타로의 방으로 갔다. 반쯤 열린 문밖에는 방금 흘린 것 같은 선혈이 낭자했고, 방 안은 텅 비어 있었다. 용기를 낸 그는 뜰로 나와서 안팎을 둘러봤지만, 어디에도 쇼타로의 흔적은 보이지 않았다.

다시 쇼타로의 방으로 돌아가 살펴보자 다다미와 이로리에 핏방울들이 점점이 뿌려져 있는 게 보였다. 핏자국은 벽을 따라서 창밖으로 이어져 있었다. 핏자국만 보면 문밖으로 나온 쇼타로가 방 안으로 끌려 들어왔다가 다시 창밖으로 끌려 나간 것처럼 보였다. 등불을 들고 밖으로 나온 히코로쿠는 지붕의 처마 끝에 쇼타로의 피 묻은 상투가 매달려 있는 것을 보고 기겁했다. 처마에도 피가 묻어 있었지만, 어디에서도 쇼타로의 흔적을 찾지 못했다. 그러는 사이 날이 밝자 히코로쿠는 마을 사람들에게 상황을 설명하고, 함께 마을과 뒷산을 뒤졌지만 헛수고였다. 결국 히코로쿠는 이 사실을 편지로 적어 이자와에게 보냈다.

아들의 기이한 죽음에 놀란 이자와는 곧장 기비쓰 신사의 신관인 사돈에게 이 사실을 알렸다. 딸의 49제를 치르고 있던 신관은

편지를 읽고 둘의 결혼이 흉조라고 했던 점괘를 기억하고 혀를
내둘렀다.

일본의 무녀는 미코라고 불린다. 야요이 시대 야마타국의 여왕 히미코는 일
본 최초의 무녀라고 할 수 있다.《삼국지》〈위지 왜인전〉에는 '귀도'로서 무
리를 현혹시키는 기술이 있다고 적혀 있는데, 신을 위한 춤과 기도를 하거
나 점을 치고 신탁을 받았다고 한다. 따라서 무녀는 일국을 통치하는 여왕
이었으니 고대에 무녀의 신분이 얼마나 높았을지 짐작이 간다. 헤이안 시대
에는 무녀를 위해 미칸나기御巫 같은 관직이 설치되었다. 중세 이후에는 무
녀들이 제사 예식에서 파생된 춤을 추었다. 특히 가부키의 창시자인 이즈모
노 오쿠니도 무녀였다고 한다.

무녀는 고대부터 메이지 시대까지 계승되다가 1873년 문명개화에 따른 구
습 타파를 이유로 '무녀금단령巫女禁斷令'이 내려지면서 철퇴를 맞았다. 하지
만 수천 년간 이어진 무녀의 생명력은 질겼다. 죽은 사람과 소통하는 능력
을 가진 도호쿠 지방의 장님 무녀들인 이타코는 아직도 전통을 이어오고 있
다. 오늘날 일본의 신사에 가면 빨간 치마에 하얀 윗옷을 입고 일하는 미코
를 볼 수 있다. 예전의 강력한 힘을 잃고 신관을 보좌하는 역할을 맡게 된 것
이다.

형제의 운명

황금 맷돌 이야기

하루 종일 일해야 겨우 입에 풀칠을 하던 시대에는 누구나 편안하게 쉬면서 배불리 먹기를 꿈꿨습니다. 그래서 흥부 놀부 이야기가 나왔고, 황금알을 낳는 거위의 전설이 만들어진 것이죠. 황금 맷돌 이야기 역시 곡식을 가는 맷돌에서 황금이 나왔으면 하는 막연한 꿈이 기담으로 만들어진 것입니다. 이와 비슷한 이야기들이 우리나라는 물론, 서양에도 존재한다는 점은 결국 인간의 욕망과 꿈은 동서고금을 막론하고 비슷하다는 증거가 아닐까요? 형제의 우애와 질투에 관한 이야기는 자주 등장하는 주제로 대부분 권선징악과 연결되어 있습니다. 착한 쪽은 복을 받고, 그렇지 못한 쪽은 욕심을 부리다 파멸당한다는 내용입니다. 착하지 않은, 내게 도움이 안 되는 가족에 대한 증오와 안타까움 역시 시대를 불문하고 이어져 온 이야기의 한 코드라고 할 수 있겠습니다.

옛날, 아주 먼 옛날 오슈 지방에 농사꾼 형제가 살고 있었다. 형제의 부모는 세상을 떠나면서 관습대로 장남에게 농토를 모두 물려줬지만, 착한 형은 동생에게 땅의 절반을 갈라 주었다. 하지만 고마움을 모르는 동생은 형에게 땅을 바꾸자고 했다. 동생이 받은 땅이 늪지 근처라서 농사를 짓기 힘들었기 때문이다. 착한 형은 동생의 부탁을 받고 땅을 바꿔 줬다. 부지런한 형은 열심히 농사를 지어서 제법 잘 살았지만, 게으른 동생은 좋은 땅을 가지고도 늘 돈에 쪼들렸다.

그러던 어느 날, 평소처럼 늪 근처의 땅에서 농사일을 하던 형의 눈앞에서 갑자기 늪이 갈라지더니 미녀가 나타났다. 백옥처럼 하얗게 화장을 하고 국화꽃이 새겨진 기모노 차림의 미녀는 가즈키(귀부인들이 외출할 때 머리에 쓰는 쓰개치마)로 얼굴을 가린 상태였다. 얼떨떨한 형이 멍하게 바라보자 늪 속에서 나온 미녀는 공손하게 인사를 하더니 편지를 한 통 건넸다.

"저는 이 늪에 사는 여인입니다. 부탁드릴 게 있어서 실례를 무릅쓰게 되었습니다."

요괴가 아닐까 겁을 먹었던 형은 여인이 해칠 기미를 보이지 않자 안심을 하고는 선선히 대답했다.

"뭘 도와드리면 될까요?"

"이 편지를 오코마가 산 중턱의 하치로가 늪에 사는 제 여동생에게 전해 주셨으면 합니다."

"어떻게 전해 주면 됩니까?"

"늪에 가서 손뼉을 한 번 치면 여동생이 찾아올 겁니다. 그럼 부탁드리겠습니다."

편지를 건넨 미녀는 늪 속으로 스르륵 사라졌다.

형은 하던 일을 멈추고 산을 넘어서 늪으로 갔다. 그리고 들은 대로 손뼉을 한 번 치자 과연 늪이 갈라지면서 미녀가 걸어 나왔다. 형이 자초지종을 설명하고 편지를 건넸다. 넘겨받은 편지를 천천히 읽은 그녀가 형을 바라보면서 말했다.

"언니 말로는 당신이 매일 늪 주변을 깨끗하게 청소해 주고, 잡초를 베어 한결 살기 좋아졌다고 하는군요. 그래서 보답을 하고 싶다며 저한테 부탁한 겁니다. 잠시만 기다리시지요."

늪 속으로 들어간 미녀는 잠시 후에 작은 돌로 만든 맷돌을 들고 나왔다.

"이 맷돌은 세상에 하나밖에 없는 귀한 겁니다. 쌀 한 톨을 넣고 돌리면 같은 크기의 황금으로 변해서 나옵니다. 한꺼번에 너무 많이 넣고 돌리면 효과를 보지 못할 겁니다."

"아이고 감사합니다."

형이 고개를 꾸벅 숙이며 맷돌을 받자 미녀가 덧붙였다.

"그리고 한 가지 더, 집에 가서 이 맷돌을 돌리기 전에 마당 한

구석을 파십시오. 그러면 물이 나올 건데, 그 물로 늘 맷돌을 씻고 쌀을 한 톨씩 넣어야만 황금으로 변할 겁니다."

말을 마친 미녀는 늪으로 사라져 버렸다. 신기한 맷돌을 들고 집으로 돌아온 형은 마당 구석을 팠다. 그러자 물이 솟아나면서 작은 연못이 생겼다. 형은 미녀가 시킨 대로 그곳에서 퍼온 물로 맷돌을 깨끗하게 씻고 쌀 한 톨을 넣은 다음 천천히 돌렸다. 그러자 신기하게도 쌀알 모양의 황금이 만들어졌다. 형은 미녀가 이야기한 대로 마당의 연못에서 퍼온 물로 맷돌을 씻고 쌀을 한 톨씩 넣어서 황금을 만들었다. 우연히 형의 집에 놀러 왔다가 낯선 맷돌을 본 동생이 물었다.

"어디서 난 거에요?"

그러자 착한 형은 사실대로 털어놨다. 동생은 그 말을 듣고 코웃음을 쳤다.

"말도 안 되는 거짓말하지 말아요. 어떻게 쌀이 황금으로 변해요."

"진짜라니까, 못 믿겠으면 이리 와서 봐."

형은 동생에게 직접 시범을 보였다. 눈앞에서 쌀이 황금으로 변한 것을 본 동생은 형을 졸랐다.

"하루만 빌려 주세요. 형."

"그래. 대신 저기 있는 물로 잘 씻고, 한 번에 한 알씩만 넣어야 한다."

착한 형은 동생의 부탁을 들어주면서 신신당부했다.

하지만 욕심에 눈이 어두워진 동생은 형의 말을 무시하고 쌀 한 그릇을 붓고 급하게 돌렸다. 그러자 맷돌은 위아래가 딱 붙어 버린 것처럼 돌아가지 않았다. 아무리 발로 차고 힘을 줘도 맷돌은 꼼짝도 하지 않았다.

화가 난 동생이 맷돌을 내동댕이쳤다. 그러자 맷돌은 저절로 굴러 집 밖으로 나가 버렸다. 당황한 동생이 뒤를 쫓았지만 맷돌은 마치 살아 있는 것처럼 거침없이 굴러가더니 형의 집으로 갔다. 그러고는 형이 마당에 파 놓은 연못으로 빠져서 사라졌다. 망연자실한 동생은 땅바닥에 털썩 주저앉아 맷돌이 다시 나오기를 기다렸다. 하지만 맷돌은 영영 돌아오지 않았다.

우리는 종종 로또에 당첨된 사람들의 불행한 후일담을 듣는다. 행운은 누구에게나 찾아올 수 있다. 하지만 제대로 대비하지 않으면 오히려 불행으로 바뀐다. 세월이 지나고, 문명이 발달해도 인간의 본성은 변하지 않는다. 황금을 낳는 맷돌을 둘러싼 이야기는 그런 인간의 내면을 꼬집었다고 할 수 있겠다.

오 다 노 부 나 가 를

죽 인 사 나 이

닌 자 가 신 고 지

전국 시대에 활약한 오다 노부나가는 오케하자마에서 불과 2천의 병력으로 이마가와 요시모토의 2만 대군을 격파하면서 단번에 명성을 떨칩니다. 그리고 신분과 집안 대신 능력 위주로 부하들을 발탁했는데, 이때 두각을 나타낸 이가 바로 도요토미 히데요시였죠. 오다 노부나가의 눈에 도요토미 히데요시는 새로운 질서를 세우는 데 방해가 되는 장애물로 비춰졌고, 가장 좋은 해결 방법은 죽이는 것이었습니다. 하지만 1582년, 교토 혼노지에 머물던 중 부하인 아케치 미쓰히데가 반란을 일으키자 오다 노부나가는 스스로 목숨을 끊습니다. 그의 죽음을 전해들은 도요토미 히데요시는 아케치 미쓰히데를 죽이고 오다 노부나가의 뒤를 잇게 됩니다. 오다 노부나가는 전국 통일의 기초를 놓았고, 부하의 배신으로 비참한 죽음을 맞았다는 극적인 최후 덕분에 많은 이야깃거리를 남겼습니다. 개중에는 아케치 미쓰히데를 배후에서 조종하여 그를 죽인 한 닌자의 기이한 이야기도 있습니다. 그의 이름은 가신 고지, '고지'는 거사라는 뜻으로 출가하지 않고 불도를 수행하는 사람을 이릅니다.

일본이 전쟁으로 얼룩져 있던 전국 시대 한 마을에서 일어난 일이다. 마을 사람들이 연못 근처에 모여 웅성거렸는데 한 노인 때문이었다. 스스로를 가신 고지라고 칭한 그는 사람들에게 나뭇가지로 물고기를 만들겠다고 큰소리를 쳤다. 사람들이 반신반의한 가운데 노인은 잎이 붙은 나뭇가지를 꺾어서 연못에 던졌다. 팔랑거리며 날아가던 나뭇가지가 물에 닿자 놀라운 일이 벌어졌다. 노인의 말대로 나뭇가지가 물고기로 변한 것이다. 사람들이 놀라서 입을 다물지 못하자 노인은 껄껄 웃으며 자리를 떠났다.

이 놀라운 광경을 우연찮게 본 다이묘가 있었으니 바로 마쓰나가 단조 히사히데였다. 흥미를 느낀 그는 노인을 자신의 성으로 데려왔다. 그리고 한동안 그의 모습은 보이지 않았다. 그가 세상에 다시 나온 것은 마쓰나가 단조가 몰락한 이후였다.

적들을 무찌르고 한참 기세를 떨치던 오다 노부나가의 귀에 흥미로운 이야기가 전해졌다.

"가신이라는 늙은이가 〈지옥도〉라는 족자를 가지고 있는데 지옥의 모습을 그린 것이랍니다. 칼로 온몸을 갈가리 찢고 끓는 기름에 쪄서 죽이는 모습이 아주 생생하게 그려져 있어서 그걸 본 사람들이 하나같이 감탄한다고 합니다."

호기심이 생긴 오다 노부나가는 옆에 있던 아라카와라는 사무라이에게 족자를 가지고 있다는 그자를 데려오라고 지시한다. 아라카와는 근처의 신사에 머무르고 있던 가신 고지를 찾아 오다 노부나가 앞에 데려온다. 오다 노부나가는 소문으로만 듣던 〈지옥도〉를 보고 감탄한다.

"과연 듣던 대로 지옥의 모습을 너무나 생생하게 묘사하고 있구나. 너는 어떻게 이 그림을 손에 넣었느냐?"

"소인이 마쓰나가 단조 님을 모시고 있었을 때의 일입니다. 마쓰나가 님이 저를 불러 자신을 놀라게 해 보라는 분부를 내리셨습니다. 그러면 세상에 하나밖에 없는 것을 하사하시겠다고 해서 소인은 10년 전에 죽은 단조 님의 부인으로 변신했습니다. 그러자 모골이 송연해진 단조 님께서 저를 칭찬하시면서 이 족자를 내려 주신 겁니다."

오다 노부나가는 눈앞의 늙은이가 술법을 부릴 만한 재주가 없어 보였기 때문에 피식 웃고 본론을 꺼냈다.

"수많은 그림을 봤지만 이것처럼 흥미로운 것은 없었다. 이 그림을 나에게 넘겨다오."

말 한마디에 사람을 죽이고 살릴 수 있는 오다 노부나가의 명령이었지만, 가신 고지는 단번에 고개를 저었다.

"이 족자는 소인이 애지중지하는 물건이옵니다. 이것을 걸어놓고 부처님의 말씀을 전하면 듣는 이들 중에 동전을 적선하지 않는 이가 없어 먹고사는 데 지장이 없습니다. 정 이 족자를 원하신다면 백 냥을 주시옵소서. 그러면 넘겨드리겠습니다."

가신 고지의 얘기를 들은 오다 노부나가가 노골적으로 불쾌한 기색을 드러냈다. 이때 곁에 있던 아라카와가 무릎걸음으로 다가가서 오다 노부나가에게 귓속말을 건넸다. 이야기를 들은 오다 노부나가가 흡족한 표정으로 고개를 끄덕거리고는 가신 고지에게 말했다.

"늙은 너의 하나밖에 없는 것을 억지로 빼앗을 수는 없는 법. 가지고 돌아가도 좋다."

큰 절을 올린 가신 고지는 족자를 둘둘 말아서 어깨에 걸머지고 밖으로 나왔다. 성을 나와서 숲 속 오솔길을 한참 걷는데 눈앞에 아라카와가 나타났다. 칼을 뽑아든 아라카와가 코웃음을 치면서 말했다.

"감히 노부나가 님의 명령을 거부하다니 진짜 지옥을 맛보고 싶었던 것이구나."

그러고는 대답할 틈도 주지 않고 가신 고지의 목을 베고 족자를 챙겨 성으로 돌아왔다. 의기양양하게 돌아온 아라카와는 오다 노부나가에게 족자를 바쳤다. 하지만 이게 웬일인가? 오다 노부나가의 눈앞에 펼쳐진 족자에는 아무것도 그려져 있지 않았다. 분노한 오다 노부나가는 아라카와를 크게 질책하고 근신을 명했다.

주군의 신임을 잃고 전전긍긍하던 그에게 친구가 찾아와서 놀랄 만한 말을 했다.

"내가 일이 있어서 근처의 신사를 찾았는데 입구에 어떤 늙은 이가 지옥의 모습이 그려진 족자를 걸어 놓고 설법을 하더군. 그런데 자세히 보니까 그 모습이 자네가 얘기했던 가신 고지라는 늙은이와 닮아 있었다네."

"뭐라고?"

분명히 자신의 손으로 목을 벤 가신 고지가 살아 있다는 말에 아라카와는 충격을 받았다. 그는 족자만 찾아오면 주군의 신임을 다시 회복할 수 있다는 생각에 얼른 부하들을 이끌고 신사로 찾아갔다. 하지만 신사에서 가신 고지의 모습을 찾을 수 없었다. 그러는 사이 다른 절에 나타났다는 얘기를 듣고 역시 한걸음에 달려갔지만 또다시 허탕을 치고 말았다.

이렇게 가신 고지를 찾아 헤매던 그의 귀에 놀랄 만한 소식이 전해진다. 가신 고지가 조카마치(다이묘가 거주하는 성을 중심으로 발달한 도시)의 어느 술집에서 술을 마시고 있다는 것이었다. 혹시나 하고 가 보니 정말로 태연자약하게 술을 마시고 있는 가신 고지가 보였다. 아라카와는 그 자리에서 그를 체포해 오다 노부나가 앞으로 끌고 갔다.

"사악한 요술을 써서 주군을 농락한 죄는 죽어 마땅하다. 하지만 〈지옥도〉를 바치고 용서를 빌면 목숨만은 살려 주마. 어서 〈지옥도〉를 내 놓거라!"

아라카와가 기세등등하게 호통을 쳤지만, 가신 고지는 빙그레 웃으면서 말했다.

"제가 요술을 쓰다니요? 저는 족자를 가지고 돌아가다가 칼을 들고 나타난 아라카와 님에게 족자를 빼앗겼습니다. 족자를 넘기면 살려 준다고 하시고 저에게 칼을 휘둘러서 하마터면 죽을 뻔하다가 겨우 살아났습니다. 족자를 어딘가에 숨겨 놓고 제 핑계를 대는 것 아닙니까?"

가신 고지의 얘기를 들은 오다 노부나가는 아라카와에게 물었다.

"그러고 보니 나에게는 저 늙은이를 죽이고 족자를 빼앗았다고 하지 않았느냐? 그런데 어떻게 저렇게 멀쩡하게 살아 있단 말이냐?"

당황한 아라카와는 힘껏 변명했지만 의심이 많은 오다 노부나가는 두 사람을 따로 가두고 심문하라고 지시했다. 가신 고지와 아라카와는 감옥에 갇힌 채 혹독한 매질을 당했다. 그런데 가신 고지는 아무런 고통도 느끼지 못하는 것처럼 보이는 반면, 아라카와는 온몸이 상처투성이가 되고 말았다. 그러던 어느 날, 가신 고지가 자신을 심문하던 심문관에게 말했다.

"이 정도면 된 것 같네. 사실 족자의 행방은 내가 알고 있으니 노부나가 님에게 알려 주시게."

심문관의 얘기를 들은 오다 노부나가는 가신 고지를 불러들였다. 그는 아라카와가 처음에 바친 빈 족자를 가져다 달라고 한 뒤 천천히 말했다.

"예로부터 좋은 칼과 그림은 스스로 주인을 찾아간다고 말했습니다. 그러니 소인에게 이 그림이 온 것도 운명이고, 노부나가 님의 눈에 아무것도 없는 빈 족자로 비친 것도 운명이라고 할 수 있겠습니다."

이야기를 마친 가신 고지가 천천히 주문을 외우고 손바닥으로 빈 족자를 쓸자 놀랍게도 그림이 다시 보이기 시작했다. 눈앞에서 놀라운 광경을 보게 된 오다 노부나가는 할 말을 잃었다. 그런 그에게 가신 고지가 말했다.

"억지로라도 가지고 싶다면 족자를 넘겨드리지요. 단 약속한 백 냥에 백 냥을 더 얹어 주십시오."

"그리하겠다. 그런데 그림이 예전처럼 생기가 넘치지 않아 보이는구나."

오다 노부나가가 떨떠름한 표정으로 묻자 가신 고지가 당연하다는 듯한 말투로 대답했다.

"모든 물건은 그 값어치에 따라 달라 보인다고 했습니다. 저는 이 족자를 세상에 둘도 없는 보물로 여기고 애지중지했습니다. 하지만 노부나가 님에게는 그저 이백 냥짜리에 불과하니 그렇게 보일 수밖에요."

연거푸 조롱을 당했다는 생각에 오다 노부나가는 화가 머리끝까지 났지만, 이 이상한 늙은이가 무슨 술법을 부릴지 몰라서 약속한 돈을 줬다. 돈을 받은 가신 고지는 절을 하고 물러났다.

한편 오해가 풀린 아라카와는 감옥에서 나왔지만 심한 매질을 당한 바람에 꼼짝없이 누워 있어야만 했다. 형이 그런 꼴을 당한 것이 가신 고지의 농간 때문이라고 생각한 동생 다케우치는 복수를 하기로 마음먹었다.

그러던 중 가신 고지가 조카마치의 어느 술집에서 흥청망청 술을 마시고 있다는 얘기를 듣고는 칼을 차고 밖으로 나갔다. 술집으로 가니 과연 가신 고지가 값비싼 안주와 술을 먹는 중이었다. 다케우치는 칼을 뽑아 들고 가신 고지 앞에 섰다.

"감히 사무라이를 모욕하고도 살아남을 줄 알았느냐. 내 칼을 받아라!"

술을 마시던 가신 고지의 목은 단칼에 바닥에 뒹굴었다. 그 모습을 지켜보던 손님들이 혼비백산해서 모두 도망친 가운데 다케우치는 가지고 온 보자기에 가신 고지의 목을 넣어 집으로 돌아왔다. 당시 법으로 사무라이는 평민을 죽여도 아무런 처벌을 받지 않았기 때문에 감히 막아서는 자가 없었다. 집으로 돌아온 다케우치는 의기양양하게 말했다.

"형님! 술집에 있던 그자의 목을 베어 왔소이다."

누워서 끙끙 앓고 있던 아라카와가 그 말을 듣고는 앓던 이를 뽑은 것처럼 기뻐했다. 다케우치는 가신 고지의 목을 보자기에서 꺼냈으나, 나온 것은 목이 아니라 흙덩이였다. 놀란 두 사람은 할 말을 잃었다.

다음 날, 다케우치는 이 사실을 오다 노부나가에게 고하고 부하들을 풀어 가신 고지의 행방을 찾았다. 하지만 어디로 사라졌는지 전혀 행방을 알 수 없었다.

그러는 사이 오다 노부나가는 전선에서 싸우는 도요토미 히데요시를 응원하기 위해 이동하던 중 교토 근처에 있는 혼노지라는 사찰에 머물게 되었다. 밤이 깊어질 무렵, 일군의 무리가 쳐들어왔는데, 다름 아닌 부하 아케치 미쓰히데가 이끄는 병사들이었다. 빠져나갈 곳이 없다는 사실을 눈치챈 오다 노부나가는 스스로 할복하는 것으로 생을 마감했다.

일설에는 아케치 미쓰히데가 배반하도록 부추긴 사람이 다름 아닌 가신 고지라고 한다. 오래전에 모셨던 주군 마쓰나가 단조가 그의 손에 죽은 것에 대한 복수였는지, 아니면 〈지옥도〉를 빼앗으려고 한 것에 대한 응징이었는지는 알 길이 없다.

오다 노부나가를 죽인 아케치 미쓰히데는 교토에서 성대한 연회를 베풀고 가신 고지를 초대했다. 그 자리에 참석한 가신 고지는 감사의 뜻으로 환술 한 가지를 보여 주기로 한다. 마침 연회장에는 오미 지방의 절경을 그린 여덟 폭짜리 병풍이 있었는데, 거기에는 호숫가를 한가로이 떠다니는 빈 조각배가 그려져 있었다. 가신 고지가 병풍 앞에 서서 주문을 외우자 갑자기 병풍 밖으로 호수의 물이 흘러넘치기 시작했다. 연회장이 삽시간에 물바다가 되자 참석자들은 의자 위에 올라가는 등 큰 혼란에 빠졌다. 그러면서 병풍 속의 조각배도 연회장 안으로 들어왔다. 혼란에 빠진 참석자들을 보던 가신 고지는 껄껄 웃으면서 조각배에 몸을 싣고 그림 안으로 노를 저었다. 가신 고지가 탄 조각배가 병풍 안으로 빨려 들어가자 연회장에 범람하던 물도 병풍 안으로 빨려 들어갔다. 정신을 수습한 사람들이 병풍을 들여다보자 아까까지 비어 있던 조각배에 늙은 사공 한 사람이 그려져 있는 게 보였다.

한편 연회장에는 예전에 가신 고지를 구해 줬던 쓰쓰이 준케이라는 무장 한 명이 참석했다. 가신 고지는 떠나기 전 그에게 귓속말로 아케치 미쓰히데의 천하가 오래가지 않을 것이니 신중하게 움직이라고 충고했다. 과연 그의 말대로 아케치 미쓰히데는 전선으로 돌아온 도요토미 히데요시의 군대에 패배하여 몰락하고 말았다.

정권을 장악한 도요토미 히데요시의 귀에도 가신 고지에 관한 소문이 들려왔다. 호기심이 생긴 그는 자신의 편에 가담한 쓰쓰이 준케이에게 명령해서 가신 고지를 데려왔다.

술법을 부려 보라는 도요토미 히데요시의 말에 가신 고지는 향불을 피우고 주문을 외웠다. 그러자 잠시 후 가신 고지는 온데간데없이 사라지고 젊은 여인이 모습을 드러냈다. 측근들이 다들 어리둥절해하는 가운데 식은땀을 흘리던 도요토미 히데요시가 버럭 고함을 질렀다.

"사악한 술법을 부리는 저자를 당장 죽여라!"

가신 고지가 변신한 여인은 도요토미 히데요시가 젊은 시절 전쟁터에서 만나 강간하고 몰래 살해한 여인이었던 것이다. 정신을 차린 부하들이 가신 고지를 죽이려고 했지만, 가신 고지는 어느새 작은 쥐로 변하여 모습을 감춰 버렸다.

오늘날 가신 고지는 닌자로 분류되지만, 그가 보인 술법과 능력들은 남달라 보인다. 모습을 감추고 정체를 드러내지 않는 닌자와 달리 그는 변신을 하거나 물건을 감추는 등 계통이 다른 술법을 구사했다. 아마도 사람들에게 최면술을 걸고 환상을 보게 하는 환술사였던 것 같다. 따라서 그를 닌자가 아니라 인도 브라만교의 승려 혹은 승려의 후계자로 보는 경우가 많다. 아울러 오다 노부나가를 비롯해 아케치 미쓰히데와 도요토미 히데요시 같은 당대의 권력자들을 조롱한 그의 기담 역시 속세의 헛된 권력에 대한 나름대로의 저항이 아닐까 싶다.

은밀히 움직이고, 조용히 암살을 저지르는 닌자들은 전쟁이 사라지면서 차츰 효용성이 사라졌다. 하급 관리가 되는 경우도 있었지만, 대부분은 변한 세상에 적응하지 못했다. 권력자들을 마음껏 조롱했던 가신 고지 역시 최후가 불분명한 것을 보면 끝까지 세상에 적응하지 못했던 것은 아닐까.

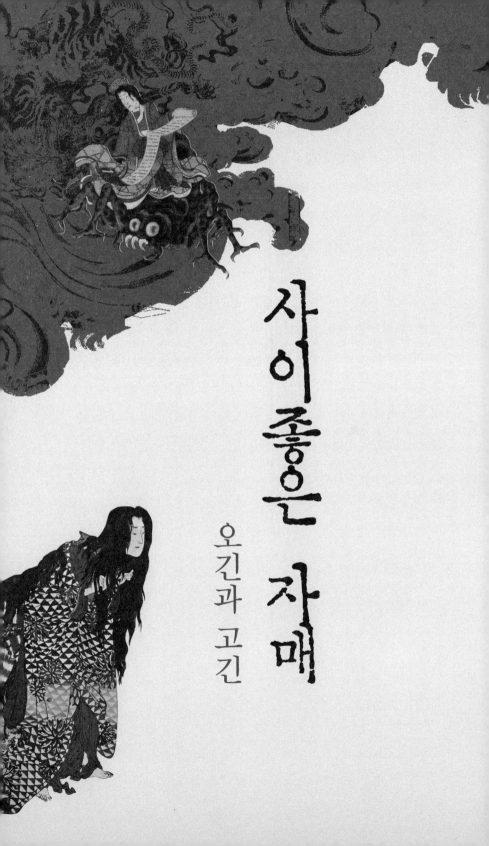

사이좋은 자매

오긴과 고긴

콩쥐팥쥐전이나 장화홍련전같이 계모와 전처의 자식이 일으키는 갈등을 둘러싼 이야기는 우리나라는 물론, 전 세계에 퍼져 있습니다. 평균 연령이 낮았던 시절에는 부부 중 어느 한쪽이 일찍 세상을 떠날 가능성이 높았고, 자식들을 돌보거나 생계를 유지하기 위해 또 다른 배우자를 맞아들여야 했습니다. 하지만 새로 가정을 꾸린 입장에서 전부인 혹은 전남편의 소생은 눈엣가시입니다. 혈육의 정으로 이어져 있지도 않고, 장성한 이후 효도를 기대할 수 없으니 어찌 보면 당연한 일인지도 모릅니다. 또한 반대의 입장에서도 부모 중 한 명이 죽음을 맞이해서 충격을 받았는데 누군가 그 자리를 꿰차고 들어왔다는 것은 심정적으로 받아들이기 어려울 겁니다. 그러니 양쪽의 갈등은 심할 수밖에 없습니다. 가족 내부의 문제지만, 해결이 불가능한 상태라 대부분 폭력적이고 비극적인 결과가 발생합니다. 따라서 계모나 계부가 의붓자식과 갈등을 벌이는 것은 시대와 문명을 가리지 않고 발생할 수밖에 없으며, 일본에도 이런 종류의 기담들이 적지 않습니다.

시골에서 농사를 짓고 살던 행복한 부부가 있었다. 부부에게는 오긴이라는 외동딸도 한 명 있었다. 그러던 어느 날, 부인이 갑자기 앓아눕더니 며칠 만에 세상을 떠났다. 남편은 너무나 슬퍼서 눈물도 멈추지 못하고 정성껏 장례를 치렀다.

하지만 장례를 치르고 나자 주변에서는 재혼을 권유했고, 오긴을 기르기 위해서라도 새 부인이 필요했다. 결국 남편은 비슷한 나이의 새로운 부인을 얻었다. 오긴에게 계모가 생긴 셈이다. 처음에는 사이가 괜찮았지만, 계모가 고긴이라는 딸을 낳으면서 갈등이 시작되었다. 계모는 남편이 없는 틈을 타서 오긴을 괴롭혔다. 자기 딸의 앞날에 방해가 될 게 뻔했기 때문이다. 하지만 착하고 무던한 오긴은 묵묵히 학대를 견뎠다. 다행히 배다른 동생 고긴은 언니를 잘 따랐다.

오긴이 혼인할 나이가 되자 계모는 어떻게든 없앨 궁리를 했다. 하루는 남편이 일이 있어 멀리 떠난 틈을 타서 오긴에게 독이 든 도시락을 싸 주며 말했다.

"산 너머 마을에 심부름을 다녀오너라. 가다가 배고프면 이 도시락을 먹어라."

오긴은 아무런 의심도 하지 않고 도시락을 받아들었다. 하지만 어머니가 도시락에 독을 넣은 것을 알고 있던 동생 고긴은 급하게 주먹밥을 만들어 길을 나서는 언니에게 말했다.

"언니! 그 도시락이랑 제 주먹밥이랑 바꿔요."

착한 언니는 도시락과 주먹밥을 바꿔 길을 떠났다. 고긴은 도시락에 든 음식들을 길가에 버렸다. 그러자 새들이 날아와서 쪼아 먹다가 모두 죽고 말았다. 아무것도 모르는 계모는 오긴이 멀쩡하게 살아서 돌아오자 이를 갈면서 다음 기회를 노렸다. 또 한 번은 은밀하게 떠돌이 로닌에게 돈을 쥐어 주며 말했다.

"오늘 밤에 우리 집 작은 방에 들어와서 자고 있는 큰딸을 없애 주세요. 성공하면 돈을 더 드리죠."

로닌이 손을 쓰기로 한 날이 되자 계모는 자기 딸인 고긴에게 주의를 주었다.

"오늘 밤에는 언니랑 자지 말고 따로 자거라."

본능적으로 어머니가 음모를 꾸미고 있다는 사실을 눈치챈 고긴은 순순히 그러겠다고 대답하고는 몰래 오긴에게 말했다.

"오늘밤은 내 방에서 나랑 같이 자요."

밤이 되자 고긴은 오긴의 방으로 가서 이불을 펴 놓고 인형을 넣어 마치 사람이 자고 있는 것처럼 꾸몄다. 밤이 깊어지자 담을 넘은 로닌은 오긴의 방에 들어가서 칼로 이불을 찔렀다. 성공했다고 믿은 로닌은 황급히 자리를 떴다. 소리를 들은 계모는 일부러 난리를 피우면서 오긴의 방으로 갔다. 하지만 칼에 찔린 것이 인형이라는 사실을 알게 되었다.

이런저런 방법이 통하지 않자 계모는 마지막 방법을 썼다. 먼젓번에 살해를 사주했던 로닌에게 오긴을 납치해서 없애라고 한 것이다. 계모는 속임수를 써서 오긴을 상자에 넣은 후 로닌을 시켜 멀리 산속에 가져다 버리게 했다. 어머니의 음모를 알아챈 고긴은 오긴에게 미리 주머니를 하나 건넸다.

마침내 계모의 모략으로 상자에 들어가게 된 오긴은 멀리 숲 속에 버려졌다. 대낮에도 맹수들이 돌아다니는 곳이라 오긴 같은 연약한 여자는 금방 잡아먹히기 십상이었다. 로닌이 떠나자 오긴은 상자를 열고 나왔지만, 난생 처음 온 숲 속이라 어디가 어딘지 알 길이 없었다.

한편 고긴은 드디어 눈엣가시 같은 오긴을 제거했다고 좋아하는 어머니의 눈을 피해 살짝 집을 빠져나와 땅바닥을 유심히 살피면서 걸어갔다. 그녀가 오긴에게 건넨 것은 씨앗이 든 주머니로, 조금씩 길에 뿌려 두라고 일러 놓은 상태였다. 열심히 씨앗을 찾던 고긴은 마침내 새로 자라난 새싹을 발견하고는 그걸 따라갔다. 그리고 해가 떨어지기 직전에 오긴과 만났다.

고긴은 못된 어머니를 버리고 언니와 함께 멀리 도망치다가 우연찮게 들린 집에서 주인의 호의로 일을 하게 되었다.

한편 일을 마치고 돌아온 아버지는 계모로부터 큰딸 오긴이 떠돌이 로닌과 눈이 맞아서 도망쳤다는 청천벽력같은 소식을 들었다. 착하고 품성이 고운 딸이 아버지를 두고 떠날 리가 없다고 생각했지만 딸의 행방을 찾을 길이 없었다. 충격을 받은 아버지는 그만 두 눈이 보이지 않게 되었다. 그러자 귀찮아진 계모는 핑계를 대서 그를 쫓아냈다.

지팡이에 의지하여 길을 떠돌던 아버지는 날이 어두워지자 근처의 민가를 찾아가서 하룻밤 재워 줄 것을 청했다. 그런데 웬일인지 문을 열어 준 여인이 그의 품에 안기면서 우는 것이었다.

"아버지! 저 오긴이에요."

놀란 아버지가 자초지종을 묻자 그녀는 그동안 있었던 일들을 이야기했다. 그리고 이렇게 만난 것이 다 부처님의 은공이라고 감격했다. 사연을 들은 주인도 감동했는지 마당 구석에 있는 작은 집을 내주고 셋이 함께 살도록 했다. 두 딸의 정성 어린 간호를 받은 아버지는 두 눈을 다시 뜨게 되었고, 세 명은 행복하게 잘 살았다.

계모와 전처의 자식이 갈등을 벌일 때 계모의 친자식은 주로 부모의 편을 들거나 갈등을 증폭시키는 역할을 한다. 하지만 이 기담의 경우 전처의 딸 오긴과 후처의 딸 고긴은 친자매처럼 서로 의지하며, 마지막에는 고긴이 어머니를 버리고 언니를 선택하여 집을 나온다. 이 점은 우리나라의 비슷한 설화들과 결정적으로 다른 부분이다.

일본판 콩쥐팥쥐전

고메부쿠로와 아와부쿠로

우리나라의 전통 설화인 콩쥐팥쥐전은 계모와 이복여동생의 학대를 묵묵히 이겨 낸 콩쥐가 결국 행복하게 산다는 이야기를 담고 있습니다. 이와 유사한 서양의 이야기가 바로 신데렐라죠. 단순하면서도 쉽게 결과를 예측할 수 있는 이런 이야기들이 수백 년간 사랑을 받은 이유는 무엇일까요? 그것은 고달프고 힘겨운 현실이 신비한 힘에 의해 바뀌기를 희망하는 보통 사람들의 바람이 들어 있기 때문인 것 같습니다. 일본에도 콩쥐팥쥐전과 같은 이야기가 많습니다. 도노 지방에서 전해져 오는 이 이야기도 그중 하나입니다.

어느 먼 옛날, 시골 어떤 마을에 한 가족이 살았다. 아버지와 어머니, 두 딸로 이루어진 집안은 겉으로 보기에는 매우 화목해 보였다. 하지만 자세히 들여다보면 치명적인 갈등이 자리하고 있었다.

첫 번째 부인이 딸을 낳다가 세상을 떠나자, 아버지는 서둘러 두 번째 부인을 맞이했고, 얼마 후에 딸을 낳았다. 아버지는 큰딸에게 쌀자루라는 뜻의 고메부쿠로라는 이름을 지어 주었고, 둘째 딸에게는 좁쌀자루라는 뜻의 아와부쿠로라는 이름을 붙여 줬다. 아버지는 떠돌이 행상을 하면서 자주 집을 비웠지만, 두 딸은 무럭무럭 자라서 어느덧 10대 후반이 되었다.

겉으로는 화목해 보여도 팔은 안으로 굽는 법. 계모는 큰딸 고메부쿠로를 사사건건 괴롭혔다. 둘째 딸 아와부쿠로도 언니를 미워했다. 하지만 착한 큰딸은 계모와 여동생에게 괴롭힘을 당하면서도 묵묵히 견뎠다.

하루는 계모가 두 딸에게 산에 가서 밤을 주워 오라고 시키면서 자루 하나씩을 건넸다. 큰딸 고메부쿠로가 받은 자루는 낡아서 바닥이 다 터져 있었고, 작은 딸 아와부쿠로가 받은 자루는 튼튼한 것이었다.

"자루를 꽉 채워서 돌아오너라. 그러지 않으면 내려오지 마."

냉혹한 계모의 말을 듣고 산으로 올라간 고메부쿠로는 열심히 밤을 주웠다. 하지만 밑이 터져 있어서 안에 넣은 밤이 밖으로 떨어졌고, 뒤따라 다니던 아와부쿠로가 이를 주워 자기 자루에 담았다. 이런 일이 반복되자 열심히 밤을 주운 고메부쿠로의 자루는 텅 비었고, 아와부쿠로의 자루는 금방 찼다.

이렇게 언니의 밤을 가로챈 아와부쿠로는 해가 떨어질 기미를 보이자 혼자 집으로 내려가 버렸다. 쉬지 않고 밤을 줍던 고메부쿠로는 지치고 배가 고팠지만 계모의 엄명 때문에 계속 산을 돌아다녀야만 했다.

고메부쿠로는 너무 배가 고프고 다리도 아파 개울이 흐르는 골짜기에서 잠깐 쉬면서 물을 마셨다. 그러다 자기 신세가 너무 처량했는지 흘러가는 물을 내려다보며 서글프게 울었다.

그렇게 한참을 울고 있는데 하얀 새 한 마리가 날아와서 개울가 바위에 내려앉았다. 그리고 놀랍게도 사람처럼 말을 했다.

"고메부쿠로야. 나는 오래전에 세상을 떠난 너의 어머니란다. 죽고 나서 너를 보고 싶다고 옥황상제에게 얘기했더니 이렇게 자유롭게 날아다닐 수 있는 새로 환생시켜 주셨단다. 네가 아버지와 계모를 잘 모시고 있어서 대견하구나. 그래서 선물을 주기 위해 너를 찾아왔단다. 개울을 따라 올라가면 동굴이 하나 있는데 그곳에 가면 내가 너에게 주는 선물이 있을 것이다. 보통 때는 잘 숨겨놓고 필요할 때 쓰거라."

말을 마친 흰 새는 날개를 퍼덕거리며 사라져 버렸다. 고메부쿠로는 배가 고파서 헛것이 보인 게 아닌가 의심했지만, 속는 셈 치고 가 보기로 했다.

개울을 따라 올라가자 과연 흰 새의 말대로 동굴이 보였다. 조심스럽게 안으로 들어가자 안쪽에 예쁜 기모노와 접시꽃으로 만든 피리, 튼튼한 자루가 하나 있었다. 그리고 동굴 바닥에는 새가 모은 것처럼 보이는 밤들이 가득 쌓여 있었다.

그제야 흰 새가 어머니가 환생한 것이라는 사실을 믿게 된 고메부쿠로는 어머니가 남겨 준 선물을 챙기고, 튼튼한 자루에 밤을 담아서 집으로 내려왔다. 그리고 선물로 받은 접시꽃 피리와 새 기모노는 창고에 몰래 숨겨 놓고 시치미를 뗐다.

그렇게 며칠이 지나고, 이웃 마을에서 큰 축제인 마쓰리가 열렸다. 평소 밖에 나갈 일이 없던 시골 처녀들은 아름다운 기모노를 입고 곱게 머리단장을 한 다음 마쓰리에 나가 신랑감을 찾았다. 일본에서도 10대 중반부터 혼처를 찾고, 10대 후반에는 대개 혼례를 치르기 때문에 두 자매도 이제 남편감을 찾아야만 했다.

계모는 아와부쿠로에게 비단으로 만든 예쁜 기모노를 입히고 함께 마쓰리를 보러 나가기로 했다. 두 사람이 부산하게 몸단장을 하는 것을 본 고메부쿠로는 조심스럽게 물었다.

"저도 마쓰리에 나가면 안 될까요?"

그러자 계모가 퉁명스럽게 대꾸했다.

"베 세 필을 다 짜고 오너라. 그전에는 집에서 한 발자국도 나오지 말거라."

베 한 필을 짜는 데 짧으면 사흘, 길면 보름이 걸렸다. 그러니 마쓰리에 나오지 말라는 소리나 다름없었다. 계모는 잘 꾸민 아와부쿠로와 함께 마쓰리가 열리는 이웃마을로 갔고, 낙담한 고메부쿠로는 베틀에 앉았다. 하지만 일이 손에 잡힐 리가 없었다. 창밖을 바라보고 한숨을 쉬고 있는데 갑자기 창틀에 어머니가 환생한 흰 새가 내려앉았다. 고메부쿠로가 반가움에 눈물을 흘리자 흰 새가 말했다.

"내가 친구들에게 도움을 청했다. 그들이 베를 짜 놓을 테니까 너는 걱정하지 말고 마쓰리에 나가 보아라. 가서 접시꽃 피리를 불면 좋은 일이 있을 거야."

흰 새의 말이 끝나기가 무섭게 창으로 새들이 날라 왔다. 그리고 부지런하게 부리와 발로 베틀의 북을 움직여서 베를 짰다.

고메부쿠로는 창고에 숨겨 둔 기모노를 꺼내 입고, 곱게 머리단장을 하고 서둘러 길을 나섰다. 다행히 마쓰리가 한창일 때 도착할 수 있었다.

아름다운 기모노와 외모 덕분에 고메부쿠로는 사람들의 눈에 금방 띄었고, 찬사를 받았다. 계모와 함께 있던 아와부쿠로가 그녀를 발견하고 어머니의 소매를 잡아당겼다.

"어머니! 저기 언니가 와 있어요."

"집에서 베 짜기에도 바쁠 텐데 무슨 소리야?"

축제를 구경하던 어머니는 말도 안 된다는 표정으로 짜증을 냈다. 하지만 아와부쿠로는 계속 소매를 잡아당겼다.

"틀림없다니까요. 저길 보세요."

딸의 채근에 계모는 마지못해 그쪽을 쳐다봤다. 하지만 너무나 아름다운 기모노를 입고, 화려한 머리장식을 하고, 곱게 화장까지 한 탓에 제대로 알아보지 못했다.

"걔가 무슨 수로 저런 기모노를 입었겠니? 비슷하게 생긴 아가씨겠지. 엉뚱한 소리 그만하고 좀 돌아다녀 봐라. 듣자 하니 번주님 휘하 낭사들도 많이 왔다고 하던데 말이야."

아닌 게 아니라 예쁜 기모노를 입은 고메부쿠로는 너무나 아름다워서 사람들의 시선을 한몸에 받고 있었다.

한편 그녀는 어머니의 얘기를 떠올리고는 접시꽃 피리를 불었다. 그러자 새들이 날아와 머리 위에서 날갯짓을 하면서 춤을 추었다. 사람들은 이 모습을 신기해하면서 바라봤다. 그중에는 번주의 밑에서 일하는 낭사의 아들도 포함되어 있었다. 마쓰리에 기분을 내러 온 그는 접시꽃 피리를 부는 고메부쿠로를 보고 한눈에 반하고 말았다. 그래서 주변 사람들에게 그녀가 누구 집 딸인지 물었다.

한참 마쓰리를 즐긴 고메부쿠로는 계모와 동생이 집으로 돌아갈 기미를 보이자 먼저 집에 도착했다. 그리고 창고에 기모노를 숨긴 뒤 새들이 짜 놓은 베들을 정리했다. 한편 아무것도 모르고 돌아온 계모는 트집을 잡으려다가 그녀가 베를 다 짠 것을 보고는 아무 말도 하지 못했다.

그렇게 며칠이 지났다. 그동안에도 계모와 아와부쿠로는 그녀를 괴롭혔지만, 흰 새로 환생한 어머니의 도움으로 위기를 넘겼다. 그런데 어느 날 갑자기 잘 차려입은 혼인 중매인이 나타났다. 일본에서 집안끼리의 혼사는 나코도라고 불리는 전문적인 중매인이 책임졌다. 이 중매인은 계모에게 기절초풍할 만한 이야기를 했다.

"번주님을 모시는 낭사의 자제분께서 이 집 따님을 마음에 두시고 정식으로 청혼을 하셨습니다."

"우리 딸한테 말이죠?"

너무 놀란 그녀의 반문에 혼인 중매인이 고개를 끄덕거렸다. 번주를 모시는 낭사의 아들에게 청혼을 받다니! 계모는 드디어 사무라이 사위를 맞는다며 좋아했다. 그런데 기뻐하던 그녀에게 중매인이 말했다.

"큰따님이신 고메부쿠로 님에게 청혼하신 겁니다."

그 말을 들은 계모는 입이 딱 벌어졌다. 하지만 포기하지 않고 중매인에게 말했다.

"그 아이는 성격도 나쁘고 얼굴도 못생겼어요. 여동생인 아와부쿠로는 얼굴도 예쁘고 예의범절도 바르답니다. 아와부쿠로를 배필로 삼으심이 어떻겠습니까?"

계모의 제안에 중매인은 말도 안 된다는 표정으로 대답했다.

"저에게 청혼을 주선하신 분께서는 분명히 큰따님을 배필로 맞이하고 싶다고 하셨습니다."

"그거야 어찌 이야기하느냐에 따라 달라질 수 있죠."

눈웃음을 치며 말한 계모는 중매인에게 막대한 뇌물을 주고 자기가 낳은 아와부쿠로를 대신 시집보내려고 했다. 고민하던 중매인은 한 가지 제안을 했다.

"두 사람에게 똑같이 화장을 시켜 누가 더 예쁜지 보고 판단하겠습니다."

중매인의 말을 들은 계모는 당장 아와부쿠로를 데려다가 치장을 시켰다. 값비싼 화장품과 장신구로 정성껏 외모를 가다듬는 동안 고메부쿠로에게는 일부러 힘든 일을 시켜서 치장할 틈을 주지 않았다. 그렇게 아와부쿠로는 화장을 마치고 마지막으로 머리를 빗어 올리는 일만 남았다. 시킨 일을 간신히 마친 고메부쿠로가 계모에게 물었다.

"저도 머리를 빗고 싶은데 무엇으로 빗을까요?"

"저기 부엌에 설거지한 물로 빗거라."

퉁명스럽게 대꾸한 계모는 값비싼 기름으로 아와부쿠로의 머리를 정성껏 올렸다.

할 수 없이 부엌으로 간 고메부쿠로는 너무 서러운 나머지 펑펑 울었다. 그때 부엌 창문으로 날아든 흰 새가 부리에 담은 물을 머리에 뿌려 줬다. 고메부쿠로는 그 물로 머리를 빗고 창고에 숨겨 둔 기모노를 꺼내 입은 채 중매인 앞에 섰다. 두 사람을 천천히 뜯어 본 중매인이 계모에게 말했다.

"당신이 보라고 해서 봤지만 애초에 비교 대상이 아니었구려. 처음 말한 대로 큰딸을 배필로 맞이하도록 하겠소."

중매인은 그렇게 얘기를 하고는 고메부쿠로를 데리고 갔다. 두 사람이 떠나는 것을 본 계모와 아와부쿠로는 망연자실했다. 시기와 질투, 모멸감에 빠진 아와부쿠로는 어머니를 붙잡고 큰 소리로 울부짖었다.

"엄마! 나도 좋은 데 시집가고 싶어. 좋은 집에 시집보내 달란 말이야."

딸 못지않게 충격에 빠진 계모는 집에 있던 짐수레에 딸을 실었다. 그리고 동네방네 돌아다니면서 소리쳤다.

"우리 딸을 며느리로 맞이하실 분 없어요? 아주 예쁘고 참하답니다."

하지만 평소 계모와 아와부쿠로의 행실을 미워했던 마을 사람들은 하나같이 문을 닫아걸고 상대하지 않았다. 그렇게 짐수레를 끌고 정처 없이 마을을 돌아다니던 계모는 아무도 상대해 주지 않자 이웃마을로 가려고 했다. 하지만 논두렁으로 짐수레를 끌고 가다가 실수로 미끄러지고 말았다. 논으로 떨어진 딸은 우렁이로 변하고, 제방으로 떨어진 계모는 조개로 변하고 말았다. 고메부쿠로를 괴롭힌 천벌을 받은 것이다.

이와 비슷한 이야기로 〈스미요시 모노가타리〉가 있다. 히메기미가 계모에게 박해를 받아 생명의 위협을 느끼고 멀리 떠났다가 사랑하는 남자와 함께 아버지의 곁으로 돌아온다는 내용이다.

히메기미가 8살 때 병에 걸린 어머니는 남편 주나곤에게 딸을 잘 키워 달라고 당부하고 눈을 감는다. 어머니를 여읜 히메기미는 아버지와 계모 슬하에서 자라면서 나날이 아름다워진다. 히메기미의 미모에 대한 소문이 자자하자 명문가 자제인 시이노쇼쇼가 편지를 보내면서 둘 사이에는 사랑이 싹트고, 서로 앞날을 약속한다. 하지만 이 사실을 안 계모는 계략을 꾸미며 자신의 딸인 산노기미를 대신 결혼시킨다.

아무것도 모르고 산노기미와 결혼한 시이노쇼쇼는 어느 날, 칠현금 소리가 들려오자 아내에게 연주자가 누구인지 묻는다. 그리고 그것을 계기로 자신이 본래 결혼하려고 했던 여인이 칠현금을 연주하고 있는 히메기미라는 것을 깨닫게 된다. 그 후 히메기미에 대한 그의 연정은 더욱 커진다.

한편 히메기미에 대한 계모의 악행은 계속된다. 주나곤이 히메기미를 궁궐에 입궁시키려고 하자 거짓말을 퍼뜨려 방해한 것은 물론, 남편이 히메기미를 좋은 집안에 시집보내는 것을 막고자 납치 계획까지 꾸민다. 계모의 음모를 눈치챈 히메기미는 돌아가신 어머니의 유모가 출가해 살고 있는 스미요시로 도망간다.

시이노쇼쇼는 7일간 간절히 기도한 끝에 히메기미가 스미요시에 있다는 것을 알아낸다. 그리고 칠현금 연주를 듣고 그녀를 찾는 데 성공한다. 두 사람

이 찢어진 눈에 살기가 어려 있었다. 머리에는 뿔이 하나 혹은 두 개씩 달려 있었고, 손에는 방망이를 하나씩 들고 있었다. 그 밖에도 눈이 하나밖에 없는 놈, 입이 없는 놈, 손바닥에 눈이 달린 놈까지, 얼추 백 마리 정도 되는 오니들이 몰려들었다.

평지에 자리 잡은 오니들은 둥그렇게 모인 다음, 한 명씩 나와서 춤과 노래를 부르며 자기들만의 잔치를 열었다. 처음에 잔뜩 긴장했던 착한 혹부리 영감은 자신도 모르게 오니들의 잔치를 구경했다. 콧노래를 흥얼거리면서 따라 부르다가 손가락으로 무릎을 두드리면서 박자를 맞췄다. 오니들이 한참 재미있게 노는데 갑자기 우두머리로 보이는 오니가 말했다.

"오늘 유난히 흥겹구나. 여기서 모두를 즐겁게 해 줄 노래와 춤을 보여 줄 자가 없느냐? 그러면 내가 상을 주도록 하겠다."

그 말을 들은 착한 혹부리 영감은 저도 모르게 나무 구멍에서 빠져나왔다. 그리고 오니들 앞에 나아가서 구성진 목소리로 노래를 부르고 춤을 추었다. 젊은 시절 한가락 했던 솜씨를 부린 것이다. 처음에는 놀랐던 오니들도 차츰 어울려서 춤추고 노래를 불렀다. 그렇게 몇 곡조 신나게 놀자 두려움이 싹 가셨다. 온몸이 흠뻑 젖을 정도로 노래를 부르고 춤을 춘 착한 혹부리 영감에게 우두머리 오니가 물었다.

"인간 주제에 제법 춤과 노래를 잘 하는군. 약속대로 상을 줄 테니까 받고 싶은 걸 말해 보아라."

"다른 건 없고 그냥 집에만 내려갈 수 있게 해 줘."

"그건 어렵지 않지. 있다가 해가 뜨면 길이 보일거야. 그나저나 영감의 그 목소리는 어디서 나온 거요?"

"에, 그러니까 이 혹에서 나왔지."

잠깐 고민하던 착한 혹부리 영감이 오른쪽에 달린 혹을 어루만지면서 대답했다. 그러자 오니들은 난리법석을 피우면서 혹을 만지려고 했다. 부하들을 진정시킨 우두머리 오니가 말했다.

"그 혹만 있으면 노래를 잘 부를 수 있다 이거지?"

"그렇고말고."

착한 혹부리 영감의 호언장담에 우두머리 오니는 냉큼 다가오더니 혹을 떼어 갔다. 신기하게도 하나도 아프지 않았다. 오니는 자기 턱에 혹을 붙이고 의기양양해했다.

그렇게 어울려서 노는 사이 해가 떴다. 그러자 오니들은 차츰 사라지고 착한 혹부리 영감만 남았다. 혹시나 하는 생각에 턱을 만져 보고 혹이 사라진 것을 확인한 착한 혹부리 영감은 콧노래를 부르면서 마을로 내려왔다. 측간에 갔다 오던 못된 혹부리 영감이 그를 보고 깜짝 놀라서 물었다.

"아니, 자네 오른쪽 턱에 달렸던 혹이 어디 갔나?"

"아! 이게 왜 그러냐면 말이야."

기분이 좋아진 착한 혹부리 영감은 어젯밤에 겪은 일들을 소상하게 말했다. 그 얘기를 들은 못된 혹부리 영감이 물었다.

"오니들에게 혹을 넘겼다 이 말이지? 그럼 나도 따라 해 봐야겠네."

"그러지 말게. 오니들은 순진하긴 하지만 화가 나면 무섭다고 하지 않았나."

걱정이 된 착한 혹부리 영감이 말렸지만 고집을 꺾을 수 없었다. 며칠 동안 설득한 끝에 못된 혹부리 영감은 오니들을 만날 수 있는 곳을 알아내고 먹을 것을 챙겨 산으로 올라갔다. 그리고 오니들이 나타난다는 장소에 도착해서는 나무 구멍 안에 몸을 숨겼다.

해가 떨어지자 과연 소란스러운 소리와 함께 오니들이 나타났다. 개중에 한 놈의 턱에 혹이 달려 있는 것을 본 못된 혹부리 영감은 제대로 찾아왔다며 쾌재를 불렀다.

이번에도 둥글게 모여 앉은 오니들은 번갈아 가면서 춤과 노래를 부르며 잔치를 벌였다. 못된 혹부리 영감은 적당한 때를 노려 나무 구멍을 빠져나왔다. 그리고 며칠 동안 갈고 닦은 춤과 노래 솜씨를 뽐냈다. 하지만 오니들은 못된 혹부리 영감의 춤과 노래가 서툴다며 비난했다.

어쩔 줄 몰라 하던 못된 혹부리 영감 앞에 우두머리 오니가 나타났다. 붉으락푸르락한 얼굴의 우두머리 오니가 말했다.

"네 놈도 턱에 혹이 있는 걸 보니 지난번 나에게 이 혹만 있으면 노래를 잘할 수 있다고 거짓말을 한 놈과 패거리가 틀림없구나."

그제야 일이 잘못되어 가고 있다는 걸 느낀 못된 혹부리 영감은 손사래를 치면서 변명하려고 했지만 이미 늦었다. 자기 턱에 달린 혹을 뗀 우두머리 오니가 그의 오른쪽 턱에 혹을 붙여 버린 것이다. 그러고는 모두 사라졌다. 졸지에 혹을 하나 더 붙인 못된 혹부리 영감은 엉엉 울면서 산을 내려왔다. 글자 그대로 혹을 떼려다가 하나 더 붙인 꼴이 된 것이다.

혹부리 영감 설화를 우리나라만의 것으로 알고 있는 경우가 많다. 하지만 장화홍련전부터 혹부리 영감까지 적지 않은 설화들이 중국과 일본의 이야기에서 영감을 받았거나 혹은 전래되었다. 혹부리 영감 혹은 도깨비 방망이 이야기의 경우 이미 후기 신라 시대부터 존재했던 것으로 보이며, 이 이야기가 일본으로 건너가서 기담으로 재탄생한 것이다. 이것은 이야기가 가지는 특유의 파생성과 생존성을 보여 주는 것으로, 많은 학자들에 의해 연구되고 있다. 한반도의 설화와 사건들이 일본으로 건너가서 기담으로 재창조되고, 일본의 기담들이 우리나라의 전설로 변화했다는 점은 두 나라가 오래전부터 많은 왕래를 했다는 사실을 보여 준다.

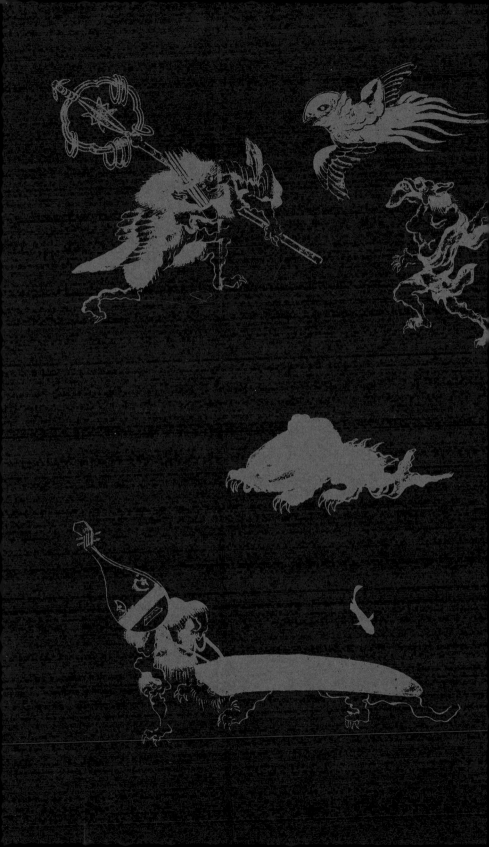